LA RÈGLE DU JEU

33e ANNÉE . SEPTEMBRE 2023 . **N°80**
DIRECTEUR : BERNARD-HENRI LÉVY

ISBN : 978-2-246-83397-0
ISSN : 16-9631-8
Couverture : Illustration Frédéric Menant

Ce numéro a été conçu en collaboration avec « Labyrinthe Europe ».
« Labyrinthe Europe » est soutenu par la Fondation Jan Michalski.

33e ANNÉE . SEPTEMBRE 2023 . **N°80**
DIRECTEUR BERNARD-HENRI LÉVY
CONSEILLERS JEAN-PAUL ENTHOVEN, GABI GLEICHMANN

RÉDACTRICE EN CHEF MARIA DE FRANÇA
ÉDITEUR NATHAN DEVERS
DIRECTEUR ARTISTIQUE GRÉGOIRE GARDETTE
GRAPHISME FRÉDÉRIC MENANT

DIRECTEUR DE LA PUBLICATION GILLES HERTZOG

CHRISTIAN **LONGCHAMP**

Éditorial

Il y a en France une passion pour l'Italie et *La Règle du jeu* en a témoigné à de nombreuses reprises. Dans ce qu'elle a de meilleur, l'Italie est unique et irrésistible. Elle nous accompagne intellectuellement et poétiquement. Elle représente une émotion singulière, la certitude d'un bonheur ou la mémoire d'un moment précieux. De Florence, Milan, Naples, Palerme, Rome, Turin, Venise, Ferrare au moins un roman, un film, un retable, une église, un musée, une place, une fontaine ou un crépuscule nous hante, nous porte, nous illumine. Et sans doute avons-nous tous à l'esprit un modèle de voiture rouge vif, le nom d'une équipe de football, une chanson, un air d'opéra. Il y a, oui, une « mythologie Italie ». Elle est splendide. Mais face à ce qui se produit aujourd'hui dans ce pays auquel nous sommes si liés, la « mythologie » doit laisser pour un temps place à l'analyse, à la raison. Car c'est la stupéfaction et la consternation désormais qui s'imposent. Et nous sommes d'autant plus préoccupés que, comme le rappellent des auteurs que nous avons réunis dans ce volume, l'Italie a été à plusieurs reprises au cours du dernier siècle une forme de laboratoire sulfureux d'évolutions politiques développées ensuite ailleurs.

Un triple mouvement nous a donc engagés à consacrer un grand dossier à la situation politique de la Péninsule. Cette dimension laboratoire tout d'abord qu'il nous faut analyser de près pour mieux comprendre ce qui s'y passe, ce qu'est ce gouvernement Meloni, son action, son imaginaire politique, ses références. Et par voie de conséquence ce qu'impliquerait dans l'appareil d'État, dans la presse, dans les musées et les théâtres, dans l'esprit d'une nation, pour les minorités, pour les migrants, pour celles et ceux qui n'appartiennent pas à la majorité nationaliste mais cultivent la marge, l'arrivée de l'extrême droite au pouvoir en France. La volonté ensuite de prendre la mesure de l'évolution de l'Italie depuis vingt-cinq ans pour comprendre en profondeur les malaises qui la traversent, saisir ce qui a pu pousser une majorité d'électeurs italiens à faire des choix populistes depuis l'apparition du Mouvement 5 étoiles, de la Ligue et de Fratelli d'Italia, mettre en évidence le malaise social qui ronge une société vieillissante, et enfin rappeler les années d'extrême violence – les années de plomb, les années de la stratégie de la tension, de l'attentat de la piazza Fontana à Milan en décembre 1969 à l'attentat de la gare de Bologne en août 1980, en passant par l'assassinat d'Aldo Moro au printemps 1978 – mais aussi les meurtres commandités par la mafia, sur ce que représentèrent les morts des juges Giovanni Falcone et Paolo Borsellino, à cinquante-sept jours d'intervalle, en 1992. Toute cette violence est présente dans la mémoire commune des Italiens, d'autant plus présente que de nombreuses zones d'ombre demeurent quant aux conditions dans lesquelles un tel déchaînement de terreur a pu naître et se déployer. Enfin, et troisième raison qui nous a engagés dans la réalisation de ce dossier, il y a une échéance électorale cruciale dans quelques mois. Avec ce mois de septembre 2023, nous entrons en effet dans une période d'une importance majeure pour l'Europe. Sur fond d'invasion russe barbare, odieuse et cruelle pour les Ukrainiens, redoutable pour l'équilibre géopolitique de notre continent, se prépare la campagne des prochaines élections au Parlement européen, en juin 2024. Ne nous trompons pas, ces élections ne sont pas secondaires parce qu'européennes. Précisément, elles sont pour cette raison absolument prioritaires, et plus encore compte tenu de la situation politique en France. Dès maintenant, il est ainsi capital que plus encore que par le passé nous nous hissions à la hauteur que requiert cet engagement européen. Cela implique une curiosité intellectuelle pour nos voisins, les plus proches comme les plus éloignés, une volonté de comprendre, au-delà des facilités, des poncifs parfois, la réalité sociale, politique, culturelle des pays qui travaillent à nos côtés depuis des décennies à élaborer un destin commun pour notre continent. Cela implique des échanges et des débats. Cela invite à développer des réseaux, des plateformes, des forums au niveau du continent. Cela doit nous inciter à renouer avec cette belle idée d'une Europe de la pensée, d'une Europe des intellectuels dont des positions communes, des convictions partagées auront, c'est notre conviction, un réel poids politique.

Dans cet esprit nous avons réuni tous ceux que vous allez lire au sein de ce numéro.
Écrivains et intellectuels, journalistes et universitaires, politiciens et éditeurs, de générations différentes, d'expériences multiples, ce sont des voix parmi les plus respectées et recherchées en Italie, pour certaines méconnues encore en France, évidemment contestées, vilipendées parfois, par celles et ceux qui sont aujourd'hui au pouvoir. Des voix singulières que nous sommes heureux et fiers de vous proposer. Des voix singulières qui ont immédiatement voulu témoigner à la faveur d'un essai, d'une fiction, d'un entretien afin de faire comprendre à Paris et en France tous les enjeux de ce qui se joue en ce moment en Italie.

•••

La disparition de Silvio Berlusconi en juin dernier, huit mois après les élections législatives du 25 septembre 2022 qui avaient permis à la coalition des trois droites (Fratelli d'Italia, Ligue et Forza Italia) d'arriver en force à la Chambre des députés comme au Sénat, puis de former un gouvernement sous la férule de Giorgia Meloni, ce décès d'un homme dont les derniers mois auront été marqués par la pathétique apologie de Poutine, a renforcé le duo populiste de droite extrême. Conscients qu'ils ne peuvent vivre l'un sans l'autre, Giorgia Meloni et Matteo Salvini sont à la fois complices et ennemis politiques, leur attitude agressive à l'endroit des réfugiés et le rejet de la vision de l'Europe défendue actuellement par Ursula von der Leyen formant le socle de leur accord. L'association de ces trois droites était étrangement qualifiée de coalition de centre-droit. La mort du *Cavaliere* déchire ce voile pudique qui ne trompait personne mais avec lequel les Italiens préféraient couvrir l'identité réelle de cette majorité. L'Italie a bel et bien à sa tête un gouvernement comme aucun autre État d'Europe occidentale n'en a connu depuis des décennies : un gouvernement d'extrême droite.

De Berlin, Bruxelles ou Paris, une attention distraite à ce qui se passe dans la Péninsule depuis l'automne 2022 pourrait conclure à une fausse alerte. Dès son arrivée au palais Chigi, Giorgia Meloni a en effet soigneusement cherché à gagner une respectabilité au niveau international. À la fois pour rassurer ses partenaires économiques, les milieux financiers et ses alliés au sein de l'OTAN. Autant d'attitudes qui lui ont permis de conforter les fondations de la politique internationale d'un pays fondateur de l'UE sans lesquelles elle n'aurait pu survivre longtemps à la tête du gouvernement et de plus librement entreprendre, en politique intérieure, la révolution qu'elle porte et qui signifie un changement en profondeur de l'Italie d'aujourd'hui et de demain.

Giorgia Meloni souhaite apparaître comme une conservatrice, rien de plus que la représentante d'une vision conservatrice de la société italienne. Mais la vraie nature du parti qu'elle a créé et dirige émerge régulièrement. Et personne n'est dupe. L'impossibilité de Meloni à rappeler que la Constitution italienne est née de l'antifascisme, son refus de souligner que la justice a définitivement conclu à la responsabilité du terrorisme noir, de l'extrême droite, dans l'attentat de la gare de Bologne, la constance avec laquelle elle s'oppose à faire disparaître la flamme d'origine fasciste de l'emblème de son parti, tout cela est d'une limpidité consternante. Tout aussi éloquente est la difficulté de la présidente du Conseil à tenir ses troupes, à contenir les démons. Conséquence évidente de l'ambiguïté dont elle fait preuve, les expressions des plus radicaux de ses soutiens, de ses compagnons de lutte se multiplient, certains n'hésitant pas, malgré leur responsabilité publique, à mentir ou à mettre en cause la parole du président de la République Sergio Mattarella.

On l'observe avec toujours plus d'évidence, l'accession au pouvoir de l'extrême droite italienne est par ailleurs une aubaine pour l'esprit de vengeance, pour les théories du complot, pour une vulgarité que l'on sent à son aise, dans les milieux de la culture notamment. La jouissance d'une présence au pouvoir encourage chez certains obscénité et trivialité au nom d'une liberté d'expression qui aurait été muselée par le passé. En un mot, pour l'extrême droite, c'est le grand soir. Ce qui se passe depuis quelques mois à la tête de la RAI est emblématique de ce tournant. La portée culturelle de ce pôle audiovisuel public est connue. Aujourd'hui ce grand symbole est menacé comme il ne l'a jamais été. Plusieurs des figures les plus appréciées pour leur professionnalisme ont annoncé leur départ à la suite de nominations orchestrées par le gouvernement. L'expression décomplexée de la droite extrême aura ainsi un accès prioritaire aux canaux de diffusion des chaînes de radio et télévision publiques. Ils s'ajouteront aux réseaux sociaux où elle est déjà active. Cette situation nouvelle permettra aux thèses des climato-sceptiques, aux affirmations racistes une plus grande audience. Et ce pouvoir télévisuel possédera la faculté de censurer l'adversaire politique ou l'intellectuel de l'autre camp. C'est ce qui est arrivé au début du mois de juillet à l'écrivain et intellectuel Roberto Saviano : la diffusion d'émissions consacrées au crime organisé a été annulée sous la pression de ceux qui sont désormais au pouvoir.

•••

Chacune des contributions que vous allez découvrir offre une perspective, un angle de vue, un ton. Des thèmes reviennent, des inquiétudes sont communes, des réflexions se complètent. Les écrivains et écrivains-essayistes, chacun avec son talent, chacun dans un registre particulier, Giosuè Calaciura, Giuliano da Empoli, Paolo Giordano, Nicola Lagioia, Dacia Maraini, Stefano Piedimonte, Roberto Saviano et Antonio Scurati, les universitaires Manuela Caiani, Leo Goretti, Tomaso Montanari, Gianluca Passarelli, Maurizio Ridolfi, Nathalie Tocci, les journalistes et éditorialistes Lucia Annunziata, grande figure de la RAI qui a annoncé récemment son départ, Massimo Giannini, le directeur de *La Stampa*, Ezio Mauro, éditorialiste à *La Repubblica* qu'il a dirigée durant vingt ans, Maurizio Molinari, le directeur actuel de *La Repubblica* et Stefano Montefiori, correspondant à Paris du *Corriere della Sera*, une éditrice entre Paris et l'Italie, Teresa Cremisi, et trois personnalités politiques dont les propos nous confirment qu'il y a toujours en Italie, même si leur voix est minoritaire actuellement, une hauteur de vue, une volonté de changement et une vigie morale. L'ancien président de la Commission européenne et président du Conseil italien, Romano Prodi, un homme parmi les plus estimés et craints à la fois dans son pays, nous offre une analyse de la situation italienne et une réflexion sur la situation géopolitique du moment, mais également nous propose, et c'est sans doute l'une des parts les plus optimistes de notre dossier, une perspective ambitieuse, un projet de la plus haute importance pour le développement de liens essentiels entre la rive sud de la Méditerranée et l'Europe :

la création d'une Université méditerranéenne. Un pari sur l'avenir qui s'oppose en tous points à la peur malsaine de l'étranger, de l'Arabe, de l'Africain prodiguée par des politiciens irresponsables. Elly Schlein, la secrétaire du Parti démocrate élue au printemps 2023, nouvelle figure de la gauche italienne que nous introduisons d'une certaine manière en France, une femme engagée aux positions fermes et résolues face à l'extrême droite et qui porte un projet politique soutenu par des convictions européennes qu'on ne trouve plus guère dans la gauche française, les progrès sociaux et la conversion écologique passant selon elle par une Europe des progressistes. La sénatrice Liliana Segre, pour les raisons que vous découvrirez, a tenu un discours magnifique, il y a quelques mois, au moment d'ouvrir la session parlementaire du Sénat. Après avoir rencontré Carlo Feltrinelli et Massimo Tarantino qui nous ont permis de prendre la mesure de l'importance de la Fondation Giangiacomo Feltrinelli à Milan, de son histoire extraordinaire, nous avons décidé de vous en faire part pour vous inviter à suivre ses activités remarquables qui contribuent à comprendre mieux les maux de l'Italie et participent de l'invention d'idées, de projets pour qu'advienne une autre Italie.

La couleur générale de cette mosaïque de textes et d'entretiens est sombre. Car l'heure, oui, est grave. L'émergence du populisme de droite qu'incarnent Giorgia Meloni et Matteo Salvini s'inscrit dans une dynamique européenne redoutable qui voit l'AfD en passe de devenir le deuxième parti le plus important en Allemagne, le FPÖ sur le point de prendre le pouvoir en Autriche, le Vlaams Belang faire vaciller l'intégrité de la Belgique, Vox toujours aussi menaçant en Espagne malgré un revers important lors des élections de juillet dernier, PiS demeurer très haut dans les sondages en Pologne après huit ans au pouvoir et avant une échéance électorale décisive à l'automne, les Démocrates de Suède décider de la vie ou de la mort du gouvernement à Stockholm, les Vrais Finlandais à la tête de ministères essentiels dans un pays qui vient d'entrer dans l'OTAN et Fidesz cadenasser la vie démocratique en Hongrie. Cette internationale de l'extrême droite mobilise, accentue son mouvement, gagne des positions que nous pensions imprenables. Gare à ce qui se profile à l'horizon. En creux, cet ensemble de textes et d'interventions appelle à une prise de conscience, à un réveil, à un combat. À chacun de nous de mener cette lutte à quelque endroit qu'il se trouve.

Pour conclure, nous voudrions évoquer brièvement une conversation que nous avons eue avec Bernard-Henri Lévy à Milan, près de La Scala, via Silvio Pellico, quelques mots que nous avons échangés au sujet du grand écrivain Alberto Moravia, mort en 1990. Avant de le retrouver, nous avions été frappé qu'à quelques mètres de notre lieu de rendez-vous, une plaque commémorative rappelle que l'Hôtel Regina, dans cette rue, fut le siège du quartier général des SS à Milan à partir de septembre 1943 et que de nombreux résistants et innocents y furent torturés avant d'être envoyés dans des camps de concentration et d'extermination. La via Silvio Pellico porte par ailleurs le nom d'un écrivain et éditeur qui fut arrêté avec d'autres, en 1820, par les autorités habsbourgeoises pour soulèvement et sédition contre la présence autrichienne. Condamné à mort tout d'abord, puis gracié par l'empereur, il fut envoyé dans l'atroce prison du Spielberg en Moravie où il resta dix ans. Après sa libération, il publia ses mémoires, *Le mie prigioni* (*Mes prisons*), récit de ce qu'il avait enduré durant des années, qui eut un succès considérable auprès des intellectuels italiens et une renommée européenne. Compte tenu de ce contexte, de cet étrange télescopage de temps et de lieux, d'apprendre par la bouche de Bernard-Henri Lévy qu'Alberto Moravia aimait à se définir « Européen d'origine italienne » n'eut que plus d'impact. Dans une conférence consacrée à l'auteur du *Conformiste* et *du Mépris* que nous avons lue ensuite et dont le texte a été repris dans *Pièces d'identité*, il affirme que pour Moravia, « l'idée européenne, et son engagement au service de cette idée, était comme un moyen de faire souffler un vent de liberté et de déstabiliser cette hideuse, navrante, catastrophique, passion nationale ». Nous y sommes.

MASSIMO **GIANNINI**

Un premier bilan pour Giorgia Meloni, Sœur d'Italie

« Aujourd'hui, nous avons écrit l'histoire. » Chargée de gloire, Giorgia Meloni rythme le Temps nouveau qui commence avec une déclaration épique digne du Cinegiornale Luce[1].

Soyons clair : il n'y a rien d'ironique dans cette constatation. Ce que la première femme à avoir amené la droite postfasciste au gouvernement du pays a publié sur les réseaux sociaux le soir de son triomphe électoral est la pure vérité. Comme l'a dit Charles Kupchan, sa victoire est, à tous les points de vue, un « tournant radical » pour l'Italie et pour l'Europe. Mais contrai-

(1) Le « Cinegiornale Luce » étaient les actualités cinématographiques projetées dans les salles de cinéma pendant le fascisme. Elles étaient réalisées par l'Istituto Luce, un organisme public fondé en 1924 et rapidement devenu un instrument de propagande du régime.

rement à ce qu'affirme ce grand politologue américain, le pendule de l'Histoire « n'est pas revenu » dans le camp des populistes, en vertu de la somme transversale des voix obtenues par Fratelli d'Italia, la Ligue et le Mouvement 5 étoiles. En réalité, le pendule n'a pas bougé, car le triomphe de Giorgia Meloni est la troisième étape de l'évolution d'un cycle populiste et souverainiste qui a commencé avec le berlusconisme avant de déboucher dans la période dominée par la Ligue et le Mouvement 5 étoiles mené par Beppe Grillo.

Aujourd'hui, comme l'*Angelus Novus* de Paul Klee et Walter Benjamin, Giorgia Meloni semble avoir déployé ses ailes vers l'avenir, même si les vieux entassements de ruines ne se résignent pas à la libérer du passé. Or, c'est bien de cela que nous avons besoin maintenant. Si elle veut vraiment écrire un important chapitre d'histoire, la Sœur d'Italie doit clore en vitesse, sans le refouler, son contentieux avec l'Histoire, laquelle, comme l'enseignait Benedetto Croce, est « toujours contemporaine ». Et elle doit vraiment essayer – comme elle le dit elle-même – de guérir les blessures anciennes et modernes du pays. De le faire – comme elle le promet – « pour tous les Italiens, pour unir ce peuple ».

Les Italiens ont voté pour elle, lui conférant l'honneur et le fardeau de diriger le gouvernement. La légitimité démocratique de ce choix est nette et indiscutable. Ce que nous pourrions appeler le « Facteur F » comme Fascisme reste encore non résolu dans l'autobiographie de la nation, dans l'attente que ceux qui sont les descendants de cette tragédie du XXe siècle le dénouent dans les faits et dans les actes. Toutefois, politiquement, nous devons reconnaître que cette condition préliminaire a déjà été abolie par le verdict des urnes, le dimanche 25 septembre 2022.

Avec la complicité de l'étroitesse d'esprit des partis et de l'incohérence des lois électorales, cela faisait désormais onze ans que les gouvernements en Italie ne reflétaient pas complètement la volonté populaire. Ce n'est plus le cas maintenant, et, objectivement, cela joue en faveur de Meloni. À seulement 45 ans, en partant des cortèges post-MSI-DN du mouvement étudiant postfasciste Azione Studentesca dans le quartier romain de la Garbatella, elle est arrivée au Palazzo Chigi[2]. En ce sens, oui, elle a écrit une page d'Histoire. Elle a fondé son petit parti en 2011, avec juste un caillou dans sa poche : 1,96 % des voix. En dix ans, pierre par pierre, elle est arrivée à 26 %, en construisant la première force politique du pays.

Son gouvernement n'a pourtant rien d'une *dream team*. Elle avait promis à plusieurs reprises « un

---

(2) Le siège de la présidence du Conseil, à côté de Montecitorio, la Chambre des députés.

exécutif respecté et compétent». Mais franchement, il est tout sauf ça. Et nous le constatons, avec les ennuis de Daniela Santanchè[3] et les cafouillages de Carlo Nordio[4].

Mais laissons de côté les questions de personnes. Essayons de chercher le «sens» de cette arrivée au pouvoir. En premier lieu, on est frappé par l'inspiration culturelle de fond : non seulement le nom des ministres, mais même celui des ministères révèle «une certaine idée» non pas de l'Italie, mais plutôt de l'*Italietta*[5]. Ajouter au ministère du Développement économique la précision «et du *made in Italy*», à celui de l'Enseignement «et du Mérite», à celui de l'Agriculture «et de la Souveraineté alimentaire», à celui du Sport «et des Jeunes», à celui de la Famille «et de la Natalité» : la forme révèle à elle seule de tardives réminiscences du fascisme, un peu de Starace[6] et un peu

---

(3) Daniela Santanchè a été successivement membre d'Alliance nationale, de Forza Italia et maintenant de Fratelli d'Italia. Elle est ministre du Tourisme dans le gouvernement Meloni. Elle est sous enquête pour faux en écriture comptable et banqueroute dans le cadre de la gestion de sa société Visibilia.

(4) Carlo Nordio est un ancien procureur, membre de Fratelli d'Italia. En tant que ministre de la Justice du gouvernement Meloni, il prépare un projet de réforme de la justice dont une partie a déjà été bloquée par la présidente du Conseil. Ses déclarations intempestives provoquent fréquemment des polémiques.

(5) Diminutif ironique et péjoratif : littéralement la «petite Italie», une Italie provinciale, fermée sur elle-même, sans envergure.

(6) Achille Starace (1889-1945) a été secrétaire du Parti national fasciste et président du Comité olympique national italien.

de Ciano[7], un mélange de nostalgie et d'autarcie, de nationalisme et de provincialisme. Un « souverainisme » à la bonne franquette, fait de slogans simplets, les Italiens d'abord et les enfants à la (petite) Patrie. Ce n'est pas avec cette pacotille raccommodée (on aurait envie de dire avec ce « *culturame*[8] ») que l'Italie pourra dire « finie la belle vie[9] » à l'Europe.

Ensuite, on est frappé par la « dérive polonaise » de la Nouvelle Italie et de ses Frères. Atlantisme militant dans le domaine international, conservatisme intolérant sur le front intérieur. Avec ce gouvernement, la démocratie n'est pas abolie, nous ne risquons pas la dictature, et encore moins une nouvelle Marche sur Rome. Mais comme le gouvernement Morawiecki à Varsovie, le gouvernement Meloni à Rome agit sur deux plans différents. Pour le dire à la Karl Marx : la « structure » du pays — la politique économique et la politique étrangère — est relativement sécurisée. Giancarlo Giorgetti au ministère de l'Économie et des Finances est sans doute peu familier de Bruxelles, des chancelleries et de la *business community*, mais c'est le dirigeant de la Ligue le plus proche de Ma-

(7) Galeazzo Ciano (1903-1944) a été ministre des Affaires étrangères pendant le fascisme. Il était le gendre de Benito Mussolini, qui l'a pourtant fait fusiller pour trahison.

(8) Terme péjoratif pour indiquer une sorte de culture *low cost*.

(9) Pendant la campagne électorale de septembre 2022, Giorgia Meloni s'en est prise à l'Europe en lançant « *finita la pacchia* », « finie la belle vie, fini de rire », sous-entendant qu'elle mettrait l'Europe au pas si elle était élue.

rio Draghi : il veille soigneusement sur les comptes publics. Antonio Tajani au ministère des Affaires étrangères est une garantie de continuité : il s'est fait apprécier comme commissaire européen, puis comme président du Parlement de Strasbourg, il ne boit pas de vodka et ne dort pas dans le lit de Poutine [10]. Bref, dans ces domaines nous ne faisons peut-être pas d'étincelles, mais nous ne risquons pas non plus de courir au désastre.

À l'inverse, ce sont les « superstructures » qui subissent des torsions : le système des droits — sociaux et civils — avec lesquels la droite se comporte comme sait le faire la droite. La vraie droite, réelle, que nous avons connue pendant des années de propagande. Matteo Salvini au ministère des Infrastructures, avec autorité sur les ports et les gardes-côtes, est une mine qui dérive au cœur de la Méditerranée. Alfredo Mantovano [11] et Eugenia Roccella [12] incarnent une vision hyper-catholique et obscurantiste de la famille, qui exclut et n'inclut pas. On peut dire la même chose de la « shérif » de la Ligue, Alessandra Locatelli, au ministère du Handicap. Sur ces terrains, tous les retours en arrière sont possibles de la part de per-

---

(10) Allusion au fait qu'une *escort girl* a témoigné que Silvio Berlusconi l'avait accueillie dans un lit à baldaquin, en lui disant qu'il lui avait été offert par Vladimir Poutine.

(11) Alfredo Mantovano est secrétaire d'État à la présidence du Conseil des ministres.

(12) Eugenia Roccella, membre de Fratelli d'Italia, est ministre pour la Famille, la Natalité et l'Égalité des chances.

sonnes qui considèrent comme « dégueulasse » tout amour cultivé en dehors du mariage traditionnel et qui soutiennent que « l'avortement n'est pas un droit ». Et là aussi, nous nous attendions à un effort de respect et d'imagination, venant de la part de la présidente du Conseil. Un effort que nous avons attendu vainement.

Tout cela amène à poser une question de fond : qui sont-ils ces Fratelli d'Italia, ces Frères d'Italie ? De quel type de droite s'inspirent-ils ? Et surtout, qui est Giorgia Meloni ? La Thatcher des Italiens, plus légère et imprudente, mais pas moins méchante que la Dame de fer anglaise ? Ou Evita Melón, plus dure avec les « défaitistes », mais pas moins souverainiste que la First Lady argentine ? Rien n'est clair, pour le moment. Car tout change au gré des circonstances.

On peut en dire autant de la politique économique, comme le montre la première et seule loi budgétaire votée pour le moment. Ce texte, qui bat malheureusement des records de confusion, reflète l'idée d'un pays petit, autarcique, passéiste et prémoderne. Avec la volte-face sur le plafond aux paiements par carte de crédit et sur l'abolition de 18app[13], l'amnistie pour les délits de fraude fiscale et le reniement de la promesse électorale d'augmentation à 1 000 euros

(13) L'application où les jeunes peuvent s'inscrire pour bénéficier du Bonus Cultura, le pass culture italien.

des pensions de retraite modestes, c'est une « marche arrière sur Rome » permanente. Soyons clair : personne n'imagine qu'il est possible de résoudre en douze mois des problèmes structuraux que l'Italie traîne depuis presque vingt-cinq ans. L'Italie stagne depuis la fin des années 1990, sa croissance est inférieure à la moitié de la moyenne de l'OCDE et sa productivité est quasiment plate, alors qu'elle occupe une des premières places dans la zone euro en matière de dépenses pour le *welfare* par rapport au PIB et qu'elle est en queue de peloton pour le taux d'emploi des femmes et des jeunes. Mais on pouvait légitimement attendre plus du premier gouvernement de la Sœur d'Italie, qui remet la politique au premier plan après la parenthèse technocratique de Mario Draghi. Elle-même a dû l'admettre, honnêtement : « On aurait pu faire mieux. » Pourtant, ce patchwork un peu informe de petites prébendes – il y en a une vingtaine, comme les quelques sous accordés aux éleveurs de bufflonnes ou pour les chemins des pèlerinages religieux – et de grandes régularisations – on en compte douze, comme l'amnistie pour les cryptomonnaies et les facilités de paiement pour les sociétés sportives endettées – reflète exactement la vision de la société italienne que cette droite cultive depuis longtemps. Une société traditionnelle et patriarcale, portée sur l'assistanat tout en étant peu solidaire. Et tendanciellement classiste, individualiste, sexiste. Très encline à la conservation, peu portée au changement. Une société qui vit d'insécurités et de peurs. La gauche a perdu parce qu'elle ne l'a pas compris, la droite a gagné parce qu'au lieu de les neutraliser, elle les a nourries. Et maintenant qu'elle gouverne, elle paie ses promesses politiques à chacun des blocs électoraux qui l'ont portée en triomphe au Palazzo Chigi.

Les rescapés[14], ce sont surtout les mâles, blancs, adultes et/ou âgés, et ceux que la présidente du Conseil a appelés «*i figli di un dio minore*[15]» : les travailleurs indépendants, les commerçants, les artisans, les professions libérales soumises à la TVA. Symbole d'une économie tertiaire, parfois un peu arriérée, en partie cachée, mais enracinée dans les secteurs les plus mûrs de l'économie. Les trois partis de droite ont fait des ponts d'or à ces catégories : la bien commode *flat tax* à 15 % pour les revenus jusqu'à 85 000 euros, le plafond à 5 000 euros pour les paiements en liquide, l'annulation des amendes et des dettes, ainsi que la redéfinition des litiges en cours avec l'administration fiscale, une régularisation ponctuelle, le calcul de l'âge de départ à la retraite et l'augmentation des pensions de retraite minimales pour les personnes âgées de plus de 75 ans. Les naufragés, ce sont tous les autres. La classe moyenne, c'est-à-dire les salariés,

(14) Allusion (comme plus loin les «naufragés») au titre du livre de Primo Levi *I sommersi e i salvati*, paru en France sous le titre *Les Naufragés et les rescapés*.

(15) Traduction italienne du titre du film américain *Children of a Lesser God*, sorti en France sous le titre *Les Enfants du silence*.

ceux qui payent leurs impôts à la source jusqu'au dernier euro, mais surtout les femmes, les jeunes et les plus pauvres. À tous ceux-là, les trois partis de droite ont donné un plat de lentilles. Les salariés bénéficient de quelques miettes de baisses d'impôt. Pour les femmes, il y a les deux sous de baisse de la TVA sur les protections périodiques et les couches. Pour les jeunes, il n'y a rien : le pass culture vient de disparaître, comme l'équivalent italien du RSA[16], supprimé pour des raisons purement idéologiques.

Il y a « une certaine idée de l'Italie », dans tout cela. Nous sommes un peuple de saints, de poètes et de fraudeurs du fisc[17], et nous devons continuer de l'être. Nous sommes un peuple de familles plus ou moins régulières, où la femme est mère et où il vaut mieux qu'elle reste telle, et si parmi des millions d'*underdogs* il y en a un sur mille qui s'en sort, c'est seulement parce qu'« il sait se battre comme un homme ». Nous sommes un peuple de jeunes paresseux et « chipoteurs » — selon la théorie digne du café du Commerce formulée par le secrétaire d'État au Travail Claudio Durigon –, qui doivent continuer à s'adapter à n'importe quel boulot « inadéquat », exploité et sous-payé, au mé-

(16) Le *reddito di cittadinanza* (« revenu de citoyenneté ») avait été institué par le gouvernement Conte en janvier 2019, sur proposition du Mouvement 5 étoiles.

(17) Allusion à la formule prononcée par Mussolini dans un de ses discours : « [nous sommes] un peuple de poètes, d'artistes, de héros, de saints, de penseurs […] », gravée sur la façade d'un monument de la période fasciste, à Rome.

pris de leurs ambitions, de leur niveau d'études, des parents qui leur ont fait faire des études, du fléau de la fuite des cerveaux et du ministère de l'Éducation et du Mérite. Ainsi, le tableau est complet. Et particulièrement sombre.

Mais comment Giorgia évolue-t-elle sur la scène internationale ? Et quelle image ont d'elle les leaders du Vieux Continent ? Là aussi, c'est la duplicité qui prévaut. Au Conseil européen, en général, nous voyons évoluer sur la scène une Meloni masquée. La Sœur d'Italie a changé la forme, en proposant même ses bons offices de médiatrice sur le dossier des migrants à ses amis-ennemis de l'axe de Visegrad. Elle n'a pas changé la substance et a encaissé un « non » sec d'Orban et de Morawiecki, mais en justifiant et en approuvant presque leur veto, parce qu'au fond le Hongrois et le Polonais « défendent leur intérêt national ». Du reste, les souverainistes sont comme ça. Comme les scorpions de la fable, ils demandent à la grenouille de leur faire traverser la rivière, mais à mi-chemin ils la piquent et, en se noyant avec elle, ils ont juste le temps de lui dire « je suis désolé, c'est notre nature ». Cette fois-ci, bien qu'elle soit elle aussi un scorpion, Giorgia s'est improvisée grenouille. Mais les faux amis Viktor et Mateusz l'ont piquée, si bien qu'ils se sont noyés tous ensemble, en coulant le pacte européen sur l'immigration. C'est leur nature : s'il faut fermer une frontière, pour les démiurges et les démagogues de l'État-nation, il n'y a pas d'ac-

cord qui tienne. Même pas entre eux.
Ce qu'il est intéressant de comprendre, toutefois, ce sont les choix que fera le gouvernement italien d'ici aux prochaines élections pour le Parlement européen de 2024. Quelle sera son évolution en Italie, son positionnement dans l'Union européenne. Non seulement sur les migrations, mais aussi sur les grands thèmes de l'économie — comme le PNRR[18] et le pacte de stabilité et de croissance — et de la société — comme les droits et le *Green Deal*. L'Europe a été au cœur des élections du 25 septembre 2022, comme le confirme l'enquête Itanes[19] publiée par les éditions Il Mulino après les élections : l'UE représente désormais une fracture sociale et politique constante, mais nette, entre les électeurs de droite et de gauche. Et à l'intérieur des coalitions, « l'euroscepticisme est un marqueur de la distance entre la Ligue et Fratelli d'Italia, avec l'appendice de Forza Italia ». Dans la moyenne des dix dernières années, le parti qui a rassemblé le plus d'électeurs europhobes est la Ligue, qui en compte 40 %, suivi par Fratelli d'Italia avec 37 % et par Forza Italia avec 26 % (au milieu, il y a le Mouvement 5 étoiles avec 32 %, et tout en bas du classement le Parti démocrate avec

(18) Le Plan national de reprise et de résilience (*Piano Nazionale di Ripresa e Resilienza*) a été mis en place en 2021 par l'Italie pour relancer son économie après la pandémie de Covid-21. Il fait partie du programme de l'Union européenne NextGenerationEU.

(19) L'association Itanes (Italian National Election Studies) dirige un programme de recherche sur les comportements électoraux en Italie.

11 %). Au cœur de cet antieuropéisme, il y a les recettes populistes et « les positions nettement extrêmes contre l'immigration », qui restent un levier politique des plus puissants pour motiver le soutien à au moins deux des trois partis actuellement au pouvoir.
Telle est probablement la raison qui empêche Giorgia Meloni de mettre en œuvre le « tournant modéré » dont la démocratie italienne aurait un besoin désespéré. Ce changement nécessaire pour faire naître la droite « normale » – antifasciste et constitutionnelle, républicaine et populaire – qu'elle n'a jamais représentée et que le pays n'a jamais connue. Et cela explique pourquoi elle continue à voir trop d'oiseaux de mauvais augure dans les affaires italiennes – comme Christine Lagarde et le commissaire européen à l'Économie Paolo Gentiloni – et à polariser tous les conflits – comme le problème de la drogue et le Mécanisme européen de solidarité. Alors que dans le ballet de sorcières européen, elle continue à montrer deux visages : la présidente Meloni se tient bien à table avec les pères fondateurs Scholz et Macron, tandis que la chamane Giorgia est envoûtée par le baise-main sournois de ses cousins saboteurs Orban et Morawiecki.

C'est cette même ambiguïté qui rend velléitaire le projet de Giorgia Meloni de fédérer les groupes populaires et conservateurs européens, et de démolir la « majorité Ursula » qui a élu von der Leyen en juillet 2019 : la présidente du

Conseil italien ne peut pas (pas encore) sortir du Cercle tragique de l'Internationale souverainiste théorisée et encouragée en son temps par l'apprenti sorcier de Trump, Steve Bannon. Elle pourra peut-être essayer dans un an, en fonction de la réponse des urnes de juin prochain. Pour le moment, elle ne peut que changer ses masques, pas sa nature. Mais il y a plus et il y a pire : paradoxalement, cette phase pourrait mener à une radicalisation supplémentaire des conflits. Et c'est ici qu'entre en jeu la France, la révolte des banlieues et son potentiel de destruction et d'émulation. Matteo Salvini a déjà réactivé son ton agressif de l'été 2019 : « Nous sommes en Occident ou en enfer ? Cette spirale de violence en France, alimentée par la lâcheté habituelle de la gauche, est le résultat d'années d'erreurs et de folies en matière d'immigration, surtout islamique, de permissivité judiciaire, de banlieues abandonnées à la criminalité, de tolérance pour des comportements inacceptables. » La dérive implicite dans le raisonnement du leader de la Ligue est parfaitement claire. Cette insurrection violente partie des derniers et des avant-derniers, qui dissimule une colère et un mal-être beaucoup plus étendus et profonds que la réaction à l'homicide d'un jeune franco-algérien par la police, peut déclencher partout un paradigme répressif/sécuritaire valable.

Dans le camp des forces du conservatisme pur et dur, la bataille pour savoir qui ira le plus loin a déjà commencé. Meloni ne peut pas s'offrir le luxe de laisser le cynique Salvini courir, libre et irresponsable, sur les autoroutes de l'idéologisme le plus effréné, qu'elle a elle-même laissées partiellement dégarnies. Alors elle lui court après, elle le rattrape et, si elle peut, elle le dépasse. « Pas d'ennemi à gauche », telle était autrefois la règle qui a divisé, affaibli et enfin condamné les vieux leaders de la gauche. « Pas d'ennemi à droite » risque de devenir aujourd'hui le cercle vicieux et maléfique dans lequel la Sœur d'Italie s'enferme elle-même et emprisonne le pays tout entier.

Bien que dépendante de certains schémas, Giorgia Meloni manifeste pourtant une grande volonté de puissance. Comme le montre la réforme présidentielle dont elle est la fière promotrice. Avec cette idée, la Sœur d'Italie voudrait construire l'échafaudage constitutionnel qui devrait lui permettre de traverser par le haut toute la législature, en structurant le noyau dur de son « gouvernement personnel » à l'intérieur du « gouvernement national ».

Elle l'avait dit elle-même, dans son discours programmatique pour obtenir la confiance du Parlement le 25 octobre 2022 : « Nous sommes fermement convaincus que l'Italie a besoin d'une réforme constitutionnelle de type présidentiel, qui garantisse la stabilité et redonne sa centralité à la souveraineté populaire. Une réforme qui permette de passer d'une "démocratie du débat" à une "démocratie de la décision". Nous voulons partir de l'hypothèse du semi-présidentialisme sur le modèle français, qui avait été fortement approuvée dans le passé y compris par le centre-gauche, mais nous restons ouverts aussi à d'autres solutions. Nous voulons en discuter avec toutes les forces politiques présentes au Parlement, pour parvenir à la réforme la meilleure et la plus partagée possible. Mais qu'il soit bien clair que nous n'arriverons pas à réformer l'Italie si nous devons affronter des oppositions fondées sur des a priori. Dans ce cas, nous agirons selon le mandat que les Italiens nous ont conféré sur cette question : donner à l'Italie un système institutionnel dans lequel le vainqueur des élections gouverne pendant cinq ans et est jugé à la fin par les électeurs pour ce qu'il est arrivé à faire. »

Ouvrir une table de négociation et s'y asseoir avec l'opposition relève d'une excellente intention. Mais à condition que les règles d'engagement soient transparentes. Est-il question d'une Assemblée constituante, qui serait la voie royale ? S'agit-il d'une Commission bicamérale, plus compliquée ? Ou bien le gouvernement rencontrera-t-il les partis uniquement pour les informer de ce qu'il va faire, en tournant le dos aux réformes *non-partisan* ? C'est toujours la même chose : si on ne précise pas, on sème la confusion. Le discours programmatique de Giorgia Meloni laisse entendre qu'elle aussi est prête à avancer coûte que coûte, même sans consulter l'opposition. Ce serait la déchirure définitive infligée à un tissu politico-institutionnel déjà abîmé par des années d'« occasionalisme constitutionnel ». De pseudo-réformes instrumentalisées, fabriquées par des coalitions sortantes dans le seul but d'empoisonner les puits avant l'arrivée de leurs successeurs. D'utilisation conjoncturelle de la Constitution, transformée de maison de tous les Italiens en champ de bataille entre les factions, de pacte qui unit en instrument qui divise. Si Giorgia Meloni cédait elle aussi à cette tentation, c'est la plus sombre des prophéties qui se réaliserait, celle qu'avait formulée Giovanni Sartori[20], lequel dénonçait en 2009 « la stratégie subtile de conquête dictatoriale des démocraties ». Une stratégie qui développe des « Constitutions inconstitutionnelles ». Et qui, sans se faire remarquer, mine ses fondements, ses garanties, ses protections.

Il ne s'agit pas d'une crainte infondée, mais d'un danger réel, comme le montre ce qui se passe sur un autre front brûlant : le système judiciaire. C'est désormais un destin, une malédiction. Ce qui reste de Forza Italia tente l'impossible, c'est-à-dire renaître des cendres de son bien-aimé Père-Patron-Parrain. Et toute la politique italienne glisse tristement dans le même gouffre de boues, de conflits et de poisons dans lequel le Golem berlusconien l'a aspirée et paralysée pendant vingt ans. Ce n'est pas l'économie en berne et la

---

(20) Giovanni Sartori (1924-2017) a été un des plus importants politologues italiens, auteur de très nombreuses publications.

crise de l'emploi, mais la Justice qui est une fois de plus le mot qui résume tout, l'alpha et l'oméga du pouvoir romain, l'arme-de-la-fin-du-monde qui stresse l'existence de la droite a-normale. Ici aussi, on peut citer Marx : le mort saisit le vif. Exactement comme à l'époque de Silvio Berlusconi, qui avait transformé son casier judiciaire en question d'importance nationale, dans l'Italie d'aujourd'hui le rapport entre l'exécutif, le législatif et le judiciaire semble être le champ de bataille d'une majorité qui ne se bat pas seulement contre les procureurs, mais un peu aussi contre elle-même, contre ses fantasmes, contre ses totems et ses tabous.

Giorgia Meloni a commencé à faire de la politique en se réclamant de Paolo Borsellino, assassiné par la mafia. Elle a continué à en faire dans un parti qui s'est érigé en porte-drapeau du principe de légalité, et cela dès sa fondation. Et maintenant, elle ne peut même pas célébrer publiquement l'anniversaire de l'attentat de la via D'Amelio[21], alors que le fils du président du Sénat Ignazio La Russa est accusé de viol, que le ministre de la Justice Claudio Nordio est empêtré dans une polémique surréaliste sur un délit de complicité mafieuse, que la ministre Daniela Santanchè est accusée de banqueroute et qu'un secrétaire d'État devra peut-être affronter un procès pour violation de secret. Comme c'est le cas sur tous les fronts, le

(21) Le magistrat antimafia Paolo Borsellino est mort dans un attentat à la bombe via D'Amelio, à Palerme, le 19 juillet 1992, avec cinq membres de son escorte.

gouvernement erre sans but, dans le désordre et l'irrésolution, entre les deux extrêmes : le justicialisme post-MSI-DN et le garantisme post berlusconien. Et Giorgia non plus ne tranche pas : un jour, elle autorise un document presque séditieux signé « Sources du Palazzo Chigi » où elle attaque les juges « en campagne électorale pour les européennes », avant de jurer le lendemain qu'elle ne veut pas de conflit avec la magistrature. Un jour, elle défend son ministre de la Justice, et le lendemain elle le fait désavouer par la moitié de son gouvernement. Nous nageons en plein théâtre de l'absurde de Ionesco. Et on ne comprend pas pourquoi la présidente du Conseil a voulu à tout prix placer Claudio Nordio au ministère de la Justice, en sachant que de par sa nature et sa culture, l'ancien procureur est tout ce qu'il y a de plus étranger au populisme judiciaire dont les Fratelli d'Italia sont les rejetons. Avait-elle besoin d'une couverture politique avec Berlusconi et avec l'électorat « modéré » en train d'abandonner Forza Italia ? Mais maintenant que le *Cavaliere* nous a quittés, à quoi cela peut-il bien servir de continuer à mener ses combats ? Et puis, combien de temps encore le ministre de la Justice aura-t-il la confiance de la Sœur d'Italie ? Il serait bon de le savoir, pour comprendre à quelle sauce nous serons mangés d'ici les élections européennes de l'an prochain.

Faire ce que personne dans les nomenklaturas n'a fait depuis le 25 septembre : réfléchir sur ce qui s'est passé en Italie, sur ce qui a changé dans les humeurs profondes du pays et, surtout, sur ce qui peut encore changer dans un proche avenir. Car la vérité, c'est que dans le *Belpaese*, rien n'est consolidé, et tout bouge encore. Et les leaders politiques, à commencer par Giorgia Meloni, feraient bien d'étudier un document précieux, élaboré par Itanes et publié récemment par Il Mulino : « Tournant à droite ? Ce que nous apprennent les élections de 2022. » Une mine de chiffres et d'informations qui remettent en question nombre de certitudes hâtives acquises pendant ces premiers mois de gouvernement et qui démontent une bonne partie de la narration médiatique et conformiste sur la nouvelle « hégémonie culturelle » dictée par les urnes. Il est évident que la droite a gagné « nettement et indiscutablement », et que Fratelli d'Italia est « de loin le premier parti de la nation ». Toutefois, ce que l'on sous-estime, mais que les données et les flux confirment, c'est que le succès des trois partis de droite n'est nullement déterminé par une augmentation du nombre de voix, mais seulement « par le fonctionnement de la loi électorale et par la traduction du nombre de voix en nombre de sièges ».

Giorgia Meloni, pour gagner les élections et conquérir la présidence du Conseil, a bénéficié de deux facteurs essentiels. Le premier, c'est l'implosion des 5 étoiles, qui ont perdu la moitié de leurs électeurs, se sont présentés seuls aux élections et ont ainsi offert les sièges uninominaux à la droite. Le second, c'est l'« augmentation dramatique de l'abstention », alimentée essentiellement par la fuite des anciens électeurs du Mouvement 5 étoiles, qui ne sont rentrés qu'en partie « à la maison », que ce soit à droite ou à gauche. C'est de là que provient le boom de Fratelli d'Italia. La croissance du parti de Meloni a été exceptionnelle aussi bien en termes de pourcentages (plus de 20 points) que de voix absolues (presque six millions de voix en plus), elle a certainement déplacé le barycentre de l'alliance, mais elle n'est nullement le produit « d'un renforcement général de la coalition », parce que tout ce que Fratelli d'Italia a gagné, c'est ce que la Ligue a perdu. Donc, chiffres à la main, la percée à droite « dépend davantage du verdict des urnes, amplifié par les règles et l'absence d'accord entre les oppositions, que des changements effectifs de positionnement et d'orientation de l'électorat ». Autrement dit : la masse des Italiens ne s'est pas « déplacée à droite », il n'y a eu aucun « réalignement de l'électorat profond et sur le long terme », et on ne peut donc pas parler de « transformation structurelle des équilibres politiques généraux ».

Après l'éclatement du centre-gauche et la désorientation déclenchée par la pandémie, par la guerre, puis par la chute d'un énième gouvernement technique, celui de Mario Draghi, les électeurs ont beaucoup plus banalement préféré des « options non testées précédemment », en donnant « une chance à ceux qui n'ont pas encore déçu ».

« Je suis Giorgia[22] », précisément. Mais c'est l'évidence qui échappe au regard myope des classes dirigeantes : en dépit des apparences, le paysage politique où nous évoluons peut devenir beaucoup plus mobile et instable qu'il n'y paraît. S'ils avaient de bonnes lunettes, les partis de droite devraient s'en inquiéter, et les partis de gauche s'équiper en conséquence.

Traduit de l'italien par Jérôme Nicolas.

(22) Io sono Giorgia (« Je suis Giorgia ») est le titre du livre autobiographique de Giorgia Meloni, paru en Italie le 11 mai 2021, et en France le 26 septembre 2022 aux éditions Chora, sous le titre *Mon itinéraire : Autobiographie d'une leader politique conservatrice*.

MAURIZIO **MOLINARI**

L'irrésistible ascension des populismes

L'Italie est devenue le laboratoire du populisme en Europe avec les élections législatives de 2018.

Auparavant, en 2016, les Britanniques avaient choisi le Brexit et les Américains avaient élu Donald Trump à la présidence des États-Unis. Il s'agissait là de deux signaux venus du monde anglo-saxon, où les *forgotten people* s'étaient exprimés, dans le premier cas, contre les migrants, et, dans le second, contre le Congrès et les partis traditionnels. En 2018, pour la première fois dans un pays d'Europe occidentale, les partis populistes, expression publique des *forgotten people,* des défavorisés, des marginaux, ont remporté les élections. Et cela s'est produit parce que la Ligue et le Mouvement 5 étoiles sont parvenus à capitaliser politiquement sur trois grandes blessures de la nation : la Ligue sur les migrants, le Mouvement 5 étoiles sur la corruption et les inégalités sociales, et la Ligue de Salvini a mené une campagne électorale centrée pour l'essentiel autour des baisses d'impôts et du refus de l'immigration. L'arrivée de migrants, en Italie, remonte à la nuit des temps ; mais depuis 2016, avec la guerre civile en Syrie, le nombre élevé de réfugiés syriens arrivés en Europe par la route des Balkans a provoqué de violentes réactions et une émotion accrue dans l'opinion publique. Cette route des Balkans passant à proximité de l'Italie du Nord, certains habitants de la Péninsule ont été frappés par les décisions de la Bosnie, la Slovénie et la Croatie de fermer leurs frontières aux migrants. Ils ont alors soutenu qu'il fallait imiter ces pays, et ce sentiment de rejet des migrants a été incarné avant tout par la Ligue.

En Italie, la corruption existe elle aussi depuis toujours. Au moment de son unification, en 1871, elle constituait l'un des plus graves problèmes hérités des États pontificaux et du royaume des Bourbons. D'une certaine manière, le nouvel État unitaire a tenté de lutter contre elle ; en vain. Pire encore, dans les régions où elle était le plus endémique, à savoir le Sud, elle n'a fait qu'augmenter. Cette situation a perduré tout au long du XXe siècle, jusqu'à la période dominée par la Démocratie chrétienne et encore bien au-delà. Pour un jeune né dans la partie méridionale de l'Italie, la corruption est une agression permanente envers sa famille, par ailleurs elle conditionne sa vie, le genre de profession qu'il peut ou ne peut pas exercer, son niveau de revenu, son pouvoir d'achat ; la corruption explique la persistance du phénomène mafieux. Allons plus loin : dans les faits, en Italie du Sud, la vie s'identifie à la corruption. Et c'est précisément là que le Mouvement 5 étoiles s'est imposé comme une force de renouveau, avec son slogan : « Nous, nous luttons contre la corruption. » Ils ont fait du porte-à-porte, ils sont entrés dans les foyers, ils sont allés voir les familles et ils leur ont dit : « Vous voulez combattre la corruption ? Eh bien, votez pour nous, nous vous aiderons. » Ce discours a valu au Mouvement 5 étoiles le soutien d'une large part de la population et l'image d'un mouvement porteur de changement, d'espoir. L'autre élément qui a beaucoup joué en leur faveur, ce sont les inégalités. Car un nombre croissant de personnes, tout comme aux États-Unis, en Grande-Bretagne et ailleurs, sont exclus du monde du travail en raison de l'impact et des conséquences des nouveautés technologiques. Pour la première fois depuis la Révolution industrielle, celles-ci ont changé de fond en comble la vie professionnelle : de plus en plus d'emplois sont détruits en raison de la délocalisation d'entreprises dans les pays du tiers-monde et des innovations technologiques introduites dans les pays occidentaux. Tout cela produit un malaise social diffus, le creusement des inégalités, l'appauvrissement de la classe moyenne et, au bout du compte, une situation où, exactement comme aux États-Unis, de nombreuses familles de la classe moyenne disposent de revenus insuffisants à la poursuite de leurs rêves.

À tous ces gens, le Mouvement 5 Étoiles a déclaré : « Nous avons une solution pour vous : le revenu de citoyenneté. » En d'autres termes : « Le simple fait d'être citoyen italien vous permettra de recevoir de l'argent de l'État. » Une sorte d'équivalent de ce que Lula avait fait au Brésil, avec le revenu garanti aux personnes nées dans les favelas. Après les élections de 2018, la Ligue et le Mouvement 5 étoiles ont exercé le pouvoir ensemble. Sous le gouvernement Conte I[1], d'une certaine façon, ils appliquent leurs programmes en parallèle : la Ligue mène une politique très agressive contre les migrants et le revenu de citoyenneté est créé. Il n'en demeure pas moins que ces mesures n'ont réglé ni la question de l'immigration, qui s'est poursuivie sous une forme illégale, ni surtout celle de la pauvreté. Et ce même si, le jour du vote de la loi instaurant le revenu de citoyenneté, le dirigeant du Mouvement 5 étoiles, Luigi Di Maio, est apparu au balcon du palais Chigi, siège de la présidence du Conseil, pour lancer une proclamation qu'il croyait d'une importance historique : « Nous avons vaincu la pauvreté ! » Tout cela s'est effondré avec la chute du gouvernement Conte I et la mise en place du gouvernement Conte II[2], dont la Ligue ne faisait plus partie, mais qui bénéficiait de l'entrée du Parti démocrate (PD). Ce nouvel exécutif a certes maintenu une politique favorable au revenu de citoyenneté et assoupli sa

(1) 1 juin 2018 – 5 septembre 2019.

(2) 5 septembre 2019 – 13 février 2021.

position sur les migrants ; toutefois, en substance, la classe moyenne a continué de souffrir des problèmes posés par les migrations, les inégalités et la corruption, et pour lesquels aucune solution efficace n'a été trouvée. De surcroît, la défiance envers les institutions de la démocratie représentative n'a fait qu'augmenter au fil du temps. Et la situation a été encore aggravée par les « ingérences malveillantes » de la Russie et la Chine, d'une fréquence accrue, dans les affaires intérieures des États membres de l'OTAN et de l'Union européenne. En Italie, la Russie s'est ainsi rapprochée de la Ligue, et la Chine du Mouvement 5 étoiles. Pour comble de malheur, le pays a été frappé, en février 2020, avant les autres pays européens, par la pandémie de Covid-19. Au vu des difficultés rencontrées par le gouvernement Conte II, le président de la République, Sergio Mattarella, a chargé l'ancien gouverneur de la Banque d'Italie, Mario Draghi, d'en former un autre[3]. Ce gouvernement de coalition nationale, qui réunissait la totalité des partis à la seule exception de Fratelli d'Italia, a donc dû d'abord et avant tout faire face à une double urgence de santé publique et d'appauvrissement de la population. Dans la lutte contre la pandémie, Draghi a fait preuve d'une extrême efficacité : il a pris des mesures drastiques et demandé d'immenses sacrifices à ses concitoyens,

(3) Giuseppe Conte espérait former un troisième gouvernement. Le choix du président de la République Sergio Mattarella de confier à Mario Draghi la charge de former un gouvernement explique en partie le rejet ultérieur de Draghi par le Mouvement 5 étoiles.

qui les ont acceptés ; l'Italie, naguère pays d'Europe en proie à la situation la plus difficile, est alors devenu celui qui a apporté en premier la réponse la plus énergique au Covid-19. En revanche, Draghi s'est montré bien moins sensible aux questions de l'appauvrissement de la classe moyenne et des inégalités : en dépit de ses multiples déclarations sur sa conscience aiguë du problème, il n'a, en réalité, pas adopté de remèdes efficaces. Enfin, il a employé beaucoup d'énergie à repousser les ingérences russes et chinoises au moyen d'un langage et d'actions très « euro-atlantiques » : tel est en effet le terme dont il s'est servi jusqu'à la guerre en Ukraine, où il a pris une position clairement en faveur du pays attaqué et en accord avec l'OTAN et l'Union européenne. Mais avec la chute du gouvernement Draghi et les élections de septembre 2022, tout le mécontentement populaire cristallisé autour des migrants, de la corruption et des inégalités a bénéficié au seul parti resté dans l'opposition jusque-là, c'est-à-dire Fratelli d'Italia. Les électeurs ont vu leur vie se détériorer d'un point de vue économique, le nombre d'emplois diminuer, le nombre d'inscriptions à l'Université chuter de 200 000 par an et les départs à l'étranger se multiplier d'année en année. Un pays de plus en plus pauvre, de plus en plus défavorisé, de plus en plus privé d'espoir, a dès lors trouvé dans ce parti d'opposition jusqu'au-boutiste, et d'extrême droite, la force autour de laquelle se rassembler pour continuer à exprimer sa contestation des institutions de la démocratie représentative, cette même contestation que la Ligue et le Mouvement 5 étoiles avaient incarnée en 2018.

Lors de sa campagne électorale, Giorgia Meloni a parlé ouvertement de tout cela : elle s'en est prise aux migrants, au Parlement, à la souveraineté de l'Union européenne, à l'appauvrissement des familles ; autrement dit, elle a utilisé le même langage que celui qu'avaient employé, en 2018, la Ligue et le Mouvement 5 étoiles. Or, d'un point de vue institutionnel, ce langage revendique un renforcement extrême du pouvoir exécutif, au détriment du pouvoir législatif et du pouvoir judiciaire. Il y a, en cela, une similitude manifeste entre la pensée de Mme Meloni et celle de Donald Trump. Lorsque ce dernier était à la Maison Blanche, son conseiller le plus important, Steve Bannon, est venu à deux reprises en Italie, où il a été l'invité d'honneur d'Atreju, une manifestation de la jeunesse de droite italienne organisée chaque année par Fratelli d'Italia. Car le slogan de Trump, *America first*, coïncide à la perfection avec celui de Giorgia Meloni, *Les Italiens d'abord*, en opposition aux institutions démocratiques et à l'Union européenne. De même qu'en Amérique, Donald Trump considère le Congrès et les partis traditionnels, tant républicain que démocrate, comme ses adversaires, de même, en Italie, Giorgia Meloni considère le Parlement et les partis traditionnels comme ses antagonistes.

Mais elle a introduit, dans cette dimension populiste, un nouvel élément : une droite des plus extrêmes, une droite comme l'Italie n'en avait jamais connu depuis la fondation du Mouvement social italien (MSI) de Giorgio Almirante, en 1946. Or le symbole de ce parti montrait une flamme rappelant la « flamme éternelle » visible sur le tombeau de Mussolini. De plus, le MSI a réuni tous les vétérans de la République Sociale Italienne (RSI), c'est-à-dire de la république de Salò, l'État fantoche pronazi institué en Italie du Nord après la chute du fascisme à la demande expresse de Hitler, et demeuré l'allié de l'Allemagne jusqu'à la fin de la Seconde Guerre mondiale. Tout le problème vient de ce que, durant l'après-guerre, les démocrates-chrétiens et les communistes se sont accordés à vouloir pacifier le pays sans procéder à sa « défascisation » ; cela a conduit à une loi d'amnistie, votée en 1950 sur initiative du ministre de la Justice de l'époque, Palmiro Togliatti, l'un des fondateurs du Parti communiste italien, qui a bloqué tous les procès intentés contre des fascistes.

Après la promulgation de cette loi, il est ainsi devenu impossible de poursuivre en justice les anciens hiérarques, les responsables de l'application des lois raciales ou encore les assassins de partisans. Ce qui signifie que dans la mémoire collective italienne, il n'y a rien eu d'analogue à la dénazification opérée par exemple en Allemagne. Dès lors, le MSI de Giorgio Almirante a pu siéger en toute tranquillité au Parlement et se voir, *de facto*, légitimé par les nouvelles institutions de l'Italie républicaine, même s'il ne se reconnaissait pas dans ses valeurs. Car, n'hésitons pas à le répéter, ce n'était pas une force antifasciste. Cette situation a perduré tant bien que mal jusqu'à l'arrivée au pouvoir de Silvio Berlusconi, à l'issue des élections législatives de 1994. Il a alors conclu une alliance avec Gianfranco Fini et Pier Ferdinando Casini, leaders respectifs du MSI et du Centre chrétien-démocrate (CCD), héritier de la Démocratie chrétienne. Fini a ensuite amorcé un processus de transformation du MSI, rebaptisé Alliance nationale (AN) lors du congrès de Fiuggi, où ce même Fini a de plus condamné sans ambages les lois raciales et le fascisme lui-même.

Lors d'une visite officielle à Jérusalem, il déclare en outre : « Le fascisme a été le mal absolu. » Seulement, à son retour en Italie, une fraction de son propre parti se retourne contre lui et lui reproche en substance d'être un traître, d'avoir renié l'identité du MSI et de le vouer, pour l'éternité, à la défaite. Or, dans la rhétorique de l'extrême droite italienne, la trahison est la pire des infamies imaginables. À Fiuggi, Giorgia Meloni s'était prononcée en faveur de Fini et de sa nouvelle orientation. Mais lorsque, quelques années plus tard, elle fonde Fratelli d'Italia, elle rassemble autour d'elle tous les adversaires de Fini. Dès sa naissance, ce nouveau parti apparaît donc comme un groupe compact formé par tous ceux qui, à l'instar d'Ignazio La Russa, étaient viscéralement hostiles au tournant modéré voulu par Fini. Pendant plusieurs années, dans la mesure où il représente la droite la plus extrémiste, il stagne, lors des élections, aux alentours de 2 à 3 % des suffrages. Mais durant l'épidémie de Covid-19, il devient un pôle d'attraction pour tous « les antivax » ; Giorgia Meloni se fait leur porte-parole et se pose en adversaire la plus déclarée de toutes les mesures prises par Mario Draghi pour lutter contre la propagation du virus.

De tout cela, il résulte qu'en 2022, elle gagne les élections parce qu'elle a su reprendre à son compte le langage des populistes, présenter son parti comme le seul à se situer vraiment hors de l'*establishment* et assimiler le legs identitaire de la droite la plus nationaliste. Elle use et abuse des mots *patriote* et, plus encore, *anti-européen*. Elle ne perd pas une occasion d'insister sur l'importance, à ses yeux, de la défense de la souveraineté italienne contre la souveraineté européenne. Dans un discours prononcé à L'Aquila, elle s'exclame : « Je défends le *made in Italy* ! » Et elle explique que pour elle, ce label ne devrait être accordé qu'aux produits d'entreprises appartenant à des Italiens, localisées en Italie et n'employant que des Italiens. Mais aujourd'hui, dans la Péninsule, aucune entreprise ne saurait remplir ces critères. Aussitôt après sa victoire électorale, toutes ces contradictions sont devenues flagrantes. Mme Meloni a certes bien pris soin de ne pas célébrer le centenaire de la Marche sur Rome, mais elle soutient

Ignazio La Russa, devenu entre-temps président de la Chambre des députés, quand il se croit autorisé à déclarer que les soldats allemands membres du SS-Polizeiregiment Bozen tués par les partisans n'étaient que de pauvres retraités réunis dans une fanfare. De manière plus générale, elle répugne à se reconnaître dans l'antifascisme. Et ce à tel point qu'à l'occasion des cérémonies du 25 avril commémorant la Libération du pays en 1945, le président de la République a voulu, pour bien marquer son désaccord avec elle, se rendre à Boves, lieu d'un des plus effroyables massacres perpétrés par les nazis au cours de la Seconde Guerre mondiale, et rappeler que la Constitution italienne est née là où sont tombés les partisans antifascistes. Mais Mme Meloni ne prononce jamais le mot *antifascisme*.

En Italie, dans ce pays-laboratoire du populisme, on a donc assisté à la fusion de quatre éléments : la matrice la plus contemporaine de ce même populisme (les inégalités nées des conséquences néfastes de la mondialisation) ; sa matrice plus historique (la lutte contre la corruption) ; une thématique plus récente (le rejet des migrants) ; et enfin l'héritage extrémiste du fascisme pronazi.

À ce jour, le populisme italien est donc un *unicum*, aussi bien en Italie qu'en Europe, du point de vue de sa composition politique. Et il inclut en outre une dimension fondamentale déjà présente chez le Mouvement 5 étoiles : le populisme de gauche, celui qui consiste à préférer Rousseau à Montesquieu, à privilégier une relation directe entre le pouvoir exécutif et le peuple, au préjudice de l'équilibre entre pouvoir exécutif, pouvoir législatif et pouvoir judiciaire, qui est au contraire le trait distinctif des démocraties modernes.

Traduit de l'italien par Renaud Temperini.

NICOLA **LAGIOIA**

Entre Falcone et Borsellino, 57 jours qui changèrent une génération

Pour les observateurs lucides, la mort de Giovanni Falcone fut l'énième chapitre du roman des attentats. L'un des plus douloureux, mais bel et bien écrit dans le style – encre sympathique comprise – caractéristique d'autres désastres nationaux.

Ce jour-là, les gens distraits tombèrent des nues. Les bourreaux de la République commencèrent à brouiller les pistes. Les pleureuses en costume trois pièces firent du raffut pour couvrir les bruits de fond révélateurs. Les vrais hommes d'État, eux, essayèrent désespérément d'arrêter un mécanisme narratif qui les dépassait. Les autres adultes responsables prirent acte avec contrition de ce qui, pour quelqu'un capable de détecter les signes, était déjà dans l'air depuis des mois. Mais, pour la génération qui débutait dans la vie en 1992, les 57 jours qui séparèrent l'attentat de Capaci[1] de celui de la via D'Amelio[2] détruisirent la confiance dans les institutions que l'école, la télévision – et la famille, pour les plus chanceux – avaient essayé d'inculquer aux jeunes gens qui bientôt s'écorcheraient les poings en frappant à la porte de l'âge adulte. À l'époque, j'avais 18 ans.

« L'État s'est éteint », titrait un numéro du *Male* en 1978. En Italie, l'État est parfois là, parfois non. C'est un éclairage à courant alternatif. Une comédie fatigante dans laquelle, pour rester eux-mêmes, certains personnages sont obligés de passer en permanence d'un rôle à l'autre. Les changements de costumes sont fréquents et frénétiques, les costumiers ne suivent pas toujours le rythme, et certains comédiens risquent d'être surpris dans leur nudité de chair en mouvement. Entre le 23 mai et le 19 juillet 1992, le changement de décor eut lieu rideau levé. Ce

(1) Le 23 mai 1992, le magistrat italien antimafia Giovanni Falcone, sa femme Francesca Morvillo, et trois hommes de son escorte policière (Vito Schifani, Rocco Di Cillo et Antonio Montinaro) sont tués dans un attentat perpétré par l'organisation mafieuse sicilienne Cosa Nostra.

(2) Le 19 juillet 1992, le magistrat italien antimafia Paolo Borsellino et cinq membres de son escorte policière (Agostino Catalano, Emanuela Loi, Vincenzo Li Muli, Walter Eddie Cosina et Claudio Traina) sont tués dans un attentat perpétré par l'organisation mafieuse sicilienne Cosa Nostra.

qui fut horrible, car tout le monde vit la défaillance molle et obscène des personnes censées nous représenter.

N'oublions pas que Falcone et Borsellino ne devinrent des héros nationaux qu'après leur mort. De leur vivant, ils avaient constamment été la cible de discours fielleux, de soupçons, de médisances, lesquels, mis ensemble, participèrent de la trame qui conduisit à leur fin. Ils furent accusés de vouloir occuper le devant de la scène, de vanité, d'avoir un sens limité de l'État. Quand, le 21 juin 1989, date de la tentative d'attentat de l'Addaura, la police retrouva 58 cartouches d'explosif dans un sac déposé sur la petite plage devant la villa louée par Falcone, certains dirent que le magistrat avait lui-même organisé l'attentat pour se faire de la publicité.
Beaucoup de gens se souviennent de l'émission du « Maurizio Costanzo Show » – jumelée pour l'occasion avec l'émission « Samarcanda » de Michele Santoro – où, devant Giovanni Falcone, le jeune Totò Cuffaro se répandit en invectives sans rime ni raison, affirmant que les propos tenus ce soir-là sur la mafia portaient préjudice à la dignité de la Sicile : « C'est une vulgaire attaque contre le meilleur de la classe dirigeante démocrate-chrétienne en Sicile ! Une attaque parfaitement construite ! » brailla-t-il.
Il n'accusait pas directement Falcone, mais il y avait dans son discours des relents douteux de la rengaine sur les « professionnels de l'antimafia ».

On se souvient moins d'une interview que Corrado Augias fit à Falcone pendant l'émission « Babele », en 1992, quelques mois avant la mort de ce dernier. À un moment donné, il paraît normal à une des invitées de demander candidement au magistrat : « Vous dites qu'en Sicile on meurt parce qu'on est seul. Vu que, heureusement, vous êtes toujours parmi nous, qui vous protège donc ? »
Et Falcone de répondre, découragé : « Est-ce que ça signifie qu'il faut être tué pour être crédible, dans ce pays ? »
Il y eut l'article de Sandro Viola dans *La Repubblica*, le 9 janvier 1992 : « Depuis quelque temps, il devient difficile de regarder le juge Falcone avec le respect qu'il s'était gagné, car il est en proie à une fièvre d'omniprésence. Il semble dominé par cette pulsion irrépressible de parler, qui apparaît aujourd'hui comme le défaut national le plus indécent. Cette obsession de se prononcer, de débiter des jugements dans les pages des journaux ou sur les plateaux télévisés qui dévore beaucoup de personnages publics [...], les poussant à rivaliser avec les comiques du samedi soir. »

Ces quelques exemples, parmi tant d'autres, ne sont pas une preuve de mauvaise foi mais du climat ambiant de l'époque.

Ce n'est qu'au lendemain du 23 mai qu'on commença à regarder les étapes narratives conduisant à Capaci sous une tout autre lumière.

Des éléments qui, jusqu'à la veille, n'avaient pas étonné grand-monde parurent soudain incroyables. Par exemple, le fait qu'après la démission d'Antonino Caponnetto[3], Falcone n'ait pas été nommé à la tête de l'équipe d'instruction de Palerme. Le conseil supérieur de la magistrature lui préféra Antonino Meli. Un choix légitime, mais déconcertant. Pas seulement après coup mais déjà sur le moment, au vu des résultats du maxi-procès. Le passé prit brusquement des teintes absurdes le 23 mai. Il n'aida pourtant pas — toujours pas! — à lire le présent jour après jour de fin mai à mi-juillet, jusqu'à l'attentat de la via D'Amelio. De l'absurdité à l'atrocité. Si la mort de Falcone fut révélatrice concernant les dix années précédentes, celle de Paolo Borsellino fut, dans un sens, encore pire : une tragédie annoncée sans ambiguïté aucune.

Le jour de l'attentat de Capaci, nous fûmes choqués. Mais le 19 juillet, nous arrêtâmes légitimement de croire en l'État. Pendant ces 57 jours, Borsellino avait été un homme mort, et il l'avait été publiquement, au grand jour, de manière terrible.

« Dès lors, Borsellino a su qu'il était dans le viseur, dit en 1996 Antonino Caponnetto à Gianni

---

(3) Magistrat italien. Considéré comme l'un des héros de la lutte contre la mafia. Après l'assassinat en 1983 de celui qui le fonda, le magistrat Rocco Chinnici, il dirigea, de 1984 à 1990, le Pôle antimafia composé notamment de Giovanni Falcone et Paolo Borsellino. Lorsqu'il quitta Palerme pour Florence, il insista pour que Falcone soit son successeur, ce que le Conseil supérieur de la magistrature refusa.

Minà, au cours d'une interview. Et il l'a parfaitement su dans les derniers jours avant sa mort. Le jeudi, il a reçu une information indiscutable… il a eu la certitude absolue que l'explosif qui lui était destiné était déjà arrivé à Palerme. La première chose qu'il a faite, c'est passer un coup de téléphone à son confesseur. Il lui a dit : "Est-ce que tu peux venir immédiatement, s'il te plaît ?" Et dès que celui-ci est arrivé dans son bureau, il lui a dit : "Confesse-moi et donne-moi la communion, s'il te plaît." »

À la question de Minà : « N'y avait-il rien à faire pour éviter sa mort ? », Caponnetto répondit : « Si. Quelque chose que Paolo avait demandé depuis vingt jours à la préfecture. Une demande qui est restée sans suite : faire enlever tous les véhicules autour du domicile de sa mère. Aujourd'hui encore, j'ai du mal à y croire. Et aujourd'hui encore, j'attends de savoir qui était le responsable de la sécurité de Paolo, s'il a reçu des sanctions disciplinaires. J'espère le savoir avant de quitter ce monde. »

Le dimanche de sa mort, dit Caponnetto dans cette même interview, Paolo Borsellino reçut le matin un appel du procureur de la République de Palerme, Pietro Giammanco : « Je crois qu'il lui a communiqué qu'il avait enfin décidé d'accepter sa demande de procuration pour d'autres parquets. Il insistait depuis longtemps auprès de Giammanco, sans réussir à obtenir la procuration pour enquêter sur des faits criminels advenus dans d'autres circonscriptions judiciaires.

Cette décision lui a paru très étrange. Il a dit à ses proches : “C’est quand même bizarre, il se réveille un dimanche pour venir m’informer de ça…” »

Je suis d’accord avec Piero Gobetti[4]. Je crois qu’il est toujours question de l’autobiographie de la nation. Gobetti utilisait cette expression en se référant au fascisme. Moi, j’estime qu’elle vaut aussi pour la mafia. Je ne veux pas dire que nous avons tous une mentalité mafieuse. Mais que, tôt ou tard, nous nous retrouvons tous au centre ou, plus fréquemment, aux marges de narrations faites d’étapes que le sens commun conduit à interpréter n’importe comment.
En Italie, le sens commun est souvent le produit d’une combinaison de bas instincts, d’émotivité effrénée et d’intérêt personnel. La capacité d’analyse nous fait défaut, nous n’avons pas assez intégré la pensée des Lumières, et nous avons transformé Falcone et Borsellino en saints avec une passion qui pourrait bien être de la même nature que celle qui nous a conduits à nous méfier d’eux de leur vivant.
Rien à faire. Le doute que certains de nos contemporains puissent être meilleurs que nous nous brouille la vue, nous empêche de dormir. Le présent nous semble toujours plus pauvre qu’il ne l’est. De façon absurde, nous craignons que par le simple fait d’être parmi nous, les hommes valeu-

---

(4) Journaliste, philosophe et éditeur antifasciste. Mort à 25 ans en exil à Paris, en 1926.

reux empiètent sur notre espace vital. Voilà pourquoi nous sommes un pays de héros posthumes. De leur vivant, nous préférons les faux prophètes : leur médiocrité et leur duplicité nous rassurent.

À cela, s'ajoute notre vieil amour pour le particulier. Nous laissons certains événements et certaines situations être entourés d'une aura suspecte alors que nous en ferions une autre lecture si nous étions plus lucides et plus courageux. Comment a-t-on pu autant se tromper sur Falcone et Borsellino de leur vivant ? La faute la plus répandue n'est pas d'enfreindre la loi. Dans de pareils cas, en un sens plus grave encore (car elle n'est pas sanctionnée), la faute a lieu quand, sans violer la moindre règle, nous laissons un fait, ou un ensemble de faits, être interprété de la façon la plus avantageuse pour nous – chose qu'on nous fait comprendre dans les cas où ce n'est pas déjà clair pour nous.

Nous nous enflammons pour de mauvaises causes. À une certaine température, les limites se brouillent, et ainsi, sans en avoir pleinement conscience, nous confondons notre passion pour nous-mêmes avec le feu sacré de la vérité. Tant que ces passions tristes prendront le pas sur la raison – base de toute véritable passion civique –, la honte de ces 57 jours sera la nôtre.

Traduit de l'italien par Laura Brignon.

Entretien avec ROBERTO **SAVIANO**

Se taire n'est pas une option

Le 27 juin vers 15h30, il est donc entré, souriant mais tendu, dans la salle 13, au sixième étage du bâtiment A du Tribunal de Rome, piazzale Clodio. Roberto Saviano, un écrivain-intellectuel, accompagné de son avocat, face à un juge. Le motif? Un procès pour diffamation envers Giorgia Meloni, l'actuelle présidente du Conseil. Un écrivain-intellectuel accusé par la personnalité politique la plus puissante actuellement en Italie de l'avoir « insultée » en décembre 2020, lors d'une émission de télévision, « Piazzapulita », par un mot, « bastardi », adressé à Meloni et à Matteo Salvini, une expression qui lui était venue en réaction à la diffusion d'un document vidéo dans lequel apparaissait une femme désespérée suite à la mort de son enfant de six mois noyé lors d'un naufrage d'un bateau de migrants, un mot tiré d'une longue phrase dans laquelle Saviano réagissait avec émotion à la souffrance d'une mère. Un écrivain-intellectuel sommé de se justifier, accompagné de ses deux gardes du corps dans le lieu même du procès, des gardes du corps, oui, car il vit sous protection policière permanente depuis 2006 après que la Camorra napolitaine l'a menacé de mort pour son enquête stupéfiante qui fit de *Gomorra* un événement éditorial majeur.

Il y a quelque chose de proprement invraisemblable à voir ainsi, au centre d'un pays démocratique, fondateur de l'Europe que nous défendons, un écrivain, un intellectuel sous la pression de la justice et de la politique. Ce n'est pas la première fois que Saviano se retrouve dans cette situation. Et ce ne sera certainement pas la dernière (la prochaine audience aura lieu le 12 octobre 2023). Roberto Saviano parle d'un procès politique. Une volonté manifeste de le faire taire.

Difficile par ailleurs de ne pas considérer le choix de la salle de ce procès médiatique comme une volonté d'humiliation supplémentaire : une salle minuscule repoussant à l'extérieur une partie des soutiens de l'écrivain. Gravement malade comme elle l'a communiqué au cours du printemps, Michela Murgia, la romancière et essayiste, est bien présente et assise à quelques mètres de son ami. L'autrice sarde est, elle aussi, dans le collimateur de la droite nationaliste et populiste, en raison de ses essais qui ont valeur de manifestes *Stai zitta : e altre nove frasi che non vogliamo sentire più*, *God save the Queer* et de *Istruzioni per diventare fascisti*.

Quelques semaines plus tard, j'ai retrouvé Roberto Saviano pour l'entretien que vous allez lire. Par la suite, à la fin du mois de juillet, un nouveau scandale s'est produit : la RAI, la télévision publique italienne, décimée à la suite du départ de son directeur et de quelques-unes de ses figures emblématiques consécutivement à la réorganisation voulue par le nouveau directeur nommé par le gouvernement, a déclaré renoncer à la diffusion de la deuxième saison de sa série d'enquêtes consacrées au crime organisé *Insider, faccia a faccia con il crimine*, une censure, une décision politique selon Saviano, et comment ne pas lui donner raison, après que l'écrivain-intellectuel a été attaqué par Matteo Salvini pour une formule qui lui a déplu.

Plus que jamais, Roberto Saviano est pour les populistes et extrémistes de droite italiens la figure honnie de l'intelligentsia.

Christian Longchamp : Pour aborder ce qui se passe en Italie depuis quelques mois, je voudrais évoquer un mot qui figure dans le titre d'un livre qui n'est pas encore traduit en France, votre roman *Solo è il coraggio,* le très beau mot de « courage ». Ce livre, sous la forme d'une fiction, nous permet de prendre la mesure de la personnalité du juge Giovanni Falcone, cet homme hors du commun, solitaire et formidablement courageux dans son combat contre la mafia, assassiné le 23 mai 1992 par l'explosion d'une bombe alors qu'il circulait en voiture avec sa femme et trois agents d'escorte de la police sur l'autoroute, près de Capaci, à quelques kilomètres de Palerme, un attentat orchestré par le chef de la mafia Salvatore Riina. Le « courage » est une vertu que vous possédez, vous qui depuis des années avez choisi d'affronter par la pensée, la parole et la plume, les vices fondamentaux de la société italienne. Je voudrais évoquer le « courage » de la gauche.

Quelques mots ne sauraient suffire pour rappeler toute l'histoire du Parti démocrate italien, depuis sa création en 2007. Mais un fait est certain : nous avons actuellement en Italie un gouvernement des trois droites, qui est aussi la conséquence d'un éloignement des électeurs de gauche du PD. Une désaffection aujourd'hui spectaculaire. Pensez-vous que le courage, précisément le courage politique, le courage d'affronter certains problèmes essentiels de la société italienne, a fait défaut au PD ?

Roberto Saviano : C'est une question cruciale, car je suis convaincu que c'est le manque de courage de la gauche italienne et des gauches européennes ces dernières années qui a provoqué dans la société civile et chez les électeurs un grand découragement, dû notamment à la peur de perdre l'attention et le consensus de ceux qu'on appelle les modérés, les catholiques — indiscutablement une importante catégorie de la population. Trop souvent, la gauche n'a rien fait d'autre que de se singer elle-même, un pas en avant, trois pas en arrière. Prenez par exemple le cas du droit du sol, c'est-à-dire la possibilité d'accorder la citoyenneté à des enfants d'immigrés nés et élevés en Italie : la gauche ne l'a pas fait, de peur d'effrayer son électorat. C'est une énorme erreur, l'occasion manquée de redessiner un autre monde.

La gauche n'a aucune vision critique du capitalisme contemporain. La différence entre gauche et droite se joue donc sur les minorités. La gauche est plus attentive aux minorités homosexuelles, aux minorités afrodescendantes, mais dans la bataille politique sur les salaires, sur les syndicats, sur les impôts, sur les plateformes offshore où les mafias recyclent l'argent sale, elle est complètement muette. Et c'est tout cela qui pousse l'opinion publique, y compris les jeunes, vers les extrêmes : elle voit dans les positions radicales de droite, de gauche, religieuses, un sens nouveau et une position sans médiation. Lorsque je vais dans les écoles, je rencontre beaucoup de jeunes de 13, 14 ans engagés dans le fascisme, des super-extrémistes de gauche ou aussi – mais en Italie c'est plus rare – des fondamentalistes. Et je demande : Comment ? Pourquoi ? C'est parce que la démocratie a l'air d'une supercherie, d'une médiation. Certes, la démocratie *est* une médiation, mais au nom d'une idée importante : réformer. Alors qu'en Italie, elle a l'air d'une médiation au seul nom du pouvoir. Cela m'a semblé particulièrement évident en étudiant les mouvements des capitaux criminels, qui sont les premiers à bouger pour aller là où il y a du profit à faire ; et j'ai vu tout l'argent des mafias partir à Londres, à Malte, à Andorre… L'économie et la politique sont malades, et la gauche n'a aucun espoir de pouvoir à nouveau enflammer les cœurs si elle n'apporte pas une nouvelle vision du monde.

C.L. : En voyant, il y a quelques jours, la cathédrale de Milan bondée pour les funérailles de Silvio Berlusconi – Giuseppe Conte est le seul à ne pas y être allé, il avait ses raisons, et sans doute notamment des raisons tactiques, pour marquer une prise de distance par rapport à Elly Schlein –, qu'avez-vous pensé ?

R.S. : L'Italie a voulu tout pardonner à Berlusconi pour se pardonner à elle-même. Cela a été une sorte d'indulgence totale, pour tous – l'Italie est le pays des indulgences. C'est un peu comme si elle avait dit : « Nous sommes tous pardonnés parce que, au fond, nous sommes tous italiens, c'est-à-dire que nous sommes bons et voleurs, féroces mais aussi protecteurs. » Le message du nationalisme italien porté par les droites, qui se déchaîne maintenant contre l'Allemagne et la France, est en quelque sorte le suivant : « Nous ne sommes pas meilleurs que les autres, nous sommes tous aussi horribles les uns que les autres. » Prenez mon cas : jamais on ne me dit

« nous sommes meilleurs que vous » – jamais. Mais on insinue toujours : « Ne croyez pas que vous vous détachez du lot. Vous êtes fait de la même étoffe que nous : vous voulez l'argent, vous voulez le pouvoir, vous voulez la considération… » C'est un nationalisme très différent des nationalismes allemand, français ou américain, toujours fondés sur la grandeur – de la culture française –, l'organisation – allemande –, la puissance – américaine. L'Italie a une identité et un nationalisme très particuliers ; c'est un nationalisme qui, de l'extérieur, suscite même une certaine sympathie. En bref, nous sommes tous horribles parce que nous voulons tous les mêmes choses. Nous avons pourtant la cuisine, nous avons le vin, cette « excellence » dans les détails et dans l'art, la culture du peuple. Voilà pourquoi un Français ne pourra jamais comprendre cet enterrement – même un Français du Rassemblement national, et pas même non plus un Allemand de l'AfD –, parce qu'ils ne voient pas cela, ils ne voient pas que dans l'erreur et dans l'horreur, nous nous identifions et nous nous sentons absous. C'est une rémanence de la grande tradition catholique dans laquelle, avec la confession, en quelque sorte, on se sent libre.

Mais si nous suspendons un instant la question Berlusconi pour nous en tenir seulement à la politique, des éléments apparaissent auxquels personne n'a prêté attention en Italie. Je ne parviens pas à mettre ces éléments au centre du débat ;

et comme l'étranger se soucie assez peu de l'Italie, en France, en Angleterre, en Espagne, on ne dit rien à ce sujet. Mais prenons un exemple : le ministre adjoint de l'Intérieur du gouvernement Berlusconi, Antonio D'Alì, et le ministre adjoint de l'Économie, Nicola Cosentino, sont actuellement tous les deux en prison pour appartenance à la mafia, avec un jugement définitif. C'est une énorme affaire ; des personnes aussi importantes condamnées pour appartenance à la mafia, on n'a jamais vu cela ailleurs en Europe, en France, au Portugal, en Espagne… Cela veut dire que la mafia est présente au sein de l'État italien lui-même. La mafia a été officiellement au gouvernement ; il n'y a eu aucun débat à ce sujet.

C.L. : Et pour quelle raison ces points fondamentaux ne peuvent-ils pas aujourd'hui être expliqués, déclarés, développés en Italie ?

R.S. : On en parle un peu, en aparté, mais cela n'arrive pas jusqu'au débat national, pour de multiples raisons. D'abord, en Italie, dire que quelqu'un a soutenu la mafia, qu'il a appartenu à la mafia, ne scandalise personne. C'est un peu comme dire que lorsqu'on gouverne, on doit parler à tout le monde, on n'a pas le choix. En cette période supernationaliste que connaît aujourd'hui l'Italie, on entend souvent dire : « Mais les Français n'ont-ils pas pris l'argent de Kadhafi ? » En Italie, on prend l'argent et on discute avec la mafia. En Sicile, en Calabre, en

Campanie, on vous dira carrément qu'il y a mafia et mafia : c'est-à-dire que lorsque l'organisation est sanguinaire, qu'elle tue des innocents, etc., il est normal de prendre ses distances, mais que lorsqu'elle se « limite » aux affaires économiques, quel est le problème ? C'est pour cela que finalement, le fait que Cosentino – donc le ministre adjoint de l'Économie – ait été condamné n'a provoqué aucun scandale. Ceux qui ont voté pour lui pensent que c'est une injustice. Ceux qui le détestent disent que depuis toujours, les droites en Italie, et non seulement les droites – surtout les droites –, mais aussi les gauches, s'entendent avec les mafias car celles-ci contrôlent les votes, les adjudications, parce qu'elles contrôlent tout, parce qu'elles ont l'argent et qu'elles pratiquent l'intimidation. Donc tout cela semble désormais banal, ordinaire.

Mais d'une certaine façon, cette mafia, on la trouve aussi en France. Lorsque Salvini et Meloni disent que les migrants arrivés en Italie commettent des crimes, de quel genre de crimes s'agit-il ? Les statistiques nous indiquent que ce sont essentiellement des crimes liés à la drogue. Mais qui procure la drogue aux organisations ? Les mafias italiennes ! Et dans le cas de la France (ou de la Hollande), l'argent de la drogue circule finalement sur la plateforme économique française. La complicité est donc totale entre le système économique et le système criminel.

Mais dans le cas de l'Italie, il y a plus qu'une complicité économique, il y a une complicité d'action. Disons qu'un Tunisien arrive à Milan en apportant avec lui du haschich et qu'il le vend sans l'autorisation de la 'Ndrangheta, la mafia calabraise : il est mort dans les vingt-quatre heures – pas menacé, pas battu : il est mort. Dans ce pays contrôlé par les organisations mafieuses, personne ne peut toucher à la drogue sans autorisation. C'est impossible. C'est d'ailleurs une des raisons pour lesquelles, par exemple, le terrorisme islamique n'a pas trouvé de place en Italie, parce que les organisations criminelles contrôlent tout. Si quelqu'un, en Italie, achète des armes, comme l'a fait la cellule terroriste de l'attentat du Bataclan qui a acheté des armes sur le marché clandestin, les mafias le savent et elles veulent savoir pourquoi. De plus, les organisations du monde entier font des affaires avec la mafia italienne ; et les organismes terroristes islamistes eux-mêmes se financent avec la drogue qu'ils vendent souvent aux Italiens. Nous en avons une preuve : les attentats terroristes d'Atocha, en Espagne, ont été financés par l'argent de la drogue vendue aux Napolitains – les Napolitains ne savaient pas que les vendeurs étaient des terroristes, ils savaient seulement que c'était un groupe de Nord-Africains. L'organisation italienne est d'une telle capillarité…

Savez-vous quel jour a été arrêté Matteo Messina Denaro, le dernier des *Corleonesi* (même s'il n'est pas de Corleone, il est le dernier de cette vieille famille mafieuse), quelques mois après l'arrestation d'Antonio D'Alì, l'homme politique qui assurément le défendait ? Le jour de l'anniversaire de Giorgia Meloni ! Et ce n'est pas un hasard. Un proche des Graviano, deux boss qui sont en prison – deux frères qui étaient les enfants prodiges de Cosa Nostra, des figures très féroces –, un certain Baiardo, dans une interview télévisée, avait dit : « Un jour, peut-être, quelqu'un fera un petit cadeau à ce gouvernement… » – et voilà que Denaro est arrêté précisément le jour de l'anniversaire de Giorgia Meloni ! Un petit cadeau…

C.L. : Lorsque je vous entends parler de la mafia, du pouvoir de la mafia, j'ai l'impression que rien n'a changé depuis l'époque de Falcone. Son pouvoir et sa capillarité semblent encore plus étendus, et elle a une force et une dimension internationale impressionnantes.

R.S. : La mafia d'aujourd'hui n'a rien à voir avec celle du temps de Falcone. La force des organisations, c'est leur capacité à se transformer… Mais dans le fond, on peut dire que les hiérarchies, les structures sont identiques. C'est ce qui fait la force de la mafia italienne : d'un côté, une superévolution économique, et de l'autre, une superinvolution culturelle. La Cosa Nostra de l'époque du juge Falcone a beaucoup changé. À l'époque, elle ne supportait pas du tout l'attention médiatique, et elle y répondait de la pire des manières, c'est-à-dire par le terrorisme mafieux : les bombes, les homicides de journalistes... Aujourd'hui, les organisations criminelles ne le font plus.

J'ouvre une parenthèse : dans mon cas, les organisations de mon territoire n'avaient pas du tout prévu, en faisant ce qu'elles m'ont fait, l'attention que cela a provoquée – sinon, elles ne l'auraient pas fait. J'avais 26 ans, elles étaient certaines de m'écraser en un rien de temps – et elles avaient raison. J'ai été *un cas*. Elles avaient tué un prêtre, don Peppe Diana, et il ne s'était rien passé. Elles avaient tué un syndicaliste, Federico Del Prete, et il ne s'était rien passé. Elles avaient tiré dans le dos d'un maire-adjoint, et il ne s'était rien passé. Pourquoi aurait-il dû se produire quelque chose en s'attaquant à moi ? Je n'étais rien. Cela peut sembler romantique, mais dans mon cas, les livres, le monde intellectuel, ont été le détonateur qui a suscité l'attention, provoqué un débat, apporté de la lumière ; et ils ne s'y attendaient pas. Il faut imaginer que lorsque l'organisation sicilienne – Cosa Nostra – tue Falcone, elle est convaincue de gérer aussi cela au mieux. Ils avaient déjà tué le maître de Falcone, Rocco Chinnici, et il ne s'était rien passé. Ils avaient tué tous les juges du maxi-procès, ainsi qu'Antonino Scopelliti qui devait prendre le second niveau du maxi-procès, et rien ne s'était passé – juste un vague intérêt médiatique le lendemain de l'homicide, quelques manifestations avec des bougies, et c'est tout. Ils ne s'attendaient pas à ce qui s'est produit pour Falcone. Le court-circuit médiatique est donc fondamental.

La haine que me voue mon pays continue à me faire très mal, car on m'associe au mal de mon pays. Mais la lumière qui en a résulté a contraint la Camorra à relâcher beaucoup son étreinte militaire. Aujourd'hui, Naples est une ville touristique ; ce n'était pas le cas il y a quinze ans. De nombreux projets ont mis la ville en lumière. Et lorsqu'on met une ville en lumière, on la transforme – c'est exactement ce qui s'est produit avec le Bronx, à New York. On éveille la curiosité, l'argent arrive, les organisations criminelles sont obligées d'agir autrement.

La mafia, les organisations criminelles d'aujourd'hui sont donc très attentives à l'aspect médiatique. Elles sont aussi très fortes, parce que le pays est pauvre ; le pays est construit par des richesses privées, et non par des richesses sociales. Les investissements de l'État sont de plus en plus réduits, il y a de moins en moins d'argent qui circule. La situation est désastreuse. Il suffit de faire un tour dans le Sud pour s'en rendre compte. Lorsque je parle à des amis français, allemands ou anglais, je leur dis : « Si vous voulez voir ce qui vous attend, rien de plus facile, regardez mon pays : c'est votre futur. Vous avez la chance de voir ce que vous serez dans dix ans si vous ne changez pas les règles, si vous continuez à ignorer ce qui se passe dans vos pays. » Du coup, le sujet de la mafia a pratiquement disparu ; plus personne n'en parle, elle semble appartenir au passé ou être devenue marginale, alors qu'en réalité elle est la protagoniste d'opérations économiques essentielles, et d'un recyclage intense.

C.L. : Je voudrais vous poser une question sur l'Église italienne d'aujourd'hui. L'Église a différents visages : même si le pouvoir de l'Église n'est plus celui qu'il était lorsque vous étiez enfant, elle a encore un pouvoir économique, un pouvoir politique, et aussi une présence sociale qui est attestée, je crois, dans l'attitude d'aide aux migrants, etc. Alors comment voyez-vous la position de l'Église dans l'Italie d'aujourd'hui ? Conserve-t-elle encore un pouvoir derrière la politique ?

R.S. : Je peux apporter une double réponse à cette question. En Italie, tout ce qui est encore solidarité, résistance humaniste, c'est l'Église.
Mais en même temps, une partie de l'Église est incroyablement complice, réactionnaire, anti-avortement, homophobe, violente, blanchisseuse d'argent… En d'autres termes : qui protège encore de la mafia ? L'Église. Qui aide encore les migrants ? L'Église.
Et de plus, ce pape est un pape travailliste…

C.L. : Vous venez de le rencontrer !

R.S. : J'ai en effet été invité, avec Michela Murgia et d'autres intellectuels, dans la chapelle Sixtine. Nous ne nous y attendions pas du tout. Nous avons mené une réflexion très approfondie. En ce moment, en Italie, nous sommes des parias, et lorsqu'on nous invite, on agit contre le gouvernement – c'est incroyable ! Je ne sais pas si ce genre de choses existe aussi en France ou ailleurs à l'étranger : si une université ou une librairie invite un intellectuel, cela en fait-il une ennemie du gouvernement (qui, du coup, ne leur accorde plus de subventions…) ?

C.L. : En Hongrie et en Pologne, peut-être, mais en Allemagne, en France, en Espagne, en Belgique, pas à ma connaissance.

R.S. : Je vous donne un exemple. Vous êtes un Italien qui a pris certaines positions, et en ce moment vous êtes à Salzbourg en train de réaliser votre opéra : sachez que le gouvernement et les journaux italiens feront la guerre au théâtre dans lequel vous vous produisez. Ils iront voir si le théâtre a bien payé toutes ses taxes, vérifier s'il a des extincteurs – chercher la faille pour pouvoir dire : « Ah ! Voilà pourquoi ils le produisent alors que c'est notre ennemi ! » C'est ce à quoi l'on assiste en ce moment. C'est une méthode fasciste chère aux journaux italiens d'extrême droite, des journaux qui ont la manie d'attaquer les intellectuels en première page – j'ai fait dix ou quinze fois leurs unes. Et ces journaux sont directement financés par un sénateur de la Ligue : Antonio Angelucci. Autrement dit : la politique produit elle-même les instruments au travers desquels elle attaque médiatiquement les intellectuels considérés comme des ennemis. De l'autre côté, Matteo Renzi est le directeur d'un journal depuis le mois de mai de cette année, *Il Riformista*. Un membre du Parlement, un homme politique qui dirige directement un organe de presse, c'est pour le moins curieux — non ?

En ce moment, le pape et l'Église mènent une grande opération médiatique sur les migrants. Le journal catholique par antonomase, *Avvenire*, défend les migrants et les ONG. Les scouts, d'une certaine façon, sont des associations qui essaient souvent de contrer la propagande raciste. Et puis, il y a l'autre Église, l'Église qui est toujours présente, par exemple les jours où l'on commémore Mussolini ; c'est-à-dire qu'elle est présente à Predappio, avec l'extrême droite. On peut dire que c'est une Église extrémiste de droite, minoritaire. Il y a également une Église très proche du système financier, économique, italien, de tendance conservatrice. Enfin, il y a une Église qui combat Francesco, le pape François, qui lui est franchement hostile.
Alors, être auprès du pape au moment où, en Italie, vous êtes isolé, combattu, prend un tout autre sens. D'ailleurs, le pape donne aux intellectuels un rôle que leur refusent les gouvernements populistes, qui considèrent les intellectuels comme

des traîtres, l'expression de l'*establishment*, des « pouvoirs forts », selon leur formule.

C.L. : Meloni est au pouvoir depuis dix mois : son voyage au sein du pouvoir, durant ces dix mois, est-il celui que vous aviez imaginé, ou avez-vous été surpris par sa capacité tactique à se placer au centre des trois droites, en mettant Salvini sur la touche ?

R.S. : En fait, je m'attendais exactement à ce qu'elle fait : face à l'Europe, elle essaie de sembler démocrate, conservatrice, surtout pas d'extrême droite ; elle veut intégrer les populistes. Elle vit une situation très privilégiée car elle n'a pas de réelle opposition de la part des moyens de communication. Comme je l'ai déjà dit, presque tous les grands journaux, à de très rares exceptions près, dépendent de l'État italien. Lorsqu'on traverse une crise économique, les journaux survivent grâce à l'État, directement (avec les financements publics) et indirectement. Mettons qu'un journal attaque le gouvernement. Le gouvernement, alors, prend l'argent des grands groupes – chemins de fer, poste… –, il bloque les publicités et explique aux entrepreneurs : « Vous voulez rester un interlocuteur pour le gouvernement ? N'achetez pas de publicités chez eux. »

C.L. : Vous parlez aussi des journaux connus à l'étranger, comme *La Repubblica*, *La Stampa*, *Corriere della Sera* ?

R.S. : Tous les journaux hésitent plus ou moins, certains moins que d'autres. *La Stampa* de Massimo Giannini n'a pas ce genre de timidité, d'autres si. La peur est économique. Ce n'est pas une contiguïté idéologique. Si vous tapez trop fort, vous n'avez plus d'argent. À l'heure où plus personne n'achète le journal, c'est seulement à l'aide des prébendes, de la charité que vous font les entreprises que l'on peut avoir de l'argent. C'est pour cela que la conjoncture est favorable à Meloni. Avec Berlusconi au gouvernement, c'était différent : les journaux se vendaient encore, les retombées de la télévision étaient encore importantes, et donc, même si Berlusconi vous attaquait, et il ne s'en privait pas, vous aviez des ressources économiques et des lieux de consensus indépendants de la politique.

Un exemple : *The Guardian* – et seulement lui – prête une grande attention à un mensonge du ministre de la Défense, Guido Crosetto, qui avait annoncé que des migrants avaient fait une sorte de mutinerie sur un bateau qu'ils avaient contraint à se dérouter – il avait dit : « Les migrants ont détourné un bateau » –, et que des troupes d'assaut – le bataillon Saint-Marc, je crois – étaient intervenues. C'est complètement faux : le parquet napolitain, qui a géré cette crise, a dit officiellement qu'il n'y avait eu aucun détournement ni aucune tentative de détourner un bateau. Ce à quoi le gouvernement italien a répondu qu'il y avait tout de même eu cette alarme.

Or non, le capitaine n'a jamais dit qu'il y avait un détournement, mais simplement qu'il avait vu un migrant avec un couteau, couteau qui a servi à découper une bâche sous laquelle se trouvaient des personnes déshydratées, des enfants et même des personnes handicapées. Personne, en Italie, n'est allé trouver Crosetto pour lui demander : « Monsieur le Ministre, pourquoi avez-vous menti ? » Au lieu de quoi, c'est le service de presse du ministère qui a appelé le journal *The Guardian* pour demander : « Mais pourquoi avez-vous dit ça ?! » En Italie, le gouvernement a cette habitude de contact direct avec les médias. C'est pourquoi il est essentiel pour moi de parler à l'étranger, comme nous le faisons en ce moment grâce à vous, pour dire que nous avons besoin que les Français, les Anglais, les Allemands – démocrates – s'occupent de l'Italie, sinon c'est la fin. L'extrême droite française, le Rassemblement national, l'AfD ou Vox, qui est très proche de Meloni, suivent avec beaucoup d'intérêt ce qui se passe en Italie, car ils veulent pouvoir dire à l'électorat modéré conservateur : « Vous avez vu ? Même quand l'extrême droite – ce que vous appelez l'extrême droite – est au gouvernement, elle respecte la démocratie ! » C'est une façon de dire : « Ne craignez rien. » Mais en fait, il y a vraiment de quoi avoir peur lorsqu'on est témoin d'histoires comme celle qui me concerne. Et je ne suis pas le seul… Luciano Canfora, l'un des plus célèbres philologues italiens, spécialiste de l'Antiquité (né en 1942, il est plus âgé que moi), a été accusé le 25 mai 2023. La Première ministre a annoncé une poursuite contre Canfora parce que, dans un lycée de Bari, il l'a qualifiée de « néonazie dans l'âme ». Accusé ! Cela signifie qu'il appartient à la dialectique politique de répondre à une accusation de ce genre.

C.L. : Ce qui veut dire, comme pour vous, un procès.

R.S. : Exactement.

C.L. : L'Italie a réussi à baptiser cette coalition de droite « centre-droit ». Pourquoi ne l'a-t-on pas immédiatement appelée « gouvernement d'extrême droite » ?

R.S. : Il n'y a que l'Italie qui considère qu'elle a un gouvernement de centre-droit. Partout ailleurs dans le monde, on le considère comme un gouvernement d'extrême droite – même les extrêmes droites polonaise et hongroise, c'est-à-dire même leurs amis. La présence de Berlusconi déplaçait l'axe vers le centre. C'est la stratégie habituelle, cela a été celle de la gauche, et c'est aujourd'hui celle de la droite : essayer de se déplacer vers le centre, car le centre donne une garantie de longévité et le sentiment que « tout le monde a quelque chose à y gagner ». Mais le centre ne signifie pas que dans les faits on est modéré. J'ai une formation libertaire, socialiste, et je respecte le concept de modération ; mais il n'a strictement rien à faire ici, il ne correspond pas à la réalité du contexte politique italien aujourd'hui. En entrant au gouvernement, la gauche devait chercher un mode d'expression différent, par exemple essayer d'établir – y compris avec les moyens de l'information – un dialogue avec une droite démocratique et libérale, pour tenter de faire évoluer le pays dans cette direction. Mais ce n'est pas ce qui s'est passé. Par peur, on a accepté que l'autre partie impose des personnalités totalement compromises. Et donc on retrouve dans les débats médiatiques des personnes visiblement racistes, homophobes, désireuses de répandre des *fake news*. Mais que font-elles là ?! Cela vient du présupposé qu'il doit y avoir une sorte d'équilibre, une proportion, pour « que chacun ait ce qui lui revient ». Mais cet « équilibre » est dangereux : si l'on prend un Juif, doit-on aussi prendre un nazi ? Si l'on prend un géologue, doit-on également prendre un platiste ? Certes, il faut prendre des personnes qui représentent différentes positions, mais des personnes de valeur et qui font autorité – et cela demande une certaine capacité de discernement. Même si l'on ne partage rien de ce que dit quelqu'un, on doit pouvoir évaluer sa qualité. C'est donc un arbitrage, dont les partis doivent assumer la responsabilité. Dès l'instant où un antivax a la même autorité qu'un médecin, c'est fini. Aujourd'hui, « l'équilibre » n'a plus aucun sens en Italie, C'est pour cela qu'a pu accéder au pouvoir quelqu'un comme Giorgia Meloni qui, pendant sa campagne électorale, a dit que l'arrivée des migrants menait à une invasion de l'Europe et a parlé de « remplacement ethnique » – ce qui est l'argument de la droite nazie –, sans qu'il ait été possible d'avoir un vrai débat à ce sujet.

C.L. : Il faut aussi tenir compte du fait que Berlusconi, Meloni et Salvini ont véritablement mis leurs corps au centre de la politique – une invention, ou plutôt une réinvention populiste. Giorgia Meloni a intitulé son livre : *Moi, Giorgia Meloni, mes racines, mes idées*. Salvini est allé se montrer sur les plages, il fallait que son corps soit vu. Pour moi, il y a là un lien évident avec l'inventeur du populisme fasciste qu'était Mussolini : le corps de la personne, de celui qui parle, est véritablement central. Croyez-vous que l'on puisse aller contre ce culte du corps, de l'ego, que l'on puisse affronter cette prédominance du corps et de l'ego avec la raison, avec des arguments ?

R.S. : Vous avez certainement raison : la droite a toujours su utiliser le corps beaucoup mieux que la gauche. D'abord, il y avait chez Berlusconi, avec ses blagues, ses bons mots, ses sourires, une capacité à susciter l'empathie. Au fil du temps, la gauche s'est contrainte au moralisme, à incarner l'instance toujours prête à dénoncer le faux pas. C'est ce qui a permis à Berlusconi de dire à la télévision, pendant un meeting : « La gauche me dit "rentre chez toi !" Mais je suis bien embêté parce que j'ai plus de vingt chez moi, alors lequel choisir ? » Et son électorat – pauvre – applaudit, alors qu'à gauche il aurait provoqué un tollé. La gauche se met toujours dans une posture inquisitoriale, de sorte que si, par exemple, la magistrature ouvre une enquête sur vous, même si elle ne vous concerne pas du tout, la gauche vous abandonne aussitôt. C'est ce qui est arrivé au syndicaliste Aboubakar Soumahoro, qui n'est concerné par aucune enquête. Avant même de savoir ce que donnera l'enquête sur sa femme, accusée de mauvais traitements envers des réfugiés et de malversations, il a déjà été abandonné. La droite, au contraire, ne vous lâche pas, quoi que vous ayez fait – c'est très important. Le corps, à droite, est donc un corps beaucoup plus libre, alors que celui d'une personne de gauche est toujours plus effrayé : si vous êtes bien habillé ou si vous vous habillez mal, si vous êtes trop riche, cela ne va pas... On vous juge toujours trop. Aujourd'hui, il faut être de droite, on est plus libre – même sexuellement. À droite, on peut se contredire : vous pouvez être contre le divorce et divorcer dix fois, vous pouvez être libertin, frauder le fisc. La réponse de la droite est toujours qu'on fait ce qu'on peut, on cherche de l'argent, du sexe... On cherche tous le plaisir, parce c'est la vie. La gauche, en revanche, pense qu'il faut la justice, l'égalité. La vision de droite de la vie, du corps, est terriblement contradictoire dans les faits, mais elle est plus confortable.

C.L. : Je voudrais que nous évoquions maintenant une autre figure incontournable de la vie politique italienne, aujourd'hui vice-président du Conseil des ministres et ministre des Infrastructures, Matteo Salvini, le patron de la Ligue. Depuis des années, vous menez également sur ce flanc de la politique italienne de virulents combats…

R.S. : L'un des combats menés contre Salvini a été un moment tout particulièrement important pour moi ; c'est une des rares batailles que j'ai gagnées (rires)… Pendant les meetings, Salvini portait un tee-shirt de la police – chose incroyable dans une démocratie ! Et savez-vous pourquoi il faisait cela ? Il disait que c'était un hommage. En réalité, c'est très inquiétant, ambigu, dangereux. Ce n'est pas la même chose de porter l'uniforme le jour de la fête de la police, où là, c'est en effet un hommage – tous les Premiers ministres l'ont fait –, ou encore lors de missions à l'étranger, où l'on est soldat pour un jour. Dans les meetings, c'est différent. Y porter l'uniforme, c'est faire passer un message clair et précis : « Si vous avez un problème avec Salvini, vous avez un problème avec la police. Je ne peux pas me tromper, je ne peux pas encourir un procès, je suis la police ! » Maintenant, il ne le fait plus, mais c'était une violation de la Constitution, une tentative de ne pas séparer les pouvoirs.

C.L. : Comment envisagez-vous l'avenir proche de Salvini, qui doit survivre à la tête de son parti alors que des dissensions internes à la Ligue se font régulièrement entendre ?

R.S. : Salvini traverse une très grave crise. Je vous invite à jeter un coup d'œil sur les documents qui ont fait classer l'enquête sur le financement russe de la Ligue par Salvini. Les juges écrivent qu'ils ont été contraints de la classer parce que la Russie n'a fourni aucune preuve, elle n'a pas collaboré à l'enquête ; mais ils disent avoir la preuve de la tentative russe de donner une somme énorme – plus de vingt millions d'euros – à Salvini. Le fait de classer cette affaire marque la vraie fin politique de Salvini ; cela montre qu'en réalité il était au service de Poutine. Et je crois que Giorgia Meloni ne supporte pas sa présence, car il fait tout pour mettre la barre à droite, ce qui nuit à l'image de respectabilité, évidemment factice, qu'elle cherche à donner de son gouvernement. À ce jour, ce gouvernement – Salvini, Meloni – n'a rien réalisé. Au contraire, il s'enfonce dans l'abîme – les débarquements des migrants ont augmenté, les impôts n'ont pas baissé, Meloni n'a tenu aucune de ses promesses. Même s'il faut reconnaître que l'Italie est un pays ingouvernable, avec une démocratie très fragile, une magistrature et une justice incroyablement lentes sur lesquelles le gouvernement exerce une énorme pression. En d'autres termes : on a là tous les éléments d'un désastre majeur. Cela dit, chaque fois qu'elle est à l'agonie ou en difficulté, la droite ressort les migrants, l'homosexualité, les drogues légères, parce qu'elle sait que sur ces sujets, elle fédère son électorat – je devrais peut-être même dire son « public » plutôt que son « électorat », car elle traite les électeurs comme le public des réseaux sociaux, auquel on demande de mettre des «*likes*». À Milan, les enfants enregistrés comme enfants de deux femmes ont été effacés des registres. Les ONG ont été bloquées, alors que des centaines de personnes qu'elles auraient pu sauver meurent en mer. Je pense que l'Italie est sur le point de basculer dans un désastre économique. C'est là que l'extrême droite sera abandonnée par son électorat. Quand il ne suffira plus de taper sur moi, de taper sur les minorités – de taper médiatiquement, pour l'instant –, quand il ne suffira plus d'alimenter un consensus de ce genre, à ce moment-là cette extrême droite s'écroulera.

C.L.: Une autre chose qui est très impressionnante, vu de l'étranger, c'est le nombre de féminicides dans votre pays . Deux femmes sont à la tête des deux partis les plus importants aujourd'hui en Italie : Giorgia Meloni et Elly Schlein. Nous pourrions donc supposer que l'Italie appartient à la classe supérieure des démocraties eu égard à la place faite aux femmes dans la politique à des postes stratégiques. Mais lorsqu'on regarde de plus près, qu'on lit les journaux et qu'on se trouve face à ce nombre incroyable de féminicides, on a vraiment l'impression qu'il existe encore un problème central dans le rapport hommes-femmes en Italie. Est-ce également votre impression ?

R.S.: C'est un héritage culturel dramatique. On n'a sans doute jamais vraiment travaillé sur la prévention ; il n'y a jamais eu d'investissement véritable, aucune formation dans les écoles. Et maintenant, on en paie le prix. Un exemple, qui en apparence n'a rien à voir : il y a des années, pendant l'émission télévisée de Bruno Vespa, Berlusconi appelle en direct et dit à Rosy Bindi, une femme politique : « Vous êtes plus belle qu'intelligente » – c'était juste pour faire un bon mot. Une telle affirmation encourage dans une grande part du pays une attitude machiste et violente. Il y a quelques mois, Ignazio La Russa, le président du Sénat, a déclaré que « les femmes seront réellement les égales des hommes lorsqu'une femme grosse et laide deviendra présidente du Sénat, alors que jusqu'à présent, celles qui ont du succès doivent nécessairement être belles ». Mais qu'est-ce que cela veut dire ?! De la part du président du Sénat ?! L'Italie a depuis toujours cette agressivité, cachée derrière la bonhomie de l'étalon, du mâle sympathique, baiseur invétéré. Par exemple, lorsque Berlusconi, au moment où il cherchait à devenir président de la République, allait au stade – on trouve cela partout sur les réseaux sociaux –, il prenait congé de ses amis en disant : « Je dois vous quitter parce que je vais chez les putes ! » Une attitude et des propos de ce genre pouvaient en faire un homme très libéral, car quelqu'un qui se comporte ainsi pousse à une totale liberté morale, une liberté des droits. En s'efforçant de ne pas juger, de ne pas tenir compte de cet aspect scandaleux et vulgaire, on pourrait se dire qu'il s'agissait peut-être d'une opération informelle, d'attitudes excessivement provocatrices pour inciter le pays à accueillir des sexualités différentes, des comportements différents – mais en fait, non. Ce machisme, qui pouvait sembler une provocation libertine et libertaire de Berlusconi, sombrait ensuite dans l'horreur de comportements autoritaires, conservateurs et réactionnaires, comme le sabotage du droit à l'avortement, la persécution des minorités, l'homophobie presque généralisée… Et à mon avis, tout cela a contribué à une progression alarmante des féminicides.

C.L. : Vous vous rendez dans les écoles pour y parler avec les élèves. Selon vous, que représentez-vous pour les jeunes qui sont face à vous ? Vous ont-ils lu ? N'êtes-vous pas qu'un personnage public parmi d'autres ?

R.S. : Soit leurs professeurs leur ont parlé d'un de mes livres, soit ils m'ont vu sur les réseaux sociaux. On me considère comme une sorte de divulgateur, comme quelqu'un qui explique le fonctionnement du pouvoir criminel, au point que dans les classes, ce sont les cancres qui me suivent – alors qu'en général, quand un auteur est invité dans une école, ceux qui le suivent sont les meilleurs de la classe, tandis que les moins bons élèves détestent voir arriver un écrivain. C'est parce que je parle de drogue, d'armes… Ils veulent parler avec moi des morts, de la cocaïne, des boss, savoir combien ils sont payés – et je me retrouve donc avec ces gamins qui échouent souvent, et qui sont tous là parce qu'ils veulent parler de cocaïne et d'autres sujets scabreux. Et ce que je remarque, c'est que ce sont souvent des garçons très avisés qui se font ensuite avoir par la propagande populiste et qui en viennent à dire : « Mais les Noirs... », « tous ces homosexuels qui veulent détruire nos familles... » J'ai essayé de comprendre la raison de cette dérive : c'est à cause de la misère, et parce que la gauche n'a jamais aidé les quartiers pauvres, qu'à la fin on en arrive toujours à considérer que c'est l'immigré qui a apporté la saleté, les problèmes. C'est beaucoup plus difficile de regarder en face la crise des subprimes, la crise des finances ; cela demande d'étudier beaucoup. Le complot, c'est plus facile ; c'est une réponse simple à un problème complexe. Il est beaucoup plus aisé de dire : « Ils arrivent et nous détruisent. »

C.L. : À votre avis, est-ce un échec de l'école, du système éducatif italien ?

R.S. : D'une certaine façon, oui. L'école a de moins en moins de possibilités, de ressources pour former les enfants. Le niveau baisse partout — même si parfois, sur le terrain, on trouve de bonnes écoles, des professeurs qui résistent. Le système s'écroule, mais ce n'est pas la faute de la droite, c'est celle de tous les gouvernements. Je suis complètement athée ; pourtant, aussi incroyable que ce soit, je dois reconnaître que lorsque quelque chose marche, c'est parce qu'il y a une bonne école et une Église qui fonctionne bien : vous voyez, par-delà toutes les idéologies, il y a mon expérience.

C.L. : Selon vous, le niveau des inégalités sociales tend-il à s'uniformiser ?

R.S. : Non. Dans le Piémont, par exemple, où le tissu social fonctionne encore, les choses vont mieux. En Émilie-Romagne, l'aide sociale qui existait du temps du parti communiste est désormais un mythe du passé – mais cela va quand même mieux aujourd'hui qu'en Campanie ou en Calabre, qui est une région abandonnée. En Sicile, dans les Pouilles, c'est un peu mieux. Le sud des Pouilles est un pays différent du Sud calabrais. L'intérieur de la Campanie est dans une situation dramatique par rapport à Naples qui est en pleine croissance. Il y a toujours des croissances individuelles, des personnes qui vivent de chambres d'hôtes, de petits hôtels, d'une pizzeria, c'est-à-dire de choses individuelles. Dès que des touristes arrivent, ils les coincent et leur font dépenser tout leur argent – c'est généralement ce qui arrive dans les régions touristiques italiennes. En plus, Naples est une ville tellement extraordinaire qu'elle fascine le monde entier. Et puis, je dois également dire qu'il y a dix ans, une compagnie aérienne *low cost* a fait un sondage pour savoir pourquoi les gens venaient à Naples ; et les réponses étaient : « Saviano/Ferrante », alors qu'en Italie on me détestait – Elena Ferrante, personne ne sait qui c'est, donc on ne peut pas l'agresser physiquement. C'est comme si Scorsese était considéré comme l'ennemi de New York parce qu'il a raconté la mafia de New York, comme si Coppola – je ne me compare pas, ce ne sont que des exemples – était interdit de séjour parce qu'il a raconté l'histoire de la mafia et détruit l'image de New York, de Little Italy – je dois dire que dans le cas de Coppola, les Italo-Américains n'ont jamais pardonné, ils le haïssent profondément.

C.L. : Le 12 octobre prochain, vous serez de nouveau au tribunal par la volonté de Giorgia Meloni : comment vivez-vous cette incroyable rencontre avec le monde de la justice pour défendre votre position ? Le tribunal est-il aussi un lieu où l'on fait de la politique ?

R.S. : Oui, dans la mesure où le tribunal est un lieu où l'on fait de la politique à travers des déclarations, des prises de position. L'horreur de cette histoire, c'est que les coupables se sont cachés derrière l'immunité parlementaire. Maurizio Gasparri a dit que j'étais « sans scrupules » ; le tribunal a demandé son procès, puis l'a bloqué. Matteo Salvini a qualifié Carola Rackete, la commandante du *Sea-Watch 3*, de « complice des trafiquants et des assassins ». Le tribunal de Milan a demandé un procès contre Salvini : il a été bloqué par le Sénat. Moi, en revanche, je vais avoir un procès. Ils ne veulent pas prendre en compte le contexte de la phrase dans laquelle j'ai dit : « bâtards, comment avez-vous pu ?! » Ils s'arrêtent à « bâtards ». Mais ce mot, j'ai dû le choisir à dessein parce que je devais dénoncer leur culpabilité morale, leur complicité dans ces morts, car pendant des années ils ont délégitimé et insulté les ONG et les migrants ; et ce faisant, ils ont rendu ces morts légères, ils les ont dépouillées de leur réalité dramatique en les reléguant loin du débat, de sorte que chaque nouvelle mort qui survient, chaque nouveau naufrage est toujours moins grave, ils ne nous concernent pas, ce sont les autres qui doivent s'en charger. Cela a été rendu possible par dix ans d'insultes et de mensonges, dix ans de tensions racistes, durant lesquels on a fait passer ceux qui sauvent la vie des autres pour des complices. Je devais donc dire « bâtards, comment avez-vous pu ?! », et je l'ai dit dans un contexte très précis, en venant de voir la vidéo d'une femme qui avait perdu son enfant nouveau-né dans l'eau.

C'est clairement un procès politique que l'on m'intente. En aucun cas un Premier ministre ne devrait faire un procès à quelqu'un en ayant tous les moyens à sa disposition, encore moins à un intellectuel… Un citoyen devrait faire un procès à un homme politique, et non le contraire. Mais en Italie, on s'efforce de faire passer les hommes politiques, qui ont un pouvoir bien précis, pour des citoyens quelconques, comme s'il y avait quelque chose de commun entre un ministre et un citoyen, entre un ministre et un intellectuel – c'est faux. Celui qui a du pouvoir n'est pas l'égal de quelqu'un qui n'en a pas. Son comportement doit se borner au périmètre que la démocratie lui accorde. Il y a une disproportion absolue entre moi et un Premier ministre ou un vice-Premier ministre (car j'ai aussi un procès avec Salvini).

C.L. : D'après vous, que cherche Giorgia Meloni en s'attaquant à vous de cette manière ?

R.S. : Un symbole, comme toujours, comme les journaux d'extrême droite qui publient ma photo. Elle cherche à rassembler contre moi, qui illustre parfaitement ce que son public déteste : l'intellectuel, la bataille pour les droits, la lutte contre la mafia… Je suis donc la cible parfaite. En me poursuivant, ce que veut obtenir Meloni est simple : me faire payer et, surtout, faire passer un message très clair : il y a des limites à ne pas dépasser dans les critiques qu'on lui fait. Le pouvoir exécutif rappelle au pouvoir judiciaire les limites de la liberté d'expression.

C.L. : Vous avez plusieurs fois souligné par le passé le fait qu'en Italie, les intellectuels n'ont pas, dans la presse, dans l'espace public, la même présence qu'en France. J'ai pourtant l'impression qu'en Italie, il y a toujours de grands intellectuels et qu'il y a encore des journalistes, des éditorialistes – Ezio Mauro, par exemple – qui ont des espaces pour évoquer des sujets politiques et historiques essentiels pour condamner avec précision et profondeur les dérives de certains, du gouvernement en particulier ? Comment préciseriez-vous cette différence ?

R.S. : En réalité, le rôle des intellectuels en Italie est de moins en moins important, avant tout parce que les intellectuels italiens sont des couards, ils ne prennent pas position, ou alors seulement avec une extrême prudence : « Je suis de gauche dans mes livres, je n'ai pas besoin d'intervenir sur Cutro[1] », « je suis démocrate, mais je n'ai pas besoin d'intervenir sur le procès de Saviano » – tous muets, parce que cela peut servir. Donc, avant toute chose, l'intellectuel italien est un froussard. C'est un peu différent pour le journaliste auquel on demande de donner son opinion – mais de moins en moins. Tout à l'heure, vous avez cité Ezio Mauro, que je considère justement comme l'un des esprits les plus brillants en Italie, mais qui est de moins en moins sollicité. Les espaces d'expression sont de plus en plus restreints. Dans cette dynamique, il arrive qu'on ait des débats, des talk-shows, c'est-à-dire des sortes de défis où l'on doit prendre parti pour l'un ou pour l'autre – on ne comprend d'ailleurs jamais vraiment qui a eu raison, qui dit des bêtises et qui n'en dit pas. Le problème – qui

---

(1) Roberto Saviano fait allusion à la tragédie du 26 février 2023, aux 86 victimes du naufrage d'un bateau de migrants en provenance de la Turquie survenu au large de la Calabre.

me semble différent en France mais qui va s'y poser aussi –, c'est que les intellectuels ont peur ; et ils ont peur parce que dès l'instant où quelqu'un prend position sur les réseaux sociaux, il perd une part importante de son public. De sorte que lorsqu'ils prennent position, on dit aux sportifs ou aux chanteurs : « Fais ton travail » – c'est-à-dire : « Ne t'occupe pas de politique, parce que là, c'est celui qui cogne le plus fort qui gagne ; toi tu es chanteur/joueur de tennis, fais ce que tu veux, mais ne viens pas nous embêter avec la politique ! » Imaginez-vous demander cela à John Lennon, à Fabrizio De André, à Brassens ? Leur dire : « Non, vous, vous faites votre travail de chanteur et rien d'autre, vous ne prenez pas position » ? C'est impensable ! Les populistes savent parfaitement qu'ils peuvent gagner en s'appuyant sur le malaise, la colère. Mais si un personnage public intervient, qui dit : « Non ! Ça ne se passe pas comme ça ! », ils sont face à un mur. C'est pourquoi je n'ai jamais vu autant de lâcheté que ces dernières années chez les intellectuels les plus célèbres en Italie, justement parce qu'ils préfèrent conserver une certaine neutralité.

C.L. : Il y a tout de même des festivals comme celui à Bologne organisé par le quotidien *La Repubblica*, le Salon du livre de Turin, le Festival de littérature de Mantoue, le Festival de philosophie de Modena, Carpi e Sassuolo et d'autres initiatives que je trouve remarquables ; une foule de gens viennent suivre ces événements. Il y a donc encore, en Italie, une population – des jeunes, le plus souvent, mais pas uniquement – passionnée par ces rencontres avec des écrivains, des intellectuels, des journalistes, des gens qui veulent continuer à s'informer, à participer aux débats publics…

R.S. : Vous avez raison, et mes amis écrivains étrangers me le disent souvent. Ils me disent par exemple qu'en Amérique, on ne remplit pas un théâtre en parlant de l'*Iliade*, alors qu'en Italie, si. Et je pourrais même apporter une explication : c'est possible en Italie parce que la littérature ou la culture plus largement remplacent l'opposition qui y est absente. La place qui, ailleurs, est occupée par la politique, est occupée en Italie par les festivals culturels. Cela me rappelle Thomas Mann qui disait que lorsqu'il n'y a pas d'opposition en politique, ce sont les écrivains qui s'en chargent – eh bien, en Italie, depuis Berlusconi, c'est un peu comme cela. Dario Fo, Nanni Moretti… Je parle de cette époque. Même moi, je suis perçu comme si j'étais un homme politique. C'est quelque chose que je ne supporte pas, quelque chose qui me fait beaucoup souffrir, mais je suis considéré comme cela parce qu'il n'y a pas de véritable opposition, donc c'est à nous que ce rôle incombe… Mais pourquoi les journaux de droite attaquent-ils les intellectuels ? Parce qu'ils ont besoin de poids lourds sur le ring, et que les hommes politiques de gauche ne pèsent pas assez lourd pour provoquer la haine qu'ils cherchent à diffuser.

Traduit de l'italien par Chantal Moiroud.

Post-scriptum

Comme nous l'indiquions dans notre introduction à cet entretien, Michela Murgia, gravement malade, était tout de même présente au tribunal de Rome, le 27 juin 2023, à l'audience du procès intenté contre son ami Roberto Saviano par la présidente du Conseil Giorgia Meloni.

Nous avions alors parlé ensemble de notre projet de publication. Elle nous avait assuré de sa participation, mais indiqué que tout dépendrait de l'évolution de son état de santé. La rapidité avec laquelle la maladie l'a emportée ne lui aura pas permis de réaliser notre souhait. Michela Murgia est décédée le 10 août 2023 à l'âge de 51 ans.

Nous ne pouvons que vous engager à la lire, ses romans et ses essais. Elle aura été au cours des vingt dernières années une écrivaine passionnément engagée dans des combats essentiels pour la transformation de l'Italie contemporaine, notamment la lutte contre le patriarcat, contre l'« accessoirisation » de la femme, tant dans la politique que dans les médias, contre toute forme de violence à l'endroit des minorités, des homosexuels, contre la dérive fascisante de la société portée par les populismes de droite.

Avec sa disparition, c'est une des voix les plus précieuses dans les débats publics transalpins qui s'est tue. Entourée des siens, de sa « Queer Family » et de plusieurs centaines de proches, ses funérailles ont eu lieu en la basilique Santa Maria in Montesanto, piazza del Popolo. Selon sa volonté, elles furent un « acte politique » au cours desquelles Roberto Saviano et d'autres amis intimes ont souligné, avec humour, gravité et douleur, ce qu'ils lui doivent.

Michela Murgia aurait eu toute sa place au cœur de ce numéro de *La Règle du jeu*.

STEFANO **PIEDIMONTE**

La machine à broyer de la droite autoritaire italienne

Trois... Deux... Un... *Clic*. La machine démarre, un petit bijou. Aussi mortelle et silencieuse que du gaz sarin. Aussi ravageuse qu'une bombe à fragmentation. Aussi ignoble qu'une balle dum-dum ou qu'une mine antipersonnel. Et pourtant, parfaitement légale. C'est un beau progrès, rien à dire. La machine garantit bénéfices et satisfaction à un coût modéré, et les beaux messieurs qui l'utilisent ne risquent pas de se retrouver derrière les barreaux. La machine leur garantit aussi cette tranquillité. Pas comme autrefois, quand leurs ancêtres devaient passer une chemise noire, s'armer de matraques, payer de leur personne. La mouiller un peu cette chemise, crénom. Aujourd'hui la machine fait tout toute seule.

On peut même la trouver belle, si on est sensible au postmoderne. C'est une chimère de notre temps. Sa tête est un ordinateur toujours allumé, pour vous dénoncer sur les réseaux sociaux. Ses pattes avant sont des plateaux de balance, pour vous traîner en justice. Ses pattes arrière sont des téléobjectifs, pour vous espionner quand vous allez pisser. Son corps est un épais journal roulé, le truc qui fait bien mal quand on s'en sert pour cogner, et c'est pour vous étriller dans la presse. Quant à sa queue... elle sort droit du « passé ». Il s'agit d'une cravache, ni plus ni moins. Elle sert d'adjuvant, en renfort de tout le reste. Parfois la simple menace suffit. Quand la machine est lâchée, elle vous attaque en un éclair et sur plusieurs fronts. Son offensive se déploie de la manière suivante : sur les réseaux sociaux, devant les tribunaux, au salon de coiffure (dans le bus, dans le métro, à l'amicale de boule, partout où l'on papote de bon cœur et sans conséquences), par l'intimidation directe, de sorte qu'elle pénètre toutes les dimensions de votre existence.

Telles sont, en Italie, les armes de la nouvelle droite autoritaire, qui se distingue de l'ancienne par la composition de son arsenal. En tant qu'Italiens, nous nous targuons de cultiver un certain style, alors nous avons laissé tomber les expéditions punitives contre les dissidents. Nous ne les obligeons plus, comme au temps du Duce, à ingurgiter de l'huile de ricin. Et nous ne procédons pas non plus *à la Poutine*[1] : enlever les gens, les empoisonner, les jeter en prison, quelle vulgarité. Nous avons trouvé une méthode plus simple : les poursuites judiciaires. Des procès, beaucoup de procès, trop de procès. Des procès retentissants. Procès d'un homme politique contre un écrivain. D'un ministre contre un écrivain. D'un chef de gouvernement contre un écrivain. On va vous noyer sous les procès, *mon ami*[2]. Vous en faire bouffer jusqu'à plus soif. Demandez à Roberto Saviano et vous verrez si ce n'est pas vrai. Ce garçon se coltine actuellement trois procès avec autant de membres du gouvernement en exercice : le ministre des Infrastructures, Matteo Salvini ; le ministre de la Culture, Gennaro Sangiuliano ; la Première ministre, Giorgia Meloni. Menacé par la Camorra et donc sous escorte depuis presque vingt ans, notre ami avait la vie trop facile. Avant que Saviano écrive *Gomorra*, les informations sur les clans de Casal di Principe – parmi les plus féroces d'Europe – ne figuraient qu'aux faits divers locaux. Des pages rarement lues, le plus souvent utilisées pour emballer les œufs. Remarquez qu'elles pouvaient aussi servir à nettoyer les portes, comme le faisait ma grand-mère. Puis la Camorra a eu droit au JT national. L'emballage d'œufs n'est plus de mise, le thème occupe désormais le débat public et po-

(1) Expression en français dans le texte (N.d.T.).

(2) Expression en français dans le texte (N.d.T.).

litique quotidien, c'est un objet artistique, une muse horripilante. Croyez-vous que nous ayons donné le nom de ce garçon à une rue ? À une crèche ? À une pizza particulière ? À une recette de spaghetti ? Un jour, peut-être. Pas de précipitation. De toute façon on a le temps. Pour l'heure il doit se défendre dans tous ces procès d'État qui lui sont tombés dessus. En Italie, ce n'est pas une blague. Ceux qui sont accusés de diffamation risquent trois ans de prison.

Le premier par ordre chronologique lui est intenté par Matteo Salvini. À Rosarno, en Calabre, où le degré de pénétration de la 'Ndrangheta fait froid dans le dos, Salvini avait été accueilli par un électorat, disons, mêlé et bigarré. Aux premiers rangs d'un meeting qu'il avait tenu juste après son élection étaient assis des hommes des familles Pesce et Bellocco. En Italie, ces noms parlent d'eux-mêmes. Salvini, membre de la Ligue, à l'époque ministre de l'Intérieur, déclara d'un ton sarcastique en parlant de l'écrivain : « L'escorte de Saviano ? Les institutions compétentes évalueront s'il court un risque, parce qu'il me semble qu'il passe beaucoup de temps à l'étranger. » Des paroles pour le moins surprenantes dans la bouche d'un ministre de l'Intérieur. Des paroles qui reviennent à dessiner une cible à la craie blanche sur le dos de notre pauvre ami. Une façon de déclarer : « Ce gars, nous, on le connaît pas, il nous emmerderait plutôt. À vous de voir. » Alors ça déborde. Il y a de quoi, non ? Roberto Saviano a riposté en citant le titre d'un ouvrage de Gaetano Salvemini et taxé Salvini de « ministre de la Pègre ». Lequel Salvini l'a trouvé saumâtre. Il ignore peut-être qui est Salvemini. Il a attaqué Saviano en diffamation. En utilisant – détail qui n'en est pas un – le papier à en-tête du ministère. Qu'un ministre de l'Intérieur pousse un écrivain sous protection policière entre les mains de ceux que son propre ministère devrait combattre, ça passe. On peut le faire. C'est licite. Qu'un écrivain se paie la figure d'un ministre – avec diplomatie, ajouterais-je, ce qui ne manque pas de générosité – en citant un des plus grands historiens antifascistes italiens, non. Ce n'est pas tolérable.

Et tourne le manège. Cette fois il s'agit de Gennaro Sangiuliano, directeur du journal télévisé de Rai 2, la deuxième chaîne publique italienne. Saviano commente sa nomination en le qualifiant de « biographe à genoux devant Poutine » (Sangiuliano a commis un livre sur le président russe, « une biographie qui retrace les principales étapes d'une extraordinaire aventure humaine et politique ») et aussi d'« agent électoral » de Nicola Cosentino, l'ancien sous-secrétaire d'État à l'économie du gouvernement Berlusconi, condamné par décision définitive pour avoir été le référent de la Camorra au Parlement. L'écrivain laisse entendre qu'il doit sa nomination en tant que directeur à ses accointances politiques dont certaines,

comme celles avec Cosentino, sont pour le moins douteuses. Bing, nouvelle assignation à comparaître, sur plainte de Sangiuliano. Au civil. Mais il y a un problème : en première instance, la juge renvoie le cadeau à l'expéditeur car l'accusation formulée par Saviano « ne peut pas être considérée comme un fait faux, elle n'est pas à exclure du débat politique actuel et dans le passé, elle en a déjà été amplement objet ». Oups. La baffe est d'autant plus cuisante qu'entre-temps le directeur est devenu ministre. De la Culture.
Sérieusement.
Et il a fait appel de la décision de la juge.

Ce cher Saviano *écrit contre*, comme on dit. Personne n'est plus *contre* que lui. (Ce n'est pas lui qui s'est mis dans cette posture, mais les institutions qui gouvernent son pays. Un détail.) Il vit sous escorte, mais le ministre de l'Intérieur – maintenant aux Infrastructures – est contre lui. C'est un intellectuel, mais le ministre de la Culture est contre lui. Il est italien, mais le chef du gouvernement italien est contre lui. Eh oui, parce qu'elle aussi a débarqué, Giorgia Meloni, la Première ministre italienne qui se définit comme une *underdog*, une laissée-pour-compte sur qui personne n'a jamais parié un euro, sauf qu'à 29 ans, elle était déjà vice-présidente de la Chambre des députés et à 31, ministre. Pauvre petite. Comme d'autres personnages du monde politique italien tel que Salvini, de la

Ligue, notre Première ministre se plaît à employer pour les traversées de l'Afrique à l'Italie le terme de « croisières ». Ces mêmes traversées que d'autres, faisant preuve d'une maîtrise différente de la sémantique, qualifient de « voyages de la mort », elle les appelle des « croisières ».

Elle a dit que ces bateaux qui transportent des grappes de gens aux abois vers notre douce Italie en les arrachant, espère-t-on, aux flammes de l'enfer, doivent être coulés. Elle en a tellement dit qu'il est impossible — et en plus désagréable et franchement pas drôle — de se souvenir de tout. Mais elle tempête surtout contre les « croisières » et « la belle vie ». Elle répète toutes les cinq minutes que « maintenant la belle vie, c'est fini ». Elle a commencé avant d'être chef du gouvernement. Il faut ajouter au nombre de ceux que nous ne verrons pas sur les débarcadères, brandissant des pancartes de bienvenue pour les migrants, des personnages qui n'ont rien à voir avec la droite, du moins en théorie. Les premiers à avoir utilisé l'expression « taxi de la mer », ce sont Luigi Di Maio (Mouvement 5 étoiles) et Marco Minniti, ministre de l'Intérieur d'un gouvernement de centre-gauche, qui a financé et entraîné les gardes-côtes libyens, notoirement composés de miliciens trafiquants d'êtres humains.

Tout est parti d'une vidéo diffusée par les télévisions de la moitié de la planète. Une maman africaine qui vient de perdre son enfant en mer se lamente, la voix brisée de sanglots : « *I've lost my baby!* », mais la clique unanime continue à parler de « croisières », « taxis de la mer », « belle vie », etc., etc. On est nombreux à se demander « Comment peut-on oser ? » Saviano aussi se le demande, en direct sur un plateau de télévision, dans l'émission « Piazzapulita », en interpellant la clique susnommée et en ajoutant l'appellation « bastardi ». Giorgia Meloni porte plainte contre lui. Puis il arrive ce que l'on sait, pour Meloni et pour l'Italie en général. De simple présidente du parti Fratelli d'Italia, Meloni devient chef du gouvernement. La citoyenne la plus puissante du pays. Quelqu'un dont l'influence peut conditionner – même involontairement – tous les tribunaux du pays. Quel juge ne ressentirait pas, comment dire, un tantinet de... *pression* ? L'usage veut que dans ce cas la plainte soit retirée. C'est un usage qui a sa raison. Il est civique, humain, opportun. Logique. Et pourtant il n'a pas été respecté. Notre ami a encore trois procès sur les bras, avec trois membres du gouvernement en ordre de bataille contre lui. Tous les trois dénoncent une atteinte à leur réputation. L'un, de directeur de journal télévisé est devenu ministre. Un autre, de ministre est resté ministre. La troisième, de chef d'un parti d'opposition est devenue chef du gouvernement. Il y a pire comme atteinte à sa réputation. Roberto, s'il te plaît, tu ne voudrais pas attenter aussi à la mienne, de réputation ? Je peux payer.

Mais comme nous le disions, la droite autoritaire a changé. Elle a abandonné la matraque et l'huile de ricin pour s'en remettre à la machine. Elle s'est emparée d'un arsenal moderne. Elle a domestiqué la chimère de notre époque, dont l'action judiciaire ne représente qu'une partie. Les pattes avant. Les pattes arrière, ce sont deux téléobjectifs. Ils vous suivent, vous photographient quand vous allez chez le coiffeur, vous écoutent, se mêlent de vos affaires. C'est arrivé à certains magistrats italiens, comme Ilda Boccassini, procureur dans le procès Ruby contre Silvio Berlusconi. L'hebdomadaire *Chi* du groupe Mondadori, propriété de l'ancien Premier ministre, l'a suivie dans la rue et a photographié ses « bas en laine rayés, 21 euros », l'instant où elle jetait un mégot de cigarette par terre, sans oublier son écharpe « inspirée du loto napolitain, en modal et soie, 300 euros ».

La queue de la chimère est une cravache : l'intimidation, la menace directe. Comment qualifier autrement la déclaration d'un ministre de l'Intérieur qui souhaite qu'on retire son escorte à un écrivain plusieurs fois menacé par la Camorra ?

Le corps est un journal roulé, une bonne matraque si besoin. Le député de la Ligue Antonio Angelucci possède les titres *Libero* et *Il Tempo* et s'apprête à acheter *Il Giornale*. Naturellement le quotidien roulé fait merveille associé aux deux gros téléobjectifs. Ils travaillent en équipe.

Et puis il y a l'arme secrète. Dévastatrice. Incontrôlable. D'une précision redoutable.

Sa tête. Un ordinateur toujours allumé. Elle avale des calomnies et recrache des *fake news*, les répand sur les réseaux sociaux, les injecte dans le Net et laisse les algorithmes faire le reste. Les algorithmes aiment le venin. Le venin les excite. L'informaticien Jaron Lanier, pionnier de la réalité virtuelle, l'explique très bien dans un ouvrage fort utile intitulé *Stop aux réseaux sociaux ! Dix bonnes raisons de s'en méfier et de s'en libérer.* « La paranoïa, écrit Lanier, est en effet un moyen efficace pour attirer et captiver l'attention. » Tout est là : « rassurer ou exaspérer, l'important c'est de captiver votre attention. » Ces beaux messieurs le savent pertinemment. Le nombre d'inscrits sur les réseaux sociaux de la Ligue a augmenté de façon spectaculaire au fil des années grâce au gourou digital Luca Morisi. Et ce n'est pas un hasard si on a surnommé son système de propagande en ligne « la bête ». Il intercepte sur Internet le sentiment populaire, attise la colère, tourne en dérision adversaires politiques et contestataires, les ridiculise à coups de slogans. (Là aussi Roberto Saviano est particulièrement bien loti et peut se vanter de nombreuses expériences : il suffit de penser à la rumeur inventée de toutes pièces et répandue par le berlusconien Vincenzo D'Anna, délibérément relancée par Salvini et Meloni, selon laquelle Saviano posséderait un appartement au dernier étage d'une tour à Manhattan ; information rigoureusement fausse, qui s'est néanmoins répandue comme une traînée de poudre sur les réseaux sociaux, tant et si bien qu'on la retrouve aujourd'hui encore dans les commentaires des sympathisants de Fratelli d'Italia, de la Ligue et de Forza Italia.)

La droite d'aujourd'hui prend le plus grand soin de sa chimère. Elle la chouchoute. Et n'oublie jamais de l'alimenter. Elle lui flatte la tête parce qu'elle sait combien elle est précieuse. Une enquête de l'émission Report a analysé une foule de pages et de profils sur les réseaux sociaux, créés sous des noms parfaitement innocents, qui, après avoir fait le plein d'inscrits, se sont transformés en véhicules de propagande politique et de *fake news*. Un exemple : *Association des éleveurs de la province de Messine* se transforme en *Association d'aide aux éleveurs*, qui se transforme en *Association Ligue des éleveurs*, qui se transforme en *Ligue Santa Teresa di Riva*, qui se transforme en *Ligue Salvini Premier ministre Santa Teresa di Riva*. Alex Orlowski, analyste de données, interrogé pour l'émission, a expliqué que plus de deux cent trente-sept mille comptes qui suivaient Meloni suivaient aussi le blog Trash Italiano, un mélange de mèmes et de gifs partagés aux quatre coins du Web. Les mêmes comptes suivaient aussi une jeune – mais déjà célèbre – chanteuse italienne. Report suggère que ces comptes, tous créés durant la même période et ayant tous moins de dix abonnés, ont été achetés. Meloni, Trash Italiano ainsi que la chanteuse nient avoir jamais acheté des abonnés. Meloni jure de démentir l'émission, qui lui a consacré selon ses termes « un reportage enfantin digne d'un club de platistes ». Mais elle est incapable d'expliquer cette coïncidence pour le moins étrange.

Et ainsi, grâce à des centaines de milliers de *personnes* qui toutes décident – heureux hasard – de s'inscrire sur les réseaux sociaux le même jour, de suivre les mêmes comptes, de publier les mêmes *fake news* ; grâce à une armée de « bots » (agents logiciels automatiques, mini-programmes, lignes de code) qui aspirent et recrachent du venin en surexcitant le dieu algorithme, la chimère broie dans ses puissantes mâchoires quiconque se place en travers de sa route. Il n'y a pas de salut, hormis dans l'obéissance.

Trois... Deux... Un... *Clic*. La machine démarre, elle est parfaite. Quand vous entendez le clic, vous êtes déjà fait comme un rat. Vous pouvez toujours essayer de vous cacher. Avec les matraques et l'huile de ricin, il y avait encore un peu d'espoir. Pas avec la machine. Elle vous débusque partout. Et vous concocte une jolie petite vidéo pendant que vous vous curez le nez. Et si ce n'est pas vous... la belle affaire, Photoshop, ça existe. La machine vous le met jusqu'à l'os.

Allez, essayez. Courage. Fuyez.
Tortillez-vous comme un ver. Filez vous cacher à la cave. Ou dans votre super appartement de Manhattan.

Vous n'en avez pas ? Mais bien sûr que si.

Traduit de l'italien par Dominique Vittoz.

TOMASO **MONTANARI**

Fascisme en Italie, encore

« Le nazisme en Allemagne a été une métastase d'une tumeur qui était en Italie. C'est une tumeur qui a conduit l'Allemagne à la mort et l'Europe, proche de la mort, au désastre complet[1] ».

Cette affirmation de Primo Levi a pris un nouveau sens depuis que l'Italie s'est dotée d'un gouvernement dirigé par le parti Fratelli d'Italia, qui est l'héritier direct du MSI-DN (Mouvement social italien-Droite nationale), lui-même héritier du Parti fasciste. Malgré une pléthore de déclarations – en réalité toutes ambiguës et caractérisées par une série de réserves mentales ou de jeux rhétoriques par trop évidents –, Fratelli d'Italia est une force politique qui n'a nullement coupé le cordon ombilical avec cette terrible matrice culturelle et politique : comme le montre de la manière la plus synthétique et irréfutable le symbole du parti de Giorgia Meloni, une flamme perpétuelle brûlant sur la tombe de Benito Mussolini. Une

(1) Cette déclaration se trouve au début d'une interview disponible en ligne : https://www.youtube.com/watch?v=rWyJ6cGj0R8

fidélité presque caricaturale au pacte atlantique — y compris leur soutien enthousiaste à un engagement militaire de plus en plus direct de l'OTAN dans la guerre en Ukraine — et leur soumission parfaite aux dogmes de l'économie néolibérale et à l'« agenda Draghi[2] » ont valu aux Fratelli d'Italia de Giorgia Meloni un traitement médiatique et politique très différent de celui qui est réservé au Rassemblement national de Marine Le Pen : or, la vérité toute nue, c'est que Fratelli d'Italia est un parti d'extrême droite présentant une effrayante continuité idéologique avec ses origines fascistes. Je pense que l'Italie est de nouveau tombée malade de cette tumeur dont parlait Primo Levi, et que l'Europe devrait isoler cette tumeur avant d'être envahie par ses métastases : l'histoire nous enseigne que l'Italie est le laboratoire politique des pires solutions possibles — cela a été aussi le cas avec Silvio Berlusconi, et avec ses clones que sont Trump et Bolsonaro ; sans oublier qu'il existe aujourd'hui des dégénérescences semblables dans d'autres pays de l'Union européenne comme la Hongrie et la Pologne. Norberto Bobbio disait que les démocrates doivent toujours être sur le qui-vive : l'heure est maintenant venue pour nous de prendre au sérieux ce sage avertissement.

---

(2) On peut définir l'« agenda Draghi » comme la politique menée par Mario Draghi lorsqu'il était président du Conseil et comme les mesures et les programmes s'inscrivant dans la continuité de cette action, après la fin de son gouvernement.

À cette fin, il est vital que les intellectuels européens prennent au sérieux les idées, les déclarations et les images du discours public de Giorgia Meloni et de ses hommes, et qu'ils reconstruisent sa généalogie culturelle.

Je voudrais me concentrer ici sur une des pierres angulaires de l'idéologie de cette nouvelle droite d'origine fasciste : la « question ethnique ».

Certains se souviendront en France de la « déclaration de guerre » à la démocratie lancée par Génération Identitaire : en 2013, un message vidéo impressionnant faisait de la « question ethnique » le fondement d'une politique fondée sur la peur et la haine. La ligne suivie était celle du suprématisme blanc. Et, concrètement, comme on sait, ce mouvement a organisé une série d'agressions physiques contre les ONG qui secourent les migrants en Méditerranée. Génération Identitaire n'a pas pour symbole des croix gammées : mais, comme l'explique la vidéo, des « lambdas », les lettres grecques qui figuraient parmi les symboles des Spartiates – « lambda » est l'initiale de « Lacédémoniens », l'autre nom des Spartiates. Le choix du mouvement est donc tombé sur le grand adversaire de l'Athènes démocratique : une ville gouvernée par une minorité – les Spartiates – qui dominait par la violence et la terreur une majorité ethniquement différente, les Ilotes. Ce modèle atroce a été adopté en Italie par Azione

Studentesca[3], le mouvement étudiant de Fratelli d'Italia. Un exemple éloquent : le parcours de formation d'Azione Studentesca s'appelle, avec un emprunt au grec classique, «*agogé*», exactement comme celui des jeunes Spartiates qui s'y formaient à la résistance physique et à la violence, y compris à travers des meurtres rituels et impunis d'Ilotes. Une iconographie abondante montre que les jeunes Italiens qui grandissent à l'ombre de la présidente du Conseil n'ont pas pour symboles des faisceaux de licteurs ou des croix gammées — même si la croix celtique reste le symbole officiel d'Azione Studentesca —, mais ceux de la Sparte antique : un camouflage formel qui met les jeunes militants de l'extrême droite italienne à l'abri des accusations de fascisme nostalgique et leur permet, en lien avec leurs camarades du reste de l'Europe, de s'inscrire sans prendre de risques dans une continuité parfaite avec les « idéaux » fascistes et nazis. Il vaut la peine de rappeler que c'est Azione Studentesca qui a été responsable, en février 2023, du passage à tabac des élèves du lycée Michelangiolo de Florence, et que Fratelli d'Italia, Casaggì — la dénomination locale d'Azione Studentesca à Florence — et la maison d'édition Passaggio al Bosco — un nom explicitement inspiré d'Ernst Jünger évoquant la rébellion contre la démocratie[4] —, dont le catalogue est bien fourni en

(3) « Action Étudiante ».

(4) Le livre d'Ernst Jünger s'intitule en français *Traité du rebelle, ou le recours aux forêts*. Le nom de la maison d'édition « Passaggio al Bosco » est une allusion au « recours aux forêts ».

ouvrages sur Sparte et sur la mystique du racisme violent, ont tous trois leurs sièges dans le même immeuble florentin.

Dans les déclarations des principaux dirigeants du gouvernement italien, la question ethnique a tout de suite pris sa déclinaison la plus radicale et la plus choquante : celle du « remplacement ethnique ». Le 18 avril 2023, intervenant au congrès national d'un syndicat, le ministre de l'Agriculture et de la Souveraineté alimentaire, Francesco Lollobrigida – qui est aussi, et peut-être surtout, le beau-frère de Giorgia Meloni –, a déclaré : « Nous devons penser aussi à l'Italie d'après-demain. Pour cette raison il faut encourager les naissances [...]. Les Italiens font moins d'enfants, alors remplaçons-les par d'autres. Ce n'est pas la voie à suivre. Nous ne pouvons pas capituler devant la question du remplacement ethnique. » Bien entendu, ce n'était pas la première fois qu'un dirigeant de l'extrême droite italienne utilisait l'expression « remplacement ethnique ». Voici, à titre d'exemples, quelques déclarations de Matteo Salvini, leader de la Ligue et vice-président du Conseil du gouvernement Meloni : « La gauche, au niveau mondial, a planifié une invasion, un remplacement de peuples. Je ne capitule pas, je ne marche pas » ; « Le droit du sol en Italie je ne l'accepte pas, c'est un remplacement de peuples, une immigration programmée » ; « L'an dernier, 82 000 Italiens se sont enfuis à l'étranger pour travailler, un record. Entre-temps, cette année, presque 150 000 immigrés ont débarqué, sans travail. Une tentative de remplacement de peuples est en cours, mais je ne me résigne pas » ; « On assiste à une tentative de génocide des populations qui habitent l'Italie depuis quelques siècles, et que certains voudraient voir supplantées par des dizaines de milliers de personnes provenant d'autres régions du monde » ; « Avec le flux incontrôlé de migrants, une tentative de remplacement de peuple est en cours ». Lorenzo Fontana, l'actuel président de la Chambre des députés, dénonce « un affaiblissement catastrophique de l'identité du pays qui accueille [les migrants] » ; tandis qu'Attilio Fontana, le président de la région Lombardie, a déclaré – incroyable, mais vrai – que « nous ne pouvons pas accepter tous les immigrés qui arrivent : nous devons décider si notre ethnie, notre race blanche, notre société doivent continuer à exister ou doivent être supprimées ». Et la présidente du Conseil Giorgia Meloni n'est pas en reste. Parmi ses nombreuses diatribes, en voici une datant de 2016 : « Répétition générale de remplacement ethnique en Italie. En 2015, plus de 100 000 Italiens ont quitté notre nation pour chercher fortune à l'étranger. Parmi eux, plus de 30 % sont des jeunes entre 18 et 34 ans. En échange, toujours en 2015, 153 000 migrants ont débarqué en Italie, dans l'immense majorité des hommes africains. » Et en 2017, Meloni écrivait sur Facebook : « L'UE est complice de l'immigration incontrôlée, de l'invasion de l'Europe et du projet de remplacement ethnique des citoyens européens voulus par le grand capital et par les spéculateurs internationaux.»

Pour répondre aux polémiques provoquées par l'emploi d'une telle formule par un ministre qui a juré d'observer loyalement une Constitution définissant la nation à travers la culture (à l'article 9) et non sur une base ethnique — c'est-à-dire par la voie du sang —, Francesco Lollobrigida a déclaré : « Sur le plan terminologique, je me suis trompé, je le reconnais. Mais par ignorance, pas par racisme. Je ne connaissais pas la théorie du remplacement ethnique de ce type-là, comment s'appelle-t-il ?[5] ». Le ministre faisait allusion au « plan Kalergi », une invention de l'extrême droite complotiste. En réalité, le thème du « remplacement ethnique » est aujourd'hui récurrent, et même de manière obsessionnelle, dans les rhétoriques de l'extrême droite européenne avec laquelle Fratelli d'Italia est en contact. Qu'il suffise de rappeler le manifeste déjà cité de Génération Identitaire, qui répète, dans le sillage des écrits de Renaud Camus, qu'« être identitaires signifie défendre dans tous les domaines l'identité ethnique et culturelle dont nous sommes détenteurs ». Le lien entre la dénatalité et le « remplacement ethnique » est également explicite dans les textes de ce mouvement : « Le vieillissement de la population et le faible taux de natalité cohabitent avec l'introduction forcée, de

(5) Interview de Francesco Lollobrigida à Alfonso Raimo, *Huffington Post Italia*, 19 avril 2023.

plus en plus importante, de masses d'immigrés du tiers-monde dans les territoires de l'Europe. Il est facile de prévoir que si elle n'est pas inversée immédiatement, cette tendance, en se prolongeant dans le temps, conduira au remplacement complet des éléments ethniques et des peuples originaires de l'Europe. »

L'astucieuse profession d'ignorance de Francesco Lollobrigida avait pour but évident d'empêcher la recherche des sources, laquelle nous conduit pourtant dans une direction très inquiétante : c'est-à-dire directement à la tradition culturelle fasciste dont le ministre est issu. À ce propos, il suffit de rappeler qu'en tant que vice-président de la région du Latium, Lollobrigida a financé et inauguré un mausolée monumental[6] consacré à Rodolfo Graziani, en déclarant que « pour nous de la vallée de l'Aniene[7], l'affection pour le général Graziani a toujours été une référence ». Rappelons que le général Graziani, vice-roi d'Éthiopie en 1936-1937 et président d'honneur du MSI-DN après la guerre, s'est signalé par une brutalité excessive même pour les critères du colonialisme fasciste : en raison de l'emploi de gaz toxiques, du bombardement délibéré d'un hôpital de campagne et d'une stratégie consistant à semer systématiquement « la panique et l'horreur » (dixit le *Di-*

(6) Dans la petite ville d'Affile, à soixante kilomètres à l'est de Rome, dans la vallée de l'Aniene.

(7) L'Aniene est la rivière qui traverse la ville de Filettino, dans le Latium, où est né Rodolfo Graziani.

zionario Biografico degli Italiani), il a été considéré comme un criminel de guerre et condamné à dix-neuf ans de prison pour collaborationnisme avec l'occupant nazi. Or, devenu ministre de l'Agriculture, Francesco Lollobrigida prend régulièrement la parole sur le lien dénatalité-remplacement ethnique – et il est important de rappeler ici que le gouvernement Meloni a même consacré un ministère à la dénatalité : le même que celui de l'égalité des chances[8], ce qui est révélateur de l'idée de la femme qu'ont les héritiers du fascisme. On pourrait se demander quel est le lien entre l'agriculture et les politiques démographiques et de l'immigration : mais dans ce cas aussi, il convient de chercher la réponse dans le débat italien et allemand des années 1920 et 1930. Ce n'est pas un hasard si dans l'Allemagne nazie, un des principaux animateurs de ce débat était justement le ministre de l'Alimentation et de l'Agriculture du Troisième Reich, Richard Walther Darré, un représentant de premier plan de la pensée ruraliste, grâce à qui « le ruralisme nazi introduira progressivement, à l'intérieur des débats démographiques particulièrement en vogue à cette époque et de la polémique anti-urbaine et anticapitaliste traditionnelle, une idéologie inspirée d'un racisme essentiellement biologique[9] ». En ce qui concerne

(8) Le ministère de la Famille, de la Natalité et de l'Égalité des chances (*Ministero per la famiglia, la natalità e le pari opportunità*) est dirigé par Eugenia Maria Roccella, membre de Fratelli d'Italia.

(9) A. D'Onofrio, *Razza, sangue e suolo. Utopie della razza e progetti eugenetici nel ruralismo nazista,* Naples, 2007.

l'Italie, il est intéressant de rappeler la traduction italienne du livre du statisticien bavarois Richard Korherr – bien connu pour un document plus tardif, relatif à la planification de la Shoah –, publiée en 1928 avec une préface de Benito Mussolini. Le Duce présentait aux Italiens un livre qu'il tenait pour important dans – je cite – la « lutte [...] en défense de la civilisation occidentale, menacée par un ensemble d'idées fausses et trompeuses telles que la fraternité universelle, le bonheur du plus grand nombre, l'hédonisme va-t-en-paix et le contrôle des naissances ». Mussolini écrit que « la métropole se développe, attirant vers elle la population de la campagne, laquelle, toutefois, dès qu'elle est urbanisée, devient inféconde à l'instar de la population préexistante. Cela est arrivé. Cela peut encore arriver. Cela arrivera et pas seulement dans les villes ou les nations, mais dans un ordre de grandeur infiniment plus important : la race blanche entière, la race de l'Occident, peut être submergée par les autres races de couleur qui se multiplient. Nègres et jaunes sont donc aux portes ? Oui, ils sont aux portes et pas seulement à cause de leur fécondité, mais aussi de la conscience qu'ils ont prise de leur race et de leur avenir dans le monde [...]. Les races étrangères, ayant pénétré pacifiquement ou étant attirées dans une certaine région, finiront, dans un avenir lointain, par inonder l'Occident. Plus fécondes, leur nombre dépassera bientôt la race blanche décadente. Les fortes races étrangères se mélangeront aussi avec le sang malade de la race blanche. Le bon sang éliminera le mauvais sang. Ce que les Germains et les Syriaques furent pour la Rome mourante, les races étrangères le seront pour nous. Le mélange avec les races étrangères signifiera la mort de la race blanche.» Dix ans avant la promulgation des lois raciales, un Mussolini déjà franchement raciste expose des théories fondamentalement identiques à celles qui sont actuellement diffusées par des politiciens italiens appartenant à un parti dont le symbole est toujours un hommage rendu au Duce.

On pourrait objecter qu'il s'agit d'un vieux texte, peut-être même inconnu des héritiers actuels du fascisme. Rien n'est plus faux, car le livre de Richard Korherr et la préface de Mussolini ont été republiés au moins trois fois en Italie au cours des dernières années : en 2018, par l'éditeur Aga (la maison d'édition de Maurizio Murelli, un terroriste néofasciste condamné à dix-huit ans de réclusion pour complicité de meurtre, aujourd'hui propagateur en Italie des idées du philosophe russe Alexandre Douguine, et, comme l'a montré une enquête du journaliste Claudio Gatti, passeur actif d'idées et de personnes liées au néofascisme dans la Ligue de Matteo Salvini) ; en 2019, par la plateforme d'autoédition Lulu (sous le titre *Il tramonto della razza bianca*[10]) ; en mai 2022, par la maison d'édition explicitement néonazie Ultima Thule, accompagné d'un livre de Guglielmo Danzi

(10) « Le Crépuscule de la race blanche ».

de 1932 au titre éloquent : *Europa senza europei*[11]. Il ne s'agit donc pas d'idées oubliées, mais bien au contraire d'idées extrêmement vivantes dans le milieu de l'extrême droite italienne.

Dans son livre, Richard Korherr désignait l'Italie de Mussolini comme le pays exemplaire qui, à travers « la bataille des naissances [...] est devenu une grande puissance ». Après avoir exalté le Duce italien, Korherr appelait de ses vœux l'avènement de son équivalent en Allemagne : « Que veut faire aujourd'hui l'Allemagne pour préserver son peuple de la destruction ? La démocratie allemande, avec sa politique démographique entièrement à l'avantage des individus et peu soucieuse de gagner les faveurs de la masse, montre clairement qu'elle est incapable de mener une véritable politique démographique [...]. Mais il y a un homme en Europe qui lutte de toutes ses forces pour la puissance et la grandeur de son peuple : Mussolini. Une volonté honnête, qui inspire sa politique démographique césariste, laquelle peut être comparée à celle de l'empereur Auguste pour conserver intactes les caractéristiques du peuple romain. En Allemagne aussi, nous avons besoin du César, du Dictateur qui provienne de la démocratie, mais qui soit son contraire direct. » C'était en 1928 : nous savons comment tout cela s'est terminé. Et c'est aussi à travers le fantasme du remplacement ethnique que la métastase de la tumeur italienne a ravagé

(11) « L'Europe sans Européens ».

l'Allemagne, puis toute l'Europe. Pour cette raison, ce n'est pas le moment de se taire aujourd'hui, mais de sonner l'alarme. Primo Levi a également affirmé : « Beaucoup d'entre nous, individus ou peuples, sont à la merci de cette idée, consciente ou inconsciente, que "l'étranger, c'est l'ennemi". Le plus souvent, cette conviction sommeille dans les esprits, comme une infection latente ; elle ne se manifeste que par des actes isolés, sans lien entre eux, elle ne fonde pas un système. Mais lorsque cela se produit, lorsque le dogme informulé est promu au rang de prémisse majeure d'un syllogisme, alors, au bout de la chaîne logique, il y a le Lager[12] [...]. Puisse l'histoire des camps d'extermination retentir pour tous comme un sinistre signal d'alarme[13] ».

Traduit de l'italien par Jérôme Nicolas.

(12) Camp de concentration.

(13) Primo Levi, Préface de *Si c'est un homme*, in *Œuvres*, Paris, Robert Laffont, 1996, p. 3 [traduction de Martine Schruoffeneger].

Fascisme et populisme

Ce soir, j'ai décidé de ne pas me cacher, c'est-à-dire de ne pas dissimuler, avant tout à moi-même, que l'invitation à cette prestigieuse session des Rencontres internationales de Genève a pour moi une signification historique et aussi une profonde valeur existentielle.

La signification historique renvoie évidemment référence au fait que dans mon pays, l'Italie, le pays d'où ce matin je suis arrivé ici en train, en franchissant ces admirables paysages alpins, dans ce pays situé au-delà des montagnes qui nous séparent mais ne nous divisent pas, il y a quelques jours, mes concitoyens – pas tous, une majorité relative mais bien solide – ont exprimé la volonté qu'un parti d'extrême droite gouverne l'Italie. Les principaux représentants de ce parti ont une histoire individuelle, biographique et politique qui vient du néofascisme.

Nous savons, également par expérience personnelle, que l'Histoire est telle précisément parce qu'elle est un devenir. Par conséquent, si elle laisse derrière elle certaines traces, certaines opinions, certaines idées, elle en découvre et en rencontre de nouvelles. Elle les transforme, les désavoue parfois, voire les oublie le plus souvent, mais elle ne permet pas de rembobiner la pellicule du film.

Avoir une histoire, c'est quelque chose qui n'est pas fatalement destinal, au sens où cela marque irrémédiablement la destinée, mais une réalité indélébile. On ne peut pas « rendre son billet d'entrée dans la vie », selon Dostoïevski. De même, il est impossible d'effacer son histoire, on l'emporte avec soi. Cela ouvre – ou devrait ouvrir à tous les Italiens, et pas seulement aux Italiens – un moment de réflexion grave, approfondie, amère et périlleuse.

Ce qui situe mes propos, cependant, sur le plan existentiel, c'est le fait que j'ai consacré les ultimes années, dans le sens du plus proche, du plus récent, c'est-à-dire les dernières années de ma vie, maintenant une décennie, à étudier et à raconter, dans la forme littéraire du roman, le temps du fascisme. Tout d'abord, avec un roman biographique consacré à Leone Ginzburg, ce grand intellectuel, cet éminent héros de l'esprit, si j'ose dire, qui a consacré son existence, au prix de sa vie, à son inébranlable antifascisme. Un roman auquel je suis particulièrement lié, *Il tempo migliore della nostra vita*. J'y juxtapose, arbitrairement, mais sincèrement sur le plan intellectuel – je l'espère – la vie de cet homme hors-normes avec l'existence de gens tout à fait ordinaires, mes grands-parents, contemporains de Leone Ginzburg.

Des gens simples qui vécurent dans les mêmes années, sous la même dictature fasciste. Après le roman sur Ginzburg et mes grands-parents, j'ai dédié plusieurs années d'étude et d'écriture à un grand projet littéraire – ne serait-ce qu'en termes de taille – pour raconter l'histoire du fascisme à travers les fascistes eux-mêmes, dont leur « chef », comme ils le nommaient, Benito Mussolini[1].

Raconter le fascisme au prisme des fascistes – je le dis pour la jeune génération – n'implique pas d'adhérer à leur idéologie. Cela engage plutôt, au moins en intentions, à tenter de mener le lectorat, surtout italien, non seulement à enfin se mesurer avec conscience au fascisme, en assumant la conscience historique d'avoir été fasciste. Mais aussi en contribuant, dans les limites de la fiction, à forger un nouveau type d'antifascisme à une époque où celui qui se basait sur la lutte de nos grands-pères et de nos grands-mères commence historiquement à perdre du terrain depuis le début de ce siècle. À s'embourber, à s'effondrer, à s'estomper.

(1) Antonio Scurati, *M. L'enfant du siècle*, Paris, Les Arènes, 2020 ; *M. L'homme de la providence*, *idem*, 2021 (tous deux traduits de l'italien par Nathalie Bauer) ; *M. Gli ultimi giorni dell'Europa*, Florence, Milano, Bompiani, 2022.

Je me retrouve à traiter ce sujet au moment où, après avoir passé une décennie au moins à étudier et à raconter le fascisme, j'ai atteint l'âge adulte en tant qu'intellectuel connu et influent dans un pays qui a élu au gouvernement un parti d'extrême droite provenant historiquement du néofascisme. Ce n'est pas tout à fait banal pour moi, car ces derniers jours, la presse de droite italienne m'a attaqué violemment, brutalement, avec beaucoup de vulgarité.

Par conséquent, mon discours n'est pas neutre. Nul détachement, aucune impartialité du savoir (en supposant même que cela soit possible). Non. Trois fois non. Au contraire, mes paroles présupposent ma participation personnelle, biographique et même historique à ce que je dis. Je suis impliqué dans mon discours. Je le déclare, je le proclame en le revendiquant.

Michel Porret a évoqué à juste titre la « culture du ressentiment fasciste ». Cette définition est appropriée. Ces dernières années, on m'a souvent demandé – questions de journalistes pour une réponse impossible – de définir en un mot ce qui résumerait le fascisme. C'est un jeu perdant-perdant : on pourrait dire « violence » mais on oublierait beaucoup de choses. Or, le mot « ressentiment » résume bien le fascisme. Le fascisme d'hier et celui d'aujourd'hui.

Examinons l'héritage du fascisme historique ou, plutôt, son actualité historique, car notre présent édifie l'histoire de l'Italie mais aussi celle de l'Europe qui découle du fascisme mussolinien.

Commençons ainsi : ces dernières années, je n'ai jamais appartenu aux intellectuels, artistes et politiciens qui, en Italie, ont tiré la sonnette d'alarme pour dénoncer le « retour du fascisme », quand cette appréhension pointait le péril démocratique constitué par l'hypothétique retour de fascistes déclarés. Il existe en Italie, comme en Suisse et ailleurs en Europe, une mouvance d'associations, de groupes, d'organisations clairement néofascistes. En Italie, ceux qui se déclarent néofascistes sont volontiers et ouvertement néonazis. Pratiquement, le néofascisme contemporain prend souvent, mais pas toujours, une tournure néonazie.

Les néofascistes célèbrent l'anniversaire d'Hitler. Ils constituent une mouvance diffuse, plutôt étendue, complexe et structurée, ni particulièrement nombreuse ni entièrement marginale ou résiduelle. Ces dernières années, notamment lors des élections de 2018, ils ont forgé une alliance solide avec les partis gouvernementaux.

Or, si les néofascistes commettent régulièrement des actes violents – brutalité verbale et physique, violence criminelle –, je n'ai jamais cru, et je ne crois toujours pas, que le véritable péril pour la démocratie, comme un retour des chemises noires, vienne de ceux qui incarnent ouvertement les fascistes du XXIe siècle. De ceux qui font publiquement le salut romain ou qui exhibent leur crâne rasé. De ceux qui frappent mais aussi matraquent. Avilissants et détestables, ces faits relèvent du pénal.

Cependant, j'ai toujours pensé que cette violence antidémocratique actuelle ne menace pourtant pas la survie de la démocratie. Elle ne constitue pas un péril existentiel. Je n'ai jamais affirmé que le centenaire de la Marche sur Rome n'aboutisse à anéantir ou à tuer la démocratie. Ce péril est infondé. Comparer la victoire électorale des Fratelli d'Italia à la Marche sur Rome (28 octobre 1922) – que certains présentent comme une « deuxième Marche sur Rome » – est un exercice certes suggestif, mais infondé.

Cependant, depuis des années, bien avant que les événements politiques italiens ne mènent ce parti d'extrême droite à gouverner le pays, j'observe un défi et un péril pour la culture politique de la démocratie. Un risque sur les valeurs de la vie démocratique, mais pas sur sa survie. Ce danger provient de partis et d'actions de masse, à l'audience non marginale et parfois même majoritaire, que nous appelons couramment « populistes », voire « souverainistes ». Et c'est là, je crois, qu'il faut tracer la ligne d'ascendance ou de filiation – moins une ligne droite qu'un trait sinueux voire brisé – qui durant des décennies oscille, avec des hauts et des bas, entre Benito Mussolini et la politique contemporaine.

Voici ma première thèse : je ne crois pas que les dirigeants politiques qui contestent la démocratie traditionnelle, la démocratie totale, la démocratie parlementaire en Italie – mais aussi ailleurs : Espagne, Allemagne, France, États-Unis, Brésil – descendent du fasciste Mussolini. J'estime plutôt qu'ils s'inspirent du Mussolini populiste. Ma deuxième thèse découle de cette idée : Mussolini n'est pas seulement l'inventeur du fascisme, le fondateur des *Fasci di Combattimento italiani* d'abord et du parti fasciste ensuite, mais il est aussi le concepteur de cette pratique politique et de cette forme de communication politique que nous désignons aujourd'hui comme *populisme souverainiste*.

En conséquence, la filiation avec le populiste Mussolini n'est pas forcément déclarée, revendiquée, consciente, biographique ou explicite dans la carrière politique des leaders néofascistes. L'héritage ressort d'une ascendance inconsciente, indirecte, allusive. La culture politique et les formes de communication de plusieurs leaders des mouvements populistes et souverainistes d'aujourd'hui incarnent cette parenté dans leurs discours, leurs actions, leurs pensées voire leurs omissions. Deux faits fondateurs peuvent illustrer ma thèse.

Le premier remonte au 18 mars 1919. Depuis quelques mois, la Première Guerre mondiale est terminée. L'apocalypse a entraîné la civilisation européenne dans la boue et le sang. Autour de cette tragédie, dans *La Crise de l'esprit* (1919), Paul

Valéry écrit : « Nous autres, civilisations, nous savons maintenant que nous sommes mortelles[2]. »

Au retour de la paix, l'Italie appartient aux pays victorieux, mais au prix fort en termes de vies humaines et de souffrances. À Milan, la ville où je vis depuis de nombreuses années, on commémore alors les « Cinq journées », soit le soulèvement en 1848 (18-22 mars) de la population milanaise contre l'occupant autrichien. Inscrite dans le moment européen du « Printemps des peuples », cette insurrection populaire constitue un des moments clefs du processus d'éveil nationaliste qui allait conduire au Risorgimento ou « unification de l'Italie » en tant que Nation moderne. Les « Cinq journées » ont été un temps exaltant. Elles ont inspiré mon roman *Una storia romantica*[3].

Ainsi, à Milan, sur la piazza Cinque Giornate, on célèbre le Risorgimento italien à l'origine de la Nation. Un jeune politicien et tout aussi jeune journaliste qui, jusqu'à la guerre, fut l'un des dirigeants les plus appréciés de l'aile radicale du parti socialiste révolutionnaire et qui fut ensuite expulsé avec mépris de ce même parti, se tient sur la place avec les Milanais. Ce jeune leader politique, en quête d'une nouvelle voie et d'un nouveau peuple après que les socialistes se sont

(2) Paris, NRF, 1919.

(3) Milan, Bompiani, 2007.

retournés contre lui pour désormais le haïr, se nomme Benito Mussolini.

Benito Mussolini est un égaré qui cherche un accès au pouvoir. Tel un acteur, il brigue un nouveau public ; tel un politicien, il aspire à un nouveau peuple. Derrière lui, la flotte est brûlée, pour paraphraser une vieille métaphore belliciste. Devant lui, un mur de haine qu'ont dressé ses vieux camarades socialistes. Eh bien, ce jour-là, sur la piazza Cinque Giornate, Mussolini va suivre une de ses innombrables, trop nombreuses – il faut bien l'avouer – et formidables intuitions. Que fait-il ? Soudain, il monte sur le camion des « Arditi ».

Qui sont les Arditi ? À cette époque, les Arditi constituent les corps d'assaut spéciaux de l'armée italienne[4]. Durant la Première Guerre mondiale, la propagande patriotique les célèbre comme de véritables héros et forge le mythe de l'« arditisme ». En Italie, il existe aujourd'hui encore des formules idiomatiques qui y font écho, même dans l'inconscient des locuteurs. Par exemple, lorsque quelqu'un prétend qu'il est déterminé, voire féroce, il dit : « Je vais passer cet examen avec un couteau entre les dents. » Pourquoi ces mots ? Parce que l'iconographie mythologique de l'Ardito le glorifiait en tant que soldat invincible. C'est un combattant qui monte au feu ou à l'assaut de

---

(4) Paolo Volpato, *L'Ardito d'Italia. Storia dei Reparti d'Assalto*, Ugo Mursia, Milano, 2020.

la tranchée ennemie la chemise ouverte sur la poitrine (en infraction avec les normes de l'uniforme militaire), une grenade dans une main, un pistolet dans l'autre et — entre les dents — un couteau, « arme latine par excellence » aurait dit Mussolini.

Si durant la guerre, la propagande nationaliste honore les Arditi en tant que héros, après l'armistice ils sont marginalisés et démobilisés de manière infâme. Sous la pluie, ils défilent à l'arrière des troupes régulières, eux qui n'avaient jamais demandé à se battre dans les tranchées. Leur démobilisation est presque dissimulée : ni célébration ni honneur. Pourquoi cet ostracisme ? Parce que les Arditi étaient des spécialistes de la violence, voire des criminels de droit commun — pas toujours mais souvent. Leur choix : la prison ou la section d'assaut ! Quand on forme des hommes de cette trempe à ne vivre que par la violence, il est difficile de les réintroduire dans la vie civile. On les place donc à un peu l'écart. On les avilit. Ils défilent derrière les autres soldats.

Mussolini n'a pas de peuple, il cherche un nouveau public… Tous deux se trouvent sur la piazza Cinque Giornate, sur l'un de ces camions militaires découverts qui véhiculaient les Arditi au front pour assaillir les positions ennemies. Intuition de Mussolini : ces hommes professionnels de la guerre, que tous rejettent parce que maintenant c'est la paix, sont devenus des quasi-parias, des laissés-pour-compte. Ce sont des chiens de guerre à la quête d'un maître. Mussolini les interpelle. Il gravit leur camion. Il y monte physiquement… pas seulement symboliquement.

Et ensuite ? Pardonnez le romancier : la scène suivante culmine à la taverne. La taverne : beuverie, vin d'honneur, chants, hymnes militaires, camaraderie et loyautés viriles en accolades et poignées de main fraternelles. Serments proclamés. Les Arditi jurent fidélité à Mussolini, dont la notoriété en tant que tribun est alors immense. Si plus tard, Mussolini trahira systématiquement tout et tout le monde, en débutant par lui-même, il proclame sa loyauté envers les Arditi. Il commence par les défendre avec son quotidien *Il Popolo d'Italia*. À la une, il déplore le traitement mesquin et humiliant que leur réserve l'État italien.

Cette alliance intuitive constitue une des racines du fascisme, la plus canonique. Ces professionnels de la guerre, assoiffés de sang comme des chiens d'arrêt, incapables de retourner paisiblement à la vie civile, humiliés, vivent désormais de la violence et pour la violence. Ils formeront, on le sait, le premier noyau des escouades d'action fascistes.

18 mars 1919, commémoration des « Cinq journées », Mussolini se rallie aux Arditi. Une semaine plus tard – 23 mars 1919 – en résulte la fondation du fascisme, *Fasci di Combattimento* sur la place San Sepolcro à Milan. S'y tient la première assemblée du mouvement fasciste naissant.

Combien de personnes se sont-elles rassemblées ? Cent, soit moins que le public réuni ce soir dans cette salle. Un fiasco total. Ainsi est né le fascisme. Parmi cette centaine d'individus, on note des gens célèbres, des artistes géniaux, quelques industriels. Or, dans cette petite foule, on remarque surtout les Arditi, des spécialistes de la violence armée, cette matrice du fascisme. Elle l'escortera, sans cesse, jusqu'au crépuscule apocalyptique de la Seconde Guerre mondiale.

Pour mieux décrypter l'origine du fascisme, il faut savoir que, dans la mythologie fasciste, le siège (via Paolo da Cannobio) du *Popolo d'Italia* quotidien de Benito Mussolini, se nommait « Covo » (repaire, nid) numéro 2, alors que le « Covo » numéro 1 était le siège de l'association milanaise des Arditi d'Italia. Il était situé via Cerva, dans l'arrière-boutique d'un caviste – chose incroyable, le lieu existe toujours.

Ainsi, tout commence avec les Arditi et la violence. À la genèse du fascisme, en son soubassement, réside l'expérience des tranchées. Trois années passées à manger, à boire, à fumer et à dormir dans la boue et parmi les cadavres en décomposition de ses propres compagnons d'armes. Telle est l'expérience fondatrice de l'anthropologie fasciste.

En se focalisant uniquement sur cette origine, on ne donne tout son sens au fascisme. Mussolini a violé l'Italie avec les Arditi et les « squadristes ».

Or, il ne l'a pas seulement violée, il l'a aussi séduite. Il a séduit l'Italie, puis le monde. Peut-on oublier que le modèle d'Adolf Hitler était Mussolini ? C'est pourquoi Adolf Hitler – comme je le raconte dans le troisième roman du cycle *M*, *Gli ultimi giorni dell'Europa* (2022) – l'a toujours vénéré avec ferveur.

Il y a une deuxième origine, en quelque sorte une seconde racine au fascisme. En la sous-estimant, nous prenons le risque de ne pas le comprendre. Un autre fait le démontre.

17 novembre 1919, quelques mois après la commémoration des « Cinq journées », les premières élections politiques libres de l'après-guerre ont lieu en Italie. Libres jusqu'à un certain point : seuls les hommes votent, ce qui suffirait à les qualifier de non démocratiques. Le climat est propice à des hommes déterminés qui se sentent sur le point de donner l'assaut à l'Histoire ; des hommes qui estiment que tout peut arriver. La guerre mondiale vient de s'achever. Les trois dynasties qui ont dominé l'Europe durant cinq siècles sont tombées en l'espace de quelques semaines. Le mouvement socialiste annonce la révolution mondiale. En Russie, c'est déjà fait… tout peut arriver, non ? L'atmosphère est fébrile.

Mussolini se présente pour la première fois avec une liste issue du mouvement qu'il a fondé avec seulement une centaine de personnes sur la place San Sepolcro quelques mois plus tôt. Ce n'est pas encore le Parti national fasciste, c'est le mouvement *Fasci di Combattimento* (Faisceaux de combat). D'éminentes personnalités italiennes figurent aussi sur cette liste : outre Mussolini, connu comme le loup blanc, il y a Filippo Tommaso Marinetti, l'inventeur du futurisme, un homme de génie à sa manière. S'y ajoute Arturo Toscanini, l'illustre chef d'orchestre, un maestro qui deviendra quelques années plus tard l'une des figures internationales de l'antifascisme. Or, dans ce climat fiévreux, le musicien regardait avec intérêt ces jeunes gens qui voulaient changer le monde. Il les a même financés.

Attention. Quel est le nom de la liste électorale des premiers fascistes ? Il s'agit de la « liste Thévenot », dont le nom est alors hautement symbolique. Thévenot ? Le nom d'une grenade à main. D'une redoutable grenade de jet. Les fascistes se présentent donc aux élections démocratiques avec une liste dont le symbole électoral est la grenade à main utilisée par les troupes d'assaut pendant la Première Guerre mondiale.

Quel a été le résultat des élections pour Mussolini ? Un désastre, une défaite cuisante. La liste des *Fasci di Combattimento* n'a obtenu que 4 600 voix dans toute l'Italie… 4 600, trois fois rien. Nul n'est élu, pas même Mussolini. Il n'a arraché que 2 200 suffrages. Le parti socialiste italien, celui dont Mussolini est issu, celui dont il a été exclu, celui qui est alors son ennemi numéro un, rafle plus de 1 300 000 voix. Disparité abyssale ! D'un côté 1 300 000 voix, un triomphe écrasant : les masses populaires marchent unies sous une bannière commune, le Soleil de l'Avenir, l'espoir de l'Avenir. De l'autre, quelques vétérans débraillés, frénétiques, violents qui remportent 4 600 suffrages... avec la grenade à main comme symbole politique.

Ce jour-là, de nombreux politiciens et journalistes pensent que Benito Mussolini est un homme fini. Sous les fenêtres de via Paolo da Cannobio, siège du *Popolo d'Italia*, ses anciens camarades socialistes organisent un simulacre d'enterrement avec un cercueil ouvert et une marionnette à l'effigie de Mussolini. Ils vilipendent le traître, l'ancien camarade vaincu. Ils le moquent. Le lendemain, l'*Avanti* – journal emblème et bannière du socialisme – publie l'annonce d'un fait divers mensonger (« fake news », dirait-on aujourd'hui) : « Un cadavre inconnu a été repêché dans le Naviglio [canaux de Milan]. Certains pensent qu'il s'agit du cadavre de Benito Mussolini. »

Le rédacteur en chef du *Corriere della Sera*, une figure majeure du libéralisme italien de l'époque, intervient auprès du ministre de l'intérieur pour que Benito Mussolini soit libéré de prison. Pourquoi l'a-t-on incarcéré ? Que s'est-il passé ? Le lendemain des élections, lors d'une descente de police dans le bureau du *Popolo d'Italia*, les carabiniers saisissent des armes et des grenades. Benito Mussolini est donc arrêté.

Après la cuisante défaite électorale, voilà donc le coup de grâce qui aurait pu mettre fin au fascisme naissant. Il aurait pu être tué dans l'œuf si le rédacteur en chef du *Corriere della Sera* n'avait pas appelé le ministre de l'Intérieur pour lui dire : « Écoutez, libérez ce Mussolini ! C'est déjà un paria, une vraie ruine, n'en faisons pas un martyr. » C'est de Rome que Mussolini a été libéré.

Mussolini lui-même se considère comme fini. À son amante et mentor de l'époque, la critique d'art Margherita Sarfatti, femme particulièrement cultivée, il confie : « Assez, assez de politique ! Je n'en peux plus, j'en ai trop fait : je change de métier. Je peux être violoniste ambulant [il grattait un peu le violon], je peux écrire des pièces de théâtre, je peux écrire un roman [pourquoi, quand on ne sait pas quoi faire, on pense à écrire un roman ?]. » Sarfatti le console, le réconforte. Mussolini se ressaisit.

Ainsi, le 19 novembre 1919, Mussolini est considéré par tous, à commencer par lui-même, comme un politicien fini. Le 28 octobre 1922, moins de trois ans plus tard, Mussolini, après un voyage en wagon-lit de Milan à Rome, convoqué par le roi d'Italie Victor-Emmanuel III – honte et déshonneur éternels pour sa mémoire –, gravit les marches de marbre du Quirinal, le palais royal.

Mussolini, le fils d'un forgeron et d'une institutrice, né dans un hameau reculé des provinces italiennes, âgé seulement de 39 ans, reçoit de Sa Majesté le mandat de former son premier gouvernement. Un triomphe qui survient seulement deux ans et onze mois après les élections désastreuses de 1919 et son arrestation. Une victoire dont l'apothéose est la soi-disant « Marche sur Rome » (27-28 octobre 1922), dont la forme et l'échec mériteraient un long commentaire.

La question est donc la suivante : comment est-ce possible que cet homme, jeune pour l'époque – en octobre 1922, Mussolini est âgé de 39 ans, ce qui fait de lui le plus jeune chef de gouvernement d'Europe, voire du monde –, fils de forgeron, donc fils du peuple, avec un patrimoine quasi nul derrière lui, parti de rien, exclu du parti socialiste, soit du mouvement politique alors triomphant, considéré par tous comme un politicien raté, liquidé seulement trois ans auparavant, comment est-ce possible qu'il accède au pouvoir ?

La réponse pourrait recouper l'anecdote de mars 1919, quand Mussolini escalade la plateforme du camion des Arditi : la violence – violence politique, violence meurtrière. Si cette réponse est convaincante, elle ne dit pas tout. Elle ne suffit pas à expliquer l'inexplicable. Il faut considérer non seulement Mussolini le violeur de l'Italie mais aussi Mussolini le séducteur. Mussolini le séducteur ne coïncide pas avec le fasciste, avec son visage fasciste, mais avec sa figure *populiste*. Je vous propose une sorte de décalogue – ou plutôt de pentalogue – de ce qui fait d'un populiste... un populiste ? « Populisme » est un mot ambigu, souvent utilisé de manière imprécise, vague. En voulant comprendre Benito Mussolini de manière romanesque, je crois – de mon point de vue – avoir tracé de lui cinq caractéristiques pour définir la forme politique du populisme – de son leadership. Combinés à la violence squadriste, ces attributs lui permettent de séduire l'Italie après l'avoir violée… au moment-même où il la violait.

Première règle du populisme : le leader populiste affirme « Je suis le peuple ». Et, inversement, en une sorte de tension logique et grammaticale, il affirme « Le peuple, c'est moi ». Le mot affirme la chose : « populiste », je suis le peuple, le peuple est moi. Ce « je » omnivore précède toute pensée, tout argument, toute instance, tout programme politique. Il comporte une solide accentuation personnaliste. L'entrée en politique de ce « je omnivore » est annoncée par la révolution du langage journalistique. On la perçoit dans les articles – très efficaces, formidables à leur manière – du journaliste Mussolini qui ont bouleversé le journalisme de l'époque.

Avant de fonder son propre périodique, Mussolini avait été appelé de sa province en 1912 pour diriger l'*Avanti*, le journal du socialisme. Le quotidien que les squadristes fascistes incendient en avril 1919. Ce n'est pas un hasard si la première action violente des squadristes fascistes (notamment unis aux Futuristes, aux Arditi, etc.) a été l'attaque et l'incendie du siège milanais de l'*Avanti* – le quotidien que Mussolini dirige encore peu de temps auparavant – faisant des morts et des blessés.

Examinons donc la révolution linguistique apportée au journalisme par Mussolini. On y remarque les phrases courtes. Brèves, très brèves et syntaxiquement élémentaires. Sujet, verbe, complément d'objet. Chaque phrase est mémorable, citable à l'envi. Chaque énoncé est un slogan. Chaque formule peut être décontextualisée. Nul souci de cohérence historique avec ce qui a été dit la veille, le mois précédent, l'année d'avant, ni avec ce qui pourra se dire le lendemain, le surlendemain. Nul souci de cohérence ontologique, soit d'ancrage du discours dans la réalité. Invariablement, des énoncés ronflants, toujours précédés du « je » : « je dis, j'affirme, je promets, je menace... » *Je* : le personnalisme. Le personnalisme du langage remplace le pluralisme discursif, complexe, de la controverse. Peut-on dire que ces articles étaient prémonitoires des tweets ? Cela n'est pas faux. Oui, il s'agissait bien de tweets.

Moi. « Je suis le peuple. » Mussolini était le fils du peuple, c'est incontestable. Or, dans cette proclamation, pour le populiste, l'inverse est toujours vrai : *le peuple, c'est moi*. Le peuple, les millions de vies individuelles d'abord réduites à une masse, ensuite comprimées en une personne unique.

Tout ceci suffit à définir le populisme comme un fort mouvement antidémocratique. Populaire, hyper-populaire, donc antidémocratique. Car, si « je suis le peuple » et que « le peuple c'est moi », l'individu qui n'est pas avec moi, n'appartient pas au peuple. Il est contre le peuple. Il en est forclos. Hors de la communauté, il en est l'ennemi. Ce fondement, cette première loi du populisme, véhicule une puissante polémique antiparlementaire. En effet, le Parlement représente la multitude dans la multiplicité : les infinies dissemblances, les positions variées, les unes contre les autres, contradictoires, distinctes, irréductibles... Or, si « je suis le peuple » et que « le peuple c'est moi », le Parlement est une perte de temps. Il est le lieu de la corruption, de la dégénérescence politique, du chaos permanent et inutile.

La deuxième loi du populisme, forgée par Benito Mussolini, c'est de *diriger en suivant*. Mussolini a une formidable intuition du devenir de la politique à l'ère des masses qui s'ouvrait alors et est aujourd'hui en phase de maturité. Il comprend qu'à l'ère des masses, les masses seront guidées par un chef qui ne les précédera pas. Il ne se tiendra pas devant elles — selon le terme anglais « leader », « to lead » signifiant diriger en se tenant devant. Au contraire, les masses seront à la disposition du chef, pour ainsi dire dans son territoire. Ce chef qui guidera les masses en les suivant, un pas en retrait derrière elles.

Pensons à l'un des slogans les plus célèbres et les plus retentissants du fascisme – lequel, en fait, s'enracine dans l'histoire de la Révolution française, ou plutôt dans celle de la contre-révolution vendéenne. Une devise souvent inscrite sur les murs urbains, sur les façades des célèbres maisons rouges de cantonniers sises le long des routes italiennes. Que proclamait le Duce du fascisme avec ce slogan ? « Si j'avance, suis-moi ; si je recule, tue-moi ; si je meurs, venge-moi ! » Ce slogan certifierait que Mussolini conduit le peuple depuis l'avant, en avançant. Non. Pourtant, telle était la rhétorique officielle.

De lui-même, Mussolini disait fièrement : « Je suis l'homme de l'après. » De l'« après » ? Oui, car j'arrive un instant plus tard sur la scène du fait politique. Je ne précède pas, je me contente de suivre. Hors de la métaphore, qu'indiquent ces paroles ? Que le leader populiste, comme le Mussolini originel, n'a pas d'idées propres, pas de convictions personnelles auxquelles on ne peut renoncer, pas de loyauté, pas de stratégies à long terme. Il ne conduit pas les masses vers un but lointain et élevé. Un objectif qu'il distingue mais qu'elles ne perçoivent pas.

Au contraire, ce dirigeant place la tactique avant la stratégie. Il est, pour ainsi dire, pur tactisme.

Son pragmatisme escorte son opportunisme vidé de tout contenu. Il ressemble à un récipient vide qui applique la suprématie tactique du vide. Si vous êtes vides, si vous n'avez pas de principes, pas de convictions, pas de loyauté, pas d'idées... tactiquement, vous gagnez. Vous gagnez, car le récipient vide est rempli de ce que vous entendez, sentez, percevez, mais en vous tenant à l'arrière, en arrivant un instant plus tard.

Si vous suivez une foule, si vous arrivez juste après elle, si vous vous tenez un pas derrière (pas deux, ce serait trop), qu'en percevez-vous ? Les idées, les espoirs, les discours exprimés et résumés dans les expressions du visage ? Non, tout cela est à l'avant. Vous percevez les humeurs, celles que vous saisissez avec votre nez, pas avec votre tête ni votre intellect. Avec le nez. Et Mussolini le savait. Il affirmait : « Il n'y a rien à faire, je suis comme les animaux : je sens que le moment est venu. »

Le chef populiste veut gouverner la masse non pas en la précédant mais en la suivant, sans avoir de principes ou d'idées particulières, sans critères de gouvernement, sans programmes. Au début de son activisme politique, posture paradigmatique, Mussolini méprisait les programmes. « Les programmes sont du papier de rebut, disait-il, laissons-les aux socialistes, à leurs interminables débats théoriques. » Mussolini ne veut que s'emplir de l'humeur des masses. Or, en réduisant la vie privée et la vie politique moins à des idées, des raisonnements ou des convictions qu'à des humeurs, alors on les ramène inéluctablement à ses *propres humeurs*.

Qu'est-ce qui domine la vie réduite à sa propre humeur ? La peur. La peur… avec le *ressentiment*. Là réside le troisième point. Un dirigeant populiste pratique la politique de la peur. C'est là qu'intervient une autre intuition prémonitoire du populiste Mussolini.

On le sait, Mussolini vient du parti socialiste, celui de l'espoir. Aux gens ordinaires, le parti affirmait : « La vie de vos enfants sera finalement meilleure que la vôtre, et celle de vos petits-enfants meilleure que celle de vos enfants. » Le soleil de l'avenir symbolisait le socialisme mondial. Le soleil radieux du lendemain qui chante. Le socialisme garantissait aux masses humiliées et offensées un avenir d'espérance, un futur de rédemption et de justice. Mussolini connaissait parfaitement cette promesse. Or, il en avait été exclu, banni, expulsé. En conséquence, il récusait la politique de l'espoir. Elle lui était interdite. Or, aspirant au pouvoir par une autre voie, il réalise que la passion politique plus solide que l'espoir est la peur.

En 1919, des millions de femmes et d'hommes espèrent un avenir meilleur. Or, pendant les trois ou quatre dernières années de la Première Guerre mondiale, ces millions de femmes et d'hommes – surtout les hommes – vivent apeurés dans les tranchées. Tranchées où on ne voit presque jamais l'ennemi, où la mort des bombardements tombe subitement du ciel, où celle des gaz invisibles et impalpables suffoque puis brûle les poumons.

Les hommes ont mangé, fumé et ingurgité la peur. Cette peur les escorte dans la vie civile. Et de quoi ont-ils peur, une fois rentrés chez eux ? De l'espoir des autres. La petite bourgeoisie – qui avait durement gagné quelque chose dans les premières années du nouveau siècle – et la grande bourgeoisie – qui avait beaucoup à perdre – craignent l'espoir que véhiculent les socialistes, c'est-à-dire la révolution. Ils appréhendent cet avenir de rédemption des torts. En sa propagande d'après-guerre, Mussolini, exclu de l'espérance socialiste, mise tout sur l'inverse. Il souffle sur les braises de la peur en l'attisant. Il l'exagère : le socialisme est une barbarie et un fléau. Selon lui, le socialisme est la horde d'un « envahisseur » qui menace l'Italie.

Certains s'offusquent : « Mais quel envahisseur ? Ce sont des Italiens. Toi aussi, tu étais socialiste. Ils ont grandi à tes côtés. Vous jouiez ensemble dans la cour. Ils ont combattu dans les tranchées... » Il répond : « Ce ne sont pas des Italiens, parce que les socialistes italiens prennent la révolution russe comme modèle. Elle est leur idéal. » La « peste asiatique » les contamine, comme l'affirmaient les fascistes. Ils sont donc les envahisseurs étrangers du territoire national.

Plaçons ici un codicille au troisième principe du populisme, celui qui substitue la politique de la peur à la politique de l'espoir. Le populiste opère une sorte de précipité alchimique entre la peur et la haine. D'abord, il installe la peur. Il attise les peurs sociales. Il nourrit les passions tristes, le sentiment de déception. Il alimente le sentiment de trahison de ceux qui, après avoir combattu, se retrouvent oubliés en revenant au foyer dans leur patrie où, ce qui leur avait été promis, reste lettre morte, où ils deviennent chômeurs, dépassés par les prix qui grimpent au ciel, où il est difficile d'acheter de l'essence, même de chauffer son logis.

Le populiste insuffle la peur, puis ébauche un second mouvement combatif. Il affirme : « La menace est élevée, elle est imminente, elle est mortelle. Le péril, ce sont les socialistes. Ce sont des étrangers qui veulent envahir notre pays. Ce sont des étrangers, pourtant ils campent sur notre territoire. Il faut les craindre. » La petite voix maléfique ajoute : « Mais il ne faut pas se contenter d'avoir peur d'eux, il faut les haïr. La peur ne suffit pas, il faut la haine. »

L'évangile populiste nous fait ainsi passer du sentiment passif, réactif et dépressif de la peur au sentiment actif, expansif et euphorique de la haine. Avez-vous déjà essayé de haïr quelqu'un ?

Quand vous haïssez un autre, vous vous sentez vivant – autant que lorsque vous l'aimez, voire plus. C'est une triste vérité, mais si nous l'ignorons, nous ne comprenons rien aux fascistes de jadis, ni aux populistes d'aujourd'hui.

Passons au plan de match gagnant. Avec ce quatrième point du populisme, je suis à même de conclure. Nommons-le « simplification brutale de la complexité de la vie moderne ».

Mussolini sait que l'homme moderne se sent écrasé et opprimé par la formidable complexité de la vie moderne, comme l'avaient déjà compris philosophiquement les grands penseurs du XIXe siècle. Je ne veux pas être trop pesant, mais pensons à Hegel. Dans la *Phénoménologie de l'Esprit* (*Phänomenologie des Geistes,* 1807), il montre que l'individu moderne est pris – comme le moucheron captif de la toile d'araignée – dans la complexité de la vie moderne : plus il bouge, plus la toile l'enserre.

De façon plus simpliste, car il n'était pas philosophe, Mussolini saisit cela. Et il comprend autre chose : à la brutalité corporelle qui anéantit l'adversaire physiquement, s'ajoute la brutalisation de la vie politique qui anéantit la pensée et le raisonnement. Cette réduction de la complexité réconforte les masses. *De facto*, la propagande fasciste assène cette vérité : la réalité n'est pas aussi compliquée que le prétendent les vieux libéraux qui prêchent l'idée de la représentation parlementaire proportionnelle. La réalité n'a pas la complexité qu'affichent les socialistes avec leur doctrine obscure, entre marxisme, structure, superstructure, plus-value et accumulation. La réalité est beaucoup plus rudimentaire.

Tout se ramène à un seul ennemi, à un seul problème, celui de l'immigration... non, pardon, erreur! Je voulais dire que tout est réductible à l'unique problème qu'engendre l'invasion des étrangers socialistes. Je me permets de plaisanter car, aujourd'hui, vous l'aurez compris, dans la propagande néo populiste, les immigrés remplacent les envahisseurs au temps du fascisme… soit les socialistes.

Toute la vie politique, si on la relit en cette optique simpliste, oblige à haïr un ennemi. Tel est le renversement de perspective, le plan de match gagnant. La petite voix séduisante et exécrable murmure : «Vous n'avez pas à regarder par-dessus votre épaule, vous n'avez pas à scruter avec terreur le ciel au-dessus de vous, la forêt à côté de vous. La mort ne vient pas de tous côtés, comme dans les tranchées, invisible, inconnue, intangible. Il suffit de regarder devant soi. Il y a votre ennemi, le socialiste envahisseur, et ici, à vos côtés, il y a moi, le fasciste avec la matraque. Ainsi se résume la réalité.»

De façon cohérente, l'agressive polémique antiparlementaire – contre le Parlement, embarras inutile, lieu corrupteur de mensonge, frein à la prise de décision politique – cadre dès leur origine tous les mouvements populistes. Archétype des leaders populistes ultérieurs, Benito Mussolini qualifie déjà en 1919 le mouvement naissant des *Fasci di Combattimento* comme un « antiparti ». Un siècle après, ces mots résonnent dans la plupart des mouvements populistes, à gauche comme à droite. Le leader populiste affirme : « Je ne fais pas de politique, je fais de l'antipolitique. » Je fais de l'antipolitique !

Ce slogan contemporain est séculaire. Au temps du fascisme naissant, il dépeint le Parlement à Rome (palais Montecitorio) comme le lieu des « momies ». Des momies archaïques, embaumées, coupées du réel, corrompues, décrépites. En conséquence, il faut conquérir le pouvoir par une marche concrète et symbolique vers le Parlement démocratique, soit l'assaut contre le cœur de la démocratie – la soi-disant « Marche sur Rome » du 28 octobre 1922.

Revenons au principe fondamental. L'activisme fasciste place la dictature avant la démocratie. Une stratégie que Mussolini assume ouvertement, contrairement aux populistes d'aujourd'hui, bien qu'ils n'hésitent pas à éroder la confiance dans les institutions démocratiques, puis dans toutes les institutions. Quelle est la différence entre les populistes d'aujourd'hui et les populistes fascistes de Mussolini ? Les populistes contemporains n'exercent pas la violence physique de type squadriste. Ils agissent dans le respect des règles démocratiques. Ils gagnent les élections, même si parfois ils assaillent le Parlement lorsqu'ils les perdent, comme cela est arrivé récemment aux États-Unis et au Brésil. Or, cette différence est mince. Même en ne recourant pas à la violence physique, les mouvements populistes ne cessent de menacer tous les ingrédients et les valeurs démocratiques. Entre principes et activisme, ils dénigrent les institutions, notamment parlementaires. Dans le populisme, tout revient invariablement à la centralité du leader. Ce leader évoqué plus haut dans la figure de Mussolini. Ce leader dans lequel le peuple doit s'incarner. Ce leader qui ne précède pas mais qui suit. Ce chef qui pratique la politique de la peur pour la commuer ensuite en haine. Ce dirigeant qui met en œuvre une brutale simplification de la complexité du réel. Ce chef qui parle avec… son propre corps.

Ici réside l'ultime et grande invention de Mussolini. Rappelez-vous des années 1970. À cette époque, le militantisme prônait la « valeur politique du corps ». Près d'un demi-siècle auparavant, Mussolini plaçait le corps au centre de la scène politique. Des images l'ont célébré : le Duce, torse nu, bat le blé parmi les paysans de l'Agro Pontino : « Camarades machinistes, que le battage débute ! » Mais aussi, le Mussolini nageur ! Le Mussolini skieur. Le Mussolini qui gesticule, comme moi et beaucoup d'Italiens, mais d'une manière qui aujourd'hui semble outrée, voire burlesque.

Cette culture corporelle articule un des grands malentendus sur ce terrible dictateur qui, trop souvent, a été considéré comme un bouffon grotesque et caricatural. Image fautive ! Avec son corps, Mussolini exerce son génie politique. Il sait qu'à l'ère des masses, la communication politique ne sera plus un tête-à-tête de l'intelligence qui s'adresse à l'intelligence. Au contraire, elle sera une interaction, quasi charnelle, entre le corps du leader et le corps électoral. Tel est l'imaginaire corporel du fascisme.

Mussolini exhibe un corps masculin selon les canons du machisme fasciste. Ne nous leurrons pas. Ce corps n'a pas besoin d'être beau. Donald Trump, géant disgracieux, ne s'exprime qu'avec son corps. Un corps difforme, ingrat. Peu importe ! Ce n'est pas la beauté corporelle comme valeur esthétique qui placera le message physique, charnel — quasi animal — avant la communication intellectuelle, entre raisonnement, réflexion, analyse et critique.

Une telle communication est préréflexive, antéprédictive, pourrait-on dire, en philosophe. C'est l'antisublimation du chemin initié par : « Je suis le peuple et le peuple c'est moi. » Le peuple s'incarne en mon physique, mais aussi dans tout homme, dans toute femme. Il s'incarne dans mes tripes, dans ma taille, petite, moyenne ou haute. Lorsque la politique, la vie politique, la vie civile, la société suivent cette voie, lorsque tout s'incarne dans le corps de ce type de dirigeant, il est impossible de le toucher, de l'atteindre, de l'analyser. On ne peut que l'adorer, à l'instar des millions d'Italiens envers Mussolini. On ne peut finalement que le massacrer. Le massacrer puis le pendre avec « infamie », tête en bas, comme cela est arrivé à la fin de la parabole[5].

Traduit de l'italien et annoté par Michel Porret.

« Fascismo e populismo » : conférence prononcée par Antonio Scurati, Rencontres internationales de Genève (président Michel Porret), jeudi 29 septembre 2022. Ce texte est également publié cet automne dans *Ressentiment. Périls et espoirs démocratiques* (avec des contributions de Thierry Apothéloz, Ivan Krastev, Anne Nivat, Barbara Stiegler), Genève, Georg, 2023.

(5) Milan, 29 avril 1945 : avec celui de sa compagne Clara Petacci, le cadavre de Mussolini est suspendu publiquement à la balustrade d'une station essence en place Loreto, près de la gare centrale, à l'endroit même où quinze partisans ont été abattus et exposés en août 1944. Le Duce des fascistes a été sommairement fusillé la veille par des partisans dans le village lombard de Giulino di Mezzegra. En Italie du Nord, sous l'Ancien Régime, la pendaison tête en bas appartient à la culture patibulaire de l'infamie pénale.

La Constitution italienne, notre étoile polaire

Ce discours a été tenu le 13 octobre 2022 au Palais Madama devant le président Sergio Mattarella et les nouveaux sénateurs élus lors des élections du 25 septembre 2022, ainsi que les sénateurs à vie présents. Ce jour-là, en tant que doyenne des sénateurs et comme le veut la tradition, Liliana Segre[1], née le 10 septembre 1930 à Milan, sénatrice à vie depuis 2018 sur proposition du président Mattarella pour l'importance de ses engagements dans la société italienne, a pris la parole en ouverture de la première session de la XIXe législature du Sénat.

Collègues sénatrices, collègues sénateurs, j'adresse mon salut le plus chaleureux au président de la République, Sergio Mattarella et à cette assemblée. Et une pensée respectueuse au pape François.

Convaincue d'exprimer les sentiments de toute l'Assemblée, je souhaite adresser au président émérite Giorgio Napolitano[2], qui n'a pas pu présider cette séance, mes vœux les plus sincères et lui dire mon espoir de le revoir bientôt rétabli et de retour au Sénat. Le président Napolitano m'a chargée d'être sa porte-parole auprès de vous : « À toutes les sénatrices et à tous les sénateurs, récemment élus comme aux plus anciens, je souhaite un travail productif, au service exclusif de notre pays et de l'institution parlementaire auxquels j'ai consacré la majeure partie de ma vie. »

J'adresse bien sûr, moi aussi, un salut particulièrement chaleureux à toutes mes nouvelles et à tous mes nouveaux collègues, que j'imagine impressionnés à la pensée de la responsabilité qui les attend et par l'austère solennité de cette salle, comme je l'ai été moi-même lorsque j'y suis entrée pour la première fois, sur la pointe des pieds. Comme le veut la coutume, j'aimerais cependant formuler quelques brèves considérations personnelles.

Au cours de ces semaines, nous avons tous été écrasés par l'atmosphère glaçante qu'entraîne le retour de la guerre en Europe, proche de nous, avec son inévitable cortège de mort, de destruction, de cruauté, de terreur… une folie sans fin. Je fais miennes les paroles opportunes du président de la République Sergio Mattarella : « La paix est urgente et nécessaire. Le chemin pour la retrouver passe par un rétablissement de la vérité, du droit international, de la liberté du peuple ukrainien. »

Je suis particulièrement émue aujourd'hui par le rôle que le destin me réserve. En ce mois d'octobre, qui marque le centenaire de la Marche sur Rome qui inaugura la dictature fasciste, il m'incombe d'assumer temporairement la présidence de ce temple de la démocratie qu'est le Sénat de la République. Et la valeur symbolique de cette circonstance fortuite prend dans mon esprit une force accrue, car, à mon époque, l'école commençait précisément en octobre ; et il m'est impossible de ne pas ressentir une sorte de vertige, en me rappelant cette petite fille qui, un jour comme celui-ci, en 1938, inconsolable et perdue, a été contrainte par les lois racistes de laisser vide son banc d'école primaire. Par un curieux destin, cette même petite fille se retrouve aujourd'hui sur le banc le plus prestigieux du Sénat.

Le Sénat de la XIXe législature[3] est une institution profondément renouvelée, non seulement dans ses équilibres politiques et dans le renouvellement de ses membres, non seulement parce que, pour la première fois, les jeunes de 18 à 25 ans ont été autorisés à voter pour cette chambre, mais surtout parce que, pour la première fois, les élus ne sont plus que deux cents. L'appartenance à une assemblée aussi réduite accroît inévitablement en nous la conscience que le pays nous regarde, que nos responsabilités sont grandes, comme le sont aussi les possibilités que nous avons de donner l'exemple. Donner l'exemple ne signifie pas seulement faire son devoir, c'est-à-dire remplir notre fonction avec « discipline et honneur », mais s'engager pour servir les institutions et non pour se servir d'elles.

Nous pourrions même nous accorder le plaisir de laisser hors de cette assemblée la politique « hurlée », qui a tellement contribué à accroître la désaffection pour le vote, et lui préférer une politique « haute » et noble qui, sans rien enlever à la fermeté des différentes convictions, témoigne du respect pour ses adversaires, s'ouvre sincèrement à l'écoute, s'exprime avec courtoisie, voire avec douceur.

Les élections du 25 septembre 2022[4] ont vu, comme on pouvait s'y attendre, une intense compétition entre les différents partis qui ont présenté au pays des programmes alternatifs et des visions souvent contradictoires. Et le peuple s'est exprimé.

C'est l'essence de la démocratie.

La majorité issue des urnes a le droit et le devoir de gouverner, et les minorités ont l'obligation, tout aussi fondamentale, d'agir comme opposition. Tous doivent avoir en commun l'obligation de préserver les institutions de la République, qui sont notre bien à tous, qui ne sont la propriété de personne, qui doivent œuvrer dans l'intérêt du pays, qui doivent garantir toutes les parties.

Les grandes démocraties matures témoignent de ce statut si, par-delà les divisions partisanes et l'exercice des différents rôles, elles savent se retrouver unies dans un noyau essentiel de valeurs partagées, d'institutions respectées, d'emblèmes reconnus. En Italie, le premier ancrage autour duquel doit se manifester l'unité de notre peuple est la Constitution républicaine qui, selon la formule de Piero Calamandrei[5], n'est pas un chiffon de papier, mais le testament de 100 000 morts tombés dans la longue lutte pour la liberté ; une lutte qui n'a pas commencé en septembre 1943, mais qui trouve en Giacomo Matteotti[6] sa figure tutélaire.

Le peuple italien a toujours montré un grand attachement envers sa Constitution, il l'a toujours considérée comme une amie. Chaque fois qu'ils ont été sollicités, les citoyens ont toujours choisi de la défendre, parce qu'ils savent qu'elle les défend. Et même lorsque le Parlement n'a pas su répondre aux demandes d'intervention sur des réglementations non conformes aux principes constitutionnels – ce qui s'est, hélas, produit maintes fois –, notre Charte fondamentale a toujours permis à la Cour constitutionnelle et à la magistrature d'exercer un précieux travail d'application de la jurisprudence, en faisant chaque fois évoluer le droit.

Naturellement, la Constitution elle-même est perfectible et peut être amendée (comme elle le prévoit d'ailleurs dans l'article 138), mais permettez-moi d'observer que si l'énergie déployée depuis des décennies pour changer la Constitution — avec des résultats très modestes, parfois même négatifs — l'avait été pour l'actualiser, notre pays serait plus juste et aussi plus heureux.

Notre pensée se porte inévitablement sur l'article 3, dans lequel les pères et les mères constituants ne se sont pas contentés de bannir les discriminations basées sur « le sexe, la race, la langue, la religion, l'opinion politique, les conditions personnelles ou sociales » qui avaient été l'essence de l'*ancien régime*. Ils ont également voulu laisser à la République une charge perpétuelle : celle d' « éliminer les obstacles d'ordre économique et social qui, limitant de fait la liberté et l'égalité des citoyens, empêchent le plein développement de la personne humaine et la participation effective de tous les travailleurs à l'organisation politique, économique et sociale du pays ».

Ce n'est pas de la poésie, et ce n'est pas une utopie : la Constitution est l'étoile polaire qui devrait tous nous guider, même si nous avons des programmes différents pour la suivre : éliminons tous les obstacles !

Ensuite, les grandes nations sont réellement grandes lorsqu'elles se reconnaissent collectivement dans les fêtes civiles, quand elles se retrouvent unies lors des célébrations inscrites dans le grand livre de l'histoire de la patrie. Pourquoi ne devrait-il pas en aller de même pour le peuple italien ?

Pourquoi donc devrait-on vivre comme des dates clivantes, plutôt que dans un authentique esprit républicain, le 25 Avril, la fête de la Libération, le 1er Mai, la fête du Travail, le 2 Juin, la fête de la République ? En plus du partage assumé des fêtes nationales, de dates qui scellent un pacte entre les générations, entre souvenir et avenir, la valeur de l'exemple avec des gestes nouveaux et peut-être inattendus pourrait être majeure.

Il y a un autre terrain sur lequel il est souhaitable de dépasser les barrières et d'accepter une responsabilité commune, c'est celui de la lutte contre la diffusion du langage de la haine, contre une barbarie croissante du débat public, contre la violence des préjugés et des discriminations.

Permettez-moi de rappeler un précédent vertueux : pendant la dernière législature, les travaux de la « Commission extraordinaire pour la lutte contre les expressions d'intolérance, de racisme, d'antisémitisme et d'incitation à la haine et à la violence » se sont conclus par l'approbation à l'unanimité d'un document de référence[7]. Signe d'une conscience et d'une volonté transversale entre les partis politiques qu'il est essentiel de préserver.

Je conclurai en formulant deux vœux.

Je souhaite que la nouvelle législature connaisse un engagement unanime de tous les membres de cette assemblée pour accroître le prestige du Sénat, protéger efficacement ses prérogatives, réaffirmer par des actes et non par de simples mots le rôle central du Parlement.

Depuis longtemps, de toutes parts, des voix déplorent une dérive, un affaiblissement du rôle du pouvoir législatif par le recours abusif aux décrets d'urgence et au vote de défiance. Et les urgences qui ont caractérisé les dernières années n'ont pu qu'aggraver cette tendance.

Dans mon ingénuité de mère de famille, mais aussi en raison d'une ferme conviction, je crois qu'il faut interrompre la longue série d'erreurs du passé et qu'il suffirait pour cela que la majorité se rappelle les abus qu'elle dénonçait chez les autres gouvernements quand elle était minoritaire, et que les minorités se rappellent les excès qu'elles attribuaient aux oppositions lorsqu'elles-mêmes gouvernaient.

Une saine et loyale collaboration institutionnelle, sans rien enlever à la distinction physiologique des rôles, permettrait de remettre une grande partie de la production législative dans son cadre naturel, tout en garantissant les délais nécessaires pour les votes.

Je souhaite enfin que tout le Parlement, mû par une même intention, sache développer, en collaboration avec le gouvernement, un engagement extraordinaire et urgent pour répondre au cri de douleur qui monte de tant de familles et de tant d'entreprises qui se débattent face à l'inflation et à la flambée exceptionnelle du coût de l'énergie, qui voient un avenir sans espoir, qui craignent un développement incontrôlable des inégalités et des injustices au lieu de leur réduction. Ce faisant, nous aurons toujours à nos côtés l'Union européenne avec ses valeurs et la solidarité concrète dont elle a été capable pendant les dernières années de graves crises sanitaires et sociales.

Il n'y a pas un instant à perdre : des institutions démocratiques doit venir le signal clair que personne ne sera laissé seul, et ceci avant que la rage et la colère n'atteignent des niveaux incontrôlables et ne débordent.

Sénatrices, Sénateurs, chers collègues, bon travail !

Traduit de l'italien par Chantal Moiroud.

(1) À l'âge de 8 ans, Liliana Segre fut exclue de son école en raison de ses origines juives suite aux Leggi razziali décrétées par Benito Mussolini en septembre 1938. Le 8 septembre 1943, elle fut arrêtée et emprisonnée. Le 30 janvier, un train l'emmena à Auschwitz. À son arrivée, elle fut définitivement séparée de son père. Elle vécut au contact de milliers d'hommes, de femmes et d'enfants qui furent détruits dans des chambres à gaz. Témoin de cette horreur, elle a toujours affirmé que c'était « par hasard » qu'elle avait survécu. Elle est une des vingt-cinq enfants d'Ita-

lie à être revenue des camps d'extermination. C'est à près de 60 ans qu'elle trouva la force d'évoquer pour la première fois publiquement ses années de guerre. Dans son discours au Parlement européen à l'occasion de la Journée de la mémoire, lors des commémorations du 75e anniversaire de la libération d'Auschwitz, en juin 2020, Liliana Segre évoqua en particulier ce souvenir : « Après plusieurs heures est arrivée une fille. Elle avait peut-être deux ou trois ans de plus que moi, elle était nue elle aussi, et désespérée. Elle s'approcha du poêle et nous nous regardâmes avec une piété fraternelle, déjà amies, déjà sœurs, avec des yeux d'adultes. Nous essayâmes par tous les moyens de nous parler mais nous ne nous comprenions absolument pas (elle était peut-être tchécoslovaque ou ukrainienne) et je ne sais plus qui de nous deux a eu l'idée d'utiliser le latin de nos premières leçons d'école primaire, si lointaines alors. Et ce fut fantastique de pouvoir nous échanger de douces et brèves phrases : Patria mea pulchra est (« Ma patrie est belle »), Familia mea dulcis est (« Ma famille est douce »), Cor meum et anima mea tristes sunt (« Mon cœur et mon âme sont tristes »). Ce moment fut très important et même si je n'ai jamais su le nom de cette fille, avec elle j'ai vécu une très haute affinité spirituelle et le plus grand partage dans une condition humaine bestiale. » Depuis des décennies, Liliana Segre ne cesse de témoigner dans les écoles, dans les universités et dans les médias. En raison de menaces sur sa vie – elle a déclaré en recevoir quotidiennement plus de deux cents sur les réseaux sociaux – elle vit depuis le 7 novembre 2019 sous protection policière. Pour plus d'informations sur la vie de Liliana Segre, nous vous recommandons le texte de Daniela Padoan, *La Vertigine*, qui suit la publication de ce discours dans l'édition publiée par les éditions Einaudi, *La stella polare della Costituzione*.

(2) Giorgio Napolitano, né en 1925, fut président de la République italienne du 15 mai 2006 au 14 janvier 2015. Comme tous les anciens présidents de la République, il est aujourd'hui sénateur à vie. Son état de santé ne lui a pas permis, en tant que doyen, de présider cette séance.

(3) Entrée en vigueur le 1er janvier 1948, la Constitution a prévu un système bicaméral paritaire. Le Parlement italien se compose ainsi d'une Chambre haute, le Sénat, et d'une Chambre basse, la Chambre des députés. À noter que le président de la République est élu par le Parlement en session commune de ses membres. Suite à la révision constitutionnelle adoptée par référendum en septembre 2020, le nombre de sénateurs élus au suffrage universel direct est passé de 315 à 200.

(4) Compte tenu des résultats des dernières élections sénatoriales, Fratelli d'Italia de Giorgia Meloni a désormais 63 sénateurs, le Parti démocrate d'Elly Schlein (Enrico Letta avait mené la campagne) 38, La Ligue de Matteo Salvini 29, le Mouvement 5 étoiles de Giuseppe Conte 28, Forza Italia de Antonio Tajani (depuis la mort de Silvio Berlusconi) 18, Italia Viva de Matteo Renzi 5. Le Sénat a désormais pour président, deuxième personnage de l'État italien, Ignazio La Russa, l'un des plus proches de Giorgia Meloni. Après avoir milité dans des mouvements néofascistes et anticommunistes, il a participé à l'aventure politique du Mouvement social italien (MSI), de l'Alliance nationale (AN) et du Peuple des Libertés (PdL). En 2012, il est l'un des fondateurs du parti Fratelli d'Italia. Personnage sulfureux, il n'a jamais caché son admiration pour Mussolini dont il collectionne les bustes.

(5) Piero Calamandrei (1889-1956). Grande figure intellectuelle, avocat et écrivain, il fut un membre essentiel de la commission qui travailla à la rédaction de la nouvelle Constitution dans l'immédiat après-guerre. En 1955, en s'adressant à des étudiants milanais, Calamandrei avait affirmé que « dans cette Constitution, il y a toute notre histoire, tout notre passé, toutes nos douleurs, tous nos malheurs, nos gloires : ils ont tous abouti dans ces articles. Et qui sait entendre perçoit derrière ces articles des voix lointaines ».

(6) Aujourd'hui encore, près de cent ans après son assassinat, Giacomo Matteotti (1885-1924) demeure l'une des personnalités capitales parmi celles dont l'Italie progressiste est la plus fière. Député socialiste, il était un brillant et redoutable opposant à Mussolini. Il dénonça avec verve les conditions dans lesquelles les élections d'avril 1924 s'étaient déroulées. Le 10 juin 1924, onze jours après avoir proposé l'invalidation des résultats des élections dans un discours resté fameux, alors qu'il se rendait au Parlement, il est enlevé par des fascistes. Son corps poignardé et roué de coups est découvert deux mois plus tard.

(7) Liliana Segre a été réélue à l'unanimité à la tête de cette commission composée de vingt sénateurs le 8 mai 2023.

Courte croisière en mer Tyrrhénienne

Quand je me repose à la proue du bateau, j'entends la mer qui glisse le long de la coque. J'en connais le moindre râle, le moindre mugissement, les caresses et les gifles.

Une nuit j'ai écouté un chant de sirène. Dans mon demi-sommeil, je rêvais de femmes qui consolent. Les tourments de la solitude, peut-être. Mais en écoutant le bruit de la mer à l'avant du bateau, je peux prévoir l'arrivée des perturbations. Au rythme des vagues, à leur ton plus aigu, je comprends que le temps est en train de changer. La mer m'avertit. Avec des mots gentils, elle me conseille de prendre un ris dans la grand-voile, de donner quelques tours à l'enrouleur de foc. Ensuite, elle gronde. La mer et moi, nous avons une telle intimité que je peux me permettre de l'ignorer et j'écoute ses menaces depuis ma couchette à l'avant du bateau. Elle me secoue et me culbute sur tous les degrés de la rose des vents. Me tire par les cheveux, par les pieds, essaie de me faire trébucher. À la fin, elle change d'avis et apaise jusqu'au moindre de ses bouillonnements.

La mer et moi, nous nous regardons dans les yeux. Et nous attendons.

Si j'ai du monde à bord, avant que ça chahute, je me montre dans le cockpit. Je fais semblant d'observer le ciel, je regarde l'horizon et j'annonce ma prévision : le mauvais temps arrive. Le désarroi des gens, ceux qui ont embarqué, ceux qui ont payé, m'amuse. Ils cherchent sur mon visage une information, quelque chose qui les rassure. Je suis leur intermédiaire entre la peur et les profondeurs marines. Même le fait de flotter est un mystère pour eux. Moi je les laisse se noyer dans l'incertitude.

Avec la tramontane ou le libeccio, le mauvais temps se montre utile pour clarifier les choses sur le bateau. Faire voir qui commande, qui obéit. Mettre de l'ordre. Allez, on enlève les chiffons qui sèchent sur les filières, les soutiens-gorge étalés sur la bôme, les petites culottes en dentelle lavées à l'eau douce et accrochées aux haubans comme des pavillons qui vous claquent sur la figure à chaque virée de bord. Les femmes, sur le bateau, voudraient me provoquer. Elles ne savent pas que j'écoute les sirènes.

Ils m'ont promis de me payer comptant en débarquant : une semaine en voilier pour pêcher à la traîne entre les hauts-fonds des îles. Ils ont embarqué leur arsenal de leurres, de petits poissons articulés avec au bout le piège de l'hameçon en titane. Des kilomètres de fil en nylon, des cannes à pêche courtes et robustes. La stupidité de l'optimisme. Ils n'ont pas compris que la mer est morte. Voilà des années qu'aucun poisson étonné n'a posé son regard sur la surface spéculaire du ciel. La Méditerranée a perdu sa tiédeur de liquide amniotique, elle dégage maintenant la puanteur de formol des morgues. Et eux ils rêvent de pêcher, avec une longue ligne de traîne. À la voile, pour que le bruit du moteur n'effraie pas la proie.

À l'aube, nous avons laissé sur notre droite une énorme tache qui ressemblait à de l'huile. Mais elle était rouge, de sang. Tellement solide, visqueuse, qu'elle a laissé des traces sur la coque. Mystères cachés dans le ventre des pétroliers. J'ai dû me mettre à l'eau pour nettoyer avec une éponge.

Mes hôtes commencent à comprendre. Ils manifestent moins d'enthousiasme quand ils laissent filer leur ligne à la poupe. Je les ai entendus s'avouer leur déception, résignés. Avec l'arrière-pensée déplaisante de m'annoncer un retour au port plus tôt que prévu, à cause de ce calvaire sans poissons. Et de payer moins cher.

Je les ai devancés en les amadouant avec un cocktail Martini au soleil couchant. J'ai gaspillé ce qui me restait de glace, mais ça a servi. Ils ont mordu à mon histoire comme quoi cette tache sur l'eau n'était pas due à la chimie humaine, mais à l'énorme hémorragie d'une baleine qui avait perdu son cap. Probablement éventrée par l'hélice d'un bateau, par la férocité des navigations qui laissent derrière elles le sillage d'indifférence propre à notre espèce. Au fur et à mesure que je racontais, je me rendais compte que le mensonge était peu crédible, l'hameçon de mon leurre trop visible. Et pour conclure, voilà pourquoi les poissons n'ont pas mordu jusqu'à aujourd'hui, ils fuyaient l'ombre encombrante du cétacée. Maintenant, ce sera plus facile.

Ça a marché. Leur optimisme est revenu, c'est bon pour l'ambiance de la croisière et pour le respect du contrat. L'un d'eux, sous le coup de l'enthousiasme, a sorti un vieil appât que, en raison de sa précision et de son efficacité, il a affectueusement surnommé « Scarpuzzedda », autrement dit « les petits souliers ». C'est le surnom d'un tueur de la mafia réputé pour sa férocité et la perfection de son tir. Satisfaits, ils ont mis au point leur équipement, calibré les cannes à pêche et les moulinets et sont allés dormir. Bercés par la promesse du butin et par la qualité de mon cocktail. Je suis resté à la barre, poursuivant, à la proue, le trajet inexistant des sirènes.

L'espace d'un instant, l'ombre d'un bateau a glissé sur un côté de ma coque. Sans éclairage, noire sur le noir de la nuit, sans un bruit. J'ai senti une puanteur de sueur et d'excréments, et la chaleur de respirations humaines, comme un souffle tiède de vent. Ce bateau s'est éloigné, et puis le sirocco est arrivé. Léger, favorable pour tenir le cap. La mer a promis qu'il ne soufflerait pas plus fort. Voilà le moulinet qui tourne. Il vibre dans l'effort et laisse filer du nylon sur la mer. La canne ploie, elle acquiesce de la tête. Il y a une proie à l'autre bout, au fond de l'obscurité de cette nuit. Ils ont entendu, les voilà déjà dans le cockpit. L'excitation a effacé les traces du sommeil. Ils essaient de récupérer le poisson, mais il est gros. La ligne se déplace à droite, puis à gauche, on dirait qu'elle s'enfonce, qu'elle remonte à la surface. Ils n'arrivent pas à le rapprocher du bateau. Juste de quelques centimètres, au prix de gros efforts. Ce doit être un espadon, ou un thon blanc, peut-être un requin attiré par le sang de la baleine. Un thon plutôt, en dehors de la saison et de grosse taille, un animal rétif à la madrague, pas enclin à se laisser convaincre de mourir. Ils se la racontent déjà, cette proie, avec toutes les nuances du rêve des pêcheurs. Ils croient la voir dans le noir et se montrent du doigt des vagues à la surface, comme des dos de léviathan. Ils prennent la canne à tour de rôle. Le moulinet cesse de crisser. La proie est vaincue. Mais il n'est pas facile de la récupérer. C'est presque l'aube. Ils serrent les dents et s'acharnent sur le moulinet. Il est plus léger maintenant, la mer cède et consent à abandonner la proie. Voilà, il y a quelque chose qui se retourne à quelques mètres de la poupe, tournoie, s'aligne. C'est une sirène noire, aux cheveux longs et dénoués comme des méduses dans l'abandon d'un naufrage. Elle a encore quelques lambeaux d'étoffe qui s'ouvrent à la mer comme des langues d'algues, l'hameçon méchamment planté dans les nœuds du chemisier, la bouche ouverte sur les derniers mots prononcés dans une langue étrangère, le bout des doigts blanchi par les morsures des poissons. Les pêcheurs n'ont pas compris. Ils retiennent un mouvement de joie pour cette proie capturée. Ils sont là, assis à l'arrière, ils regardent ses acrobaties dans le courant. J'ai pris les ciseaux, je coupe la ligne. La femme se retourne encore dans le sillage du bateau tandis que je m'éloigne et la perds. À la proue, le vent a tourné au mistral, la mer a recommencé à me parler.

Traduit de l'italien par Lise Chapuis.

Publié dans le recueil *Bambini e altri animali*, Sellerio, 2016.

L'Italie, l'Europe et la Méditerranée

La place triangulaire de Santo Stefano, ou la « piazza delle Sette Chiese », la place aux sept églises, au centre de Bologne avec son enchantement irrésistible. Sur un côté, la façade de la basilique, cet enchaînement unique de sept églises qu'on parcourt toujours ébahi devant tant d'étrange beauté, les deux autres côtés flanqués d'élégants portiques. Et lorsque la lumière dorée de fin d'après-midi caresse les visages, les pierres et les songes, les terrasses où accourent jeunes et moins jeunes, Bolonais et flâneurs venus de loin, sont des aimants qu'on ne peut quitter. Cette place se trouve à proximité du domicile de Romano Prodi. Pour de multiples raisons intimes, cet endroit a une valeur centrale, et plus que jamais depuis juin dernier, dans l'imaginaire de celui qui est aujourd'hui la personnalité la plus respectée et la plus écoutée de la ville, mais aussi bien, avec le président de la République Sergio Mattarella et Mario Draghi, l'incarnation d'une Italie ambitieuse et ouverte à l'Europe et au monde. Siège de l'une des toutes premières villes universitaires qui n'a cessé d'accueillir au cours des siècles ce que la pensée européenne a eu de plus passionnant et innovant, Bologne suscite un attachement viscéral chez celui qu'on surnomme « Il Professore ».

À l'âge de 84 ans, l'économiste, l'ancien président de la Commission européenne (1999-2004) et l'ancien président du Conseil italien (1996-1998, puis 2006-2008) n'est pas dans la nostalgie. Si, avec plaisir, humour parfois et bienveillance toujours, il apprécie de rappeler, en les parsemant d'anecdotes, certaines rencontres qui l'ont marqué au cours de décennies passées au sein des plus hautes instances économiques et politiques internationales, Romano Prodi est ancré dans le présent, réfléchit à demain et porte sur l'Italie et le monde un regard toujours aussi vif et pointu. Et l'Europe reste sa grande passion. Son avenir le préoccupe, la servir d'une façon ou d'une autre est sa mission. Sa connaissance des pays du sud de la Méditerranée, de l'Afrique et du Moyen-Orient l'amène à une conclusion sans appel : l'Italie et l'Europe ne peuvent plus tourner le dos au Sud. L'espace culturel et géopolitique méditerranéen est crucial pour notre avenir. La vision qu'il porte pour en faire une région d'échanges, de développements intellectuels et économiques, de paix est à la fois simple et révolutionnaire.

Christian Longchamp : Il y a quelques jours, vous avez fait une apparition très remarquée à la

Cesena Fiera, dans le cadre de journées d'études du Parti démocrate intitulées « Energia Popolare » et organisées à l'instigation de Stefano Bonaccini, gouverneur de la région Émilie-Romagne, candidat favori mais battu par Elly Schlein lors de l'élection du nouveau secrétaire du parti il y a quelques mois.

Cette belle ville reste marquée encore par les inondations terribles qui ont touché l'Émilie-Romagne au mois de mai dernier. Cesena, ville au centre de laquelle se trouve un des plus remarquables témoignages de l'humanisme de la Renaissance : la Biblioteca Malatestiana, première bibliothèque civique en Europe, ouverte au milieu du XVe siècle, un haut lieu de l'étude, de la pensée, de la confrontation avec des domaines du savoir religieux aussi bien que profane, une basilique de l'intelligence et de la recherche. Un des lieux à partir desquels un monde nouveau est apparu. Ce n'est pas sans raison que je rappelle cet endroit au moment où nous débutons cette conversation, car c'est précisément pour parler d'un projet extraordinaire, que vous portez depuis des années, que je suis face à vous aujourd'hui : la création d'une « Università del Mediterraneo » dont l'ambition est de modifier en profondeur les relations entre étudiants et intellectuels du sud et du nord de la Méditerranée, et plus largement de favoriser l'émergence de relations, d'échanges, de projets intellectuels communs entre des rives que tout éloigne aujourd'hui. Une nouvelle figure d'humaniste pourrait apparaître sous condition, à nouveau, que l'étude, la pensée et la curiosité pour la différence en soient au principe.

Mais je souhaiterais que nous revenions tout d'abord sur votre intervention de Cesena, la première depuis fort longtemps dans le cadre d'un événement du Parti démocrate, et dont la presse italienne a souligné la hauteur de vue. Pourriez-vous nous donner les principaux points que vous avez évoqués à cette occasion ?

Romano Prodi : Je voudrais commencer par évoquer un événement de ces derniers jours qui confirme selon moi ce que j'ai pu dire à Cesena au sujet de la politique internationale, je veux parler du coup d'État à Niamey et la chute du Niger dans le groupe des pays hostiles à la France. C'est extrêmement préoccupant pour le pays, ça l'est tout autant pour nous. Cela confirme à la fois l'influence considérable de la Chine et de la Russie sur le continent africain. Instrumentalisée ou non, la foule brandissait aussi bien des slogans anti français que des drapeaux russes.

Je connais bien l'Afrique. Aujourd'hui la relation de la France avec de nombreux pays de la région est très difficile. Au point que ça en est impressionnant. En peu d'années, quelque 5 000 mercenaires du groupe paramilitaire Wagner, avec l'aval du Kremlin – il n'y a aucun doute là-dessus –, ont conquis la moitié de la Libye, le Mali, dont la surface est deux fois plus grande que celle de l'Italie, le Burkina Faso et la République centrafricaine, même si des forces françaises y sont toujours. Aujourd'hui le Niger. Et il y a une grosse préoccupation pour le Soudan. Comme délégué de l'ONU, j'ai pu noter qu'au Mali, bien après l'indépendance, tout était français, tout, des toilettes à l'université. Aujourd'hui, la France, qui a un pouvoir économique dans le pays, est toujours vue comme un État colonisateur.

La situation est explosive. Et qu'avons-nous vu à Saint-Pétersbourg lors du deuxième sommet Afrique-Russie il y a quelques jours ? Même si les quarante pays présents lors du sommet précédent ne s'étaient pas tous déplacés, Vladimir Poutine a signé des accords de coopération militaire avec de nombreux pays africains.

La France risque de perdre le Sahel. Il n'y a qu'une réponse à apporter à cette situation et elle ne peut être qu'européenne. L'Europe doit s'y engager. Elle n'a pas le passé colonial de la France. Psychologiquement, aujourd'hui, cela change considérablement.

C.L. : Une réponse européenne, comme il ne peut y avoir qu'une réponse européenne aux défis que posent aujourd'hui les États-Unis et la Chine ?

R.P. : Absolument, c'est essentiel. Dans le contexte international très préoccupant que nous observons, les États-Unis sont confrontés à un « ennemi » géopolitique qui a une politique étrangère fondamentalement différente de la sienne. La Chine suscite de l'angoisse dans les démocraties occidentales et cela vient en partie de sa politique étrangère déterminée. Comme il manque à la plus grande puissance industrielle au monde la matière première dont elle a besoin, la Chine va où elle trouve ses intérêts, elle va où d'une certaine manière elle doit aller. Depuis quatre décennies, la Chine change la face du monde en raison de nécessités qui découlent de sa nature. Lors de mes premiers échanges bilatéraux, je voyais les Chinois, tout communistes qu'ils étaient, curieux, intéressés par l'Europe, par l'aventure de l'euro. Je voyais même une forme d'admiration pour la démocratie. Aujourd'hui plus du tout. Tout a changé. La Chine est un défi d'un point de vue économique et stratégique. Durant la décennie qui a précédé le Covid-19, la Chine a eu une croissance économique de l'équivalent d'une Russie par année ! Et la Chine, pour revenir un instant à l'Afrique, est désormais dans plus de cinquante pays du continent.

Les États-Unis, quant à eux, demeurent de loin la première puissance au monde. Ils exportent des biens, de l'énergie et… la démocratie. Leur indépendance économique et surtout la démocratie ont comme conséquence de modifier souvent de façon spectaculaire la politique extérieure de Washington. Nous faisons la guerre en

Irak, puis on rapatrie les corps des soldats morts, alors on change de politique. Même scénario en Afghanistan. L'opinion publique change, la politique change. Opposition complète avec la politique étrangère chinoise. Pour les alliés des Américains, ces changements peuvent être angoissants et déstabilisants. Prenez les Bush, amis-ennemis, ils étaient toutefois des fils de l'Europe ; Clinton qui est devenu avec le temps un europhile convaincu ; Obama pour lequel il n' y a pas de différence entre Copenhague et Singapour ; Trump qui est structurellement, intellectuellement, économiquement et politiquement un ennemi de l'Europe ; Biden qui, avec la guerre et l'aide de l'OTAN, a ravivé une idée politique de l'Europe mais qui, au niveau économique, poursuit à l'égard de ses alliés la même agressivité de Trump lorsqu'il s'agit de défendre les intérêts des entreprises américaines.
Nous ne pouvons pas être les vassaux des États-Unis. C'est-à-dire des alliés qui ne comptent pas. Il y a une autre voie possible : des alliés fidèles mais capables d'élaborer leur propre politique unitaire et de définir leurs propres intérêts.

Aujourd'hui, la force diplomatique de l'UE ne correspond pas à sa force économique. Plusieurs éléments l'expliquent. À Bruxelles, l'affaiblissement du pouvoir de la Commission européenne au profit du Conseil européen, au cours des années 2000, c'est-à-dire au profit d'une nationalisation de l'Europe, en a été une des causes majeures. Et il est souvent sous-évalué. Cela correspond à un affaiblissement grave. Avec pour conséquences la difficulté, voire l'impossibilité d'adopter de grandes décisions stratégiques en raison d'impératifs nationaux. C'est l'âme du projet européen qui a changé.

C.L. : Une Europe par ailleurs qui connaît une guerre majeure pour la première fois depuis 1945 ?

R.P. : Aujourd'hui la guerre a changé l'Europe. En Allemagne, après soixante-dix ans d'opposition à l'armement du pays, en un jour, tous les partis se sont accordés sur un budget militaire qui est deux fois supérieur au budget militaire français. La Pologne cherche à apparaître comme le « fils aîné » des États-Unis, ce qui peut constituer un problème majeur pour l'indépendance de la politique européenne.
Que faut-il faire alors ? me demandent des amis français. Je leur réponds ceci : la France possède les clés de l'avenir de l'Europe. La France peut en un jour transformer l'Europe en une puissance : en offrant à l'UE son poste au Conseil de sécurité, et donc son droit de veto, et en mettant son arme nucléaire au service de l'Europe. C'est irréaliste, j'en suis conscient, et pourtant je le pense. Cela changerait tout. Aujourd'hui, ce n'est pas possible, ou disons que c'est très, très difficile.

Par ailleurs, comment ne pas être accablé par le fait qu'aucune proposition diplomatique commune de l'Europe ne soit apparue depuis bientôt dix-huit mois pour un règlement pacifique de cette guerre terrible imposée par la Russie. La Turquie a été une force médiatrice, même le Vatican. L'Europe, non. Ce n'est pas l'Europe que nous voulons.

C.L. : L'Europe que vous souhaitez doit être animée de projets visionnaires. Parlons donc dans le détail de celui que vous portez depuis longtemps et que vous avez présenté récemment à la présidente de la Commission, Ursula von der Leyen : votre projet d'Université méditerranéenne. J'aimerais que vous nous en présentiez tout d'abord les grands principes.

R.P. : Commençons par ceci : si nous ne développons pas de projets ambitieux en collaboration avec la rive sud de la Méditerranée, l'Europe est finie. Simplement finie. J'en suis convaincu. Ce projet a pour objectif la création de centres universitaires mixtes, paritaires, parmi les universités de la côte européenne et les universités de l'espace moyen-oriental et arabe de la Méditerranée. Attention, l'idée n'est pas de créer une université française ou italienne à Beyrouth ! Non, l'idée est de s'appuyer sur des structures existantes pour se projeter dans l'avenir.

En 2002, lorsque j'étais président de la Commission européenne, en raison de l'opposition de la Grande-Bretagne et de pays du nord de l'Europe qui considéraient que cette initiative n'engendrerait qu'un gouffre financier, ce projet n'a pas même été discuté. Aujourd'hui le cadre a progressivement évolué et la situation géopolitique a changé radicalement.

La frustration européenne de ne pas être un protagoniste de la paix dans le monde méditerranéen s'accompagne de la conscience que le processus de dégradation produit des tragédies toujours plus grandes, avec des conflits armés et des migrations considérables, une illégalité endémique, une expansion du terrorisme. À cela s'ajoute la conviction partagée par beaucoup de l'importance du bassin méditerranéen pour une construction réussie, équilibrée de l'UE.

Dans ce projet devraient s'engager de nombreux et différents instituts universitaires. Et ce projet pourrait intéresser plusieurs dizaines de milliers d'étudiants par année.
Les pays qui devraient s'engager sont la France, l'Espagne, la Grèce, le Portugal et l'Italie, mais aussi Malte, Chypre et d'autres pays de l'Adriatique, la Croatie et l'Albanie qui seraient, j'en suis convaincu, ouverts à cette idée.

C.L. : Pouvez-vous préciser de quelle façon cette « Università del Mediterraneo » serait structurellement organisée ?

R.P. : Elle serait composée de plusieurs centres universitaires. Chacun de ces centres serait un consortium formé par deux universités, une sur la rive sud et l'autre sur la rive nord de la Méditerranée. Chaque centre universitaire serait donc composé de deux campus, un au sud et un au nord de notre mer commune.

L'idée n'est donc pas de déplacer les universités italiennes ou françaises en Tunisie ou en Libye. Le projet est plutôt d'inventer des structures académiques avec un seul siège divisé entre le Sud et le Nord. Avec un même nombre d'enseignants, un même nombre d'étudiants dans les deux campus de chaque centre universitaire, et l'obligation pour les étudiants de fréquenter durant le même nombre d'années les deux campus.

J'insiste sur ce point, une parité absolue serait donc nécessaire par centre universitaire : deux campus, même nombre d'enseignants dans le Sud et dans le Nord, même nombre d'étudiants, même nombre d'années passées dans chaque campus. Pour être plus concret, imaginons des centres universitaires qui associeraient Tobrouk et Lecce, Casablanca et Naples, Alger et Séville, Le Caire et Marseille, Marrakech et Athènes, Tanger et Dubrovnik, etc.

C.L. : Dans un projet d'études supérieures qui associe des étudiants de cultures, religions, pratiques politiques différentes, des obstacles pourraient rapidement apparaître insurmontables pour certaines disciplines universitaires…

R.P. : Ce projet n'est viable dans un premier temps qu'à la condition de se concentrer sur les disciplines scientifiques et appliquées, sur la médecine, l'agriculture, la physique, les mathématiques, la chimie, etc., et éventuellement sur l'économie, mais attention, c'est une discipline qui pourrait être perçue par certains comme trop « politique ». Il nous faut exclure toute possibilité de controverse. Mettons le projet en place et dans une deuxième phase, si toutes les conditions sont réunies, la confiance avant tout, alors nous pourrons imaginer ouvrir cette Université méditerranéenne aux sciences humaines. Mais il ne faut pas se presser sur ce point. L'essentiel est la confiance partagée et l'exclusion de ce qui pourrait être ressenti comme étant de l'idéologie. Personne ne veut convertir qui que soit ! Nous devons créer les conditions qui nous permettent de vivre ensemble avec nos différences. En conservant nos différences.

C.L. : Difficile de ne pas voir la double nature de ce projet. Il est à la fois intellectuel et géopolitique…

R.P. : Il est clair que les éléments de déstabilisation sont nombreux en Afrique. Nous avons évoqué certains pays du Sahel. La Chine et la Russie sont désormais très présentes sur le continent, mais n'oublions pas la Turquie qui rêve de retrouver une aire d'influence. Ces trois puissances se nourrissent de nos divisions. Elles profitent des politiques contradictoires des pays européens dans le sud de la Méditerranée pour développer leurs intérêts. Dans ce contexte, souder les pays méditerranéens dans un projet qui soit à l'avantage de tous, et notamment des pays européens, est primordial.

Compte tenu des avantages majeurs dont nous pourrions tirer dans la durée de tels rapprochements académiques, de telles relations de confiance, le financement de cette Université ne doit pas être un obstacle. La Commission européenne pourrait prendre en charge, par exemple, deux tiers du budget. Le tiers restant serait à charge de chaque centre universitaire, pour deux tiers par les universités européennes et pour un tiers par les universités du Sud. Tout serait supervisé par un fonds géré par la Commission et sous la supervision d'un Conseil des recteurs. Chaque centre universitaire pourrait recevoir par ailleurs un financement public ou privé spécifique.

Une question majeure reste celle de la langue de l'enseignement. Une langue spécifique par centre universitaire pourrait être une solution. Bon, maintenant soyons lucides, les problèmes sont nombreux. J'ai eu des retours très positifs des ambassadeurs algérien, tunisien et de beaucoup de représentants de nombreux pays. Et pour donner vie à une telle initiative internationale, il faut de la diplomatie. La diplomatie est l'art de parler avec celui dont nous n'approuvons pas les actions et dont nous ne partageons pas les idées. Parler avec saint François, tout le monde peut le faire. Avec le loup, c'est une autre affaire…

C.L. : Quel est pour vous le nombre de centres universitaires qui permettrait un développement ambitieux de cette université ?

R.P. : L'idéal serait de créer une vingtaine-trentaine de centres universitaires sur une période de dix-douze ans. Imaginez plus d'une quarantaine de campus autour de la Méditerranée engagés dans une telle aventure ! Cela signifie quatre ou cinq universités italiennes, quatre ou cinq universités françaises, quatre ou cinq en Espagne. La présence de ces trois pays est la condition du succès de cette initiative. Combien d'étudiants pourraient bénéficier de cette opportunité de se grandir intellectuellement et personnellement dans des contextes culturels et linguistiques différents ? 500 000 sur quinze ans ? Imaginez un instant ce que cela peut apporter à notre avenir.

C.L. : Avez-vous le soutien de l'actuelle présidente de la Commission européenne ?

R.P. : Oui, mais de manière informelle à ce stade. Le maire de Florence porte également ce projet. J'ai choisi Florence parce que c'est une ville connue dans le monde entier pour son engagement pour la paix et elle n'est pas en compétition pour accueillir un de ces sièges universitaires. J'ai choisi Florence pour m'aider dans cette lente diplomatie. J'en ai parlé au ministre italien des Affaires étrangères, au ministre de l'Éducation de l'université italienne qui était assis à votre place il y a quelques jours. Il est de Bologne, lui aussi, ce qui peut aider d'une certaine manière. Les réactions sont toujours positives jusqu'à présent. Mais est-ce que cela sera suffisant ?

Il est certain que la possibilité de faire connaître l'existence de ce projet dans les milieux intellectuels parisiens par l'intermédiaire de cet entretien est extrêmement important. Cet article dans *La Règle du jeu* peut être d'une aide colossale. Cela « déprovincialise » cette initiative.
Créons ensemble un nouvel esprit méditerranéen fondé sur les jeunes. Au plus vite. En évitant la moindre touche de néocolonialisme. C'est une initiative européenne, oui, mais qui devra se développer dans une totale parité.

C.L. : Des côtes libyennes ou tunisiennes arrivent aujourd'hui des migrants désespérés en quête d'un avenir en Europe. Parmi ceux-ci sans doute quelques étudiants, voire des femmes et des hommes qui ont suivi des formations universitaires complètes. Cette Université de la Méditerranée offre des opportunités d'études et plus largement de développements individuels qui tranchent avec ce que nous observons aujourd'hui. Pour s'en tenir à la situation actuelle, avez-vous le sentiment que parmi ceux qui arrivent sur les côtes italiennes, certains ont un attrait particulier pour l'Italie ou est-ce que c'est avant tout l'Europe qui leur fait prendre des risques mortels ?

R.P. : Je vous le dis honnêtement : l'Italie en tant qu'Italie intéresse dans une moindre mesure. Ce qu'ils veulent c'est l'Europe. Certains restent sur notre territoire et y font leur vie. Difficilement. Mais beaucoup pourrait être fait pour mieux les accueillir et les intégrer. Et j'ajoute ceci : nous ne pouvons pas être un pays où un étudiant étranger qui réussit ses examens finaux, le jour de la remise des diplômes, perd le droit de rester sur le territoire. Il doit s'enfuir. Pendant au moins quatre ans, il a pu étudier et vivre en Italie. Mais il doit partir parce qu'il n'a plus de droits. C'est la folie de la politique. Une folie qui a un grand succès politique. La seule catégorie intéressante d'étrangers pour les Italiens, ce sont les soignants. Avant tout ceux qui s'occupent des personnes âgées. Comme il y a un besoin dans chaque famille, ils bénéficient d'un statut symbolique différent. Les autres étrangers vivent sur notre territoire sous une pression continue.

C.L. : C'est avec l'Italie que je souhaiterais que nous terminions cet entretien. Des gouvernements de coalitions hétéroclites ont gouverné le pays durant des années, des gouvernements auxquels le Parti démocrate a participé. Aujourd'hui,

Giorgia Meloni dirige un gouvernement où se retrouvent les trois forces de droite à l'exclusion de toute autre. Ces coalitions répétées ont-elles fragilisé la démocratie au point de favoriser l'arrivée au pouvoir d'un parti populiste d'extrême droite, désormais le premier parti en Italie ?

R.P. : Les gouvernements de coalitions et les faiblesses des partis traditionnels ont imposé une gestion au quotidien des pays aux dépens d'une politique globale. Dans ces conditions, l'aujourd'hui domine toujours sur le demain. Nous sommes désormais confrontés à de grands défis. Il nous faut profiter de notre situation actuelle pour développer une réflexion générale sur le monde en mutation. Elle nous permettra enfin de définir un projet politique.
Je n'ai rien contre les politiques de compromis. Les compromis sont nécessaires en politique. Mais en politique, lorsque nous n'avons que des compromis, nous perdons l'âme du pays. Nous sommes confrontés aujourd'hui à des problèmes qui sont nés de solutions consécutives de ces petits compromis.
Nous devons inventer une idée partagée de l'Italie et de son futur.

Pour ce qui est du populisme, oui, il n'est pas arrivé par hasard. Nous avons déploré à maintes reprises son émergence. Mais attention, le populisme ne vient pas de nulle part. Le populisme est le refuge du peuple qui ne trouve pas « casa », qui n'a plus de maison. Il est certain que jusqu'à présent il ne l'a pas trouvée dans le PD. Ce parti a perdu en quinze ans la moitié de ses électeurs. Aujourd'hui, nous devons réfléchir au moyen de reconstruire un rapport avec le pays, reconstruire une « casa » pour accueillir les Italiens. Pour cela, il faut un projet sur le long terme.

Le PD doit parler avec tous les Italiens. Il doit affronter les raisons du déclin de notre pays et indiquer le chemin vers la renaissance.
Nous ne pouvons continuer à être un parti résigné dans un pays résigné. Nous devons nous connecter avec toutes les associations engagées dans la vie civile, les « think tanks » qui travaillent à l'élaboration de projets alternatifs. Il faut impérativement privilégier une fertilisation du parti par tous ceux qui devaient lui être proches mais qui s'en détournent. Sans cette richesse, le parti est mort. C'est ce que j'ai nommé à Cesena un « réformisme révolutionnaire » ou un « radicalisme doux ». Une synergie entre réformisme et radicalisme. Le PD a une possibilité historique de devenir le cœur de la transformation future du pays. Mais il lui faut une force et un esprit unitaires qui lui ont trop souvent fait défaut. Le temps est venu de concevoir « un'idea del paese », une conception de l'Italie.

C.L. : Cela fait plus de dix mois que Giorgia Meloni est présidente du Conseil. À ce titre, elle s'affiche avec un large sourire à Bruxelles, au

G7, à Washington récemment. Qu'y a-t-il derrière ce sourire de façade ? Êtes-vous toujours aussi inquiet ?

R.P. : L'Italie a un don pour inventer les grands changements politiques avant les autres – Mussolini a été le professeur d'Hitler, Berlusconi a été celui de Trump, le Mouvement 5 étoiles a été le maître du populisme européen. L'Italie est un étrange pays, fragile, marginalisé parfois, mais avec une sensibilité politique extraordinairement forte. Désormais Meloni dirige le pays. Évidemment, j'étais inquiet et je suis encore très inquiet. Mon analyse a toujours été celle-ci : la nouvelle Première ministre ne peut pas se permettre de trop danser en dehors de la scène. Elle a donc nommé un ministre des Affaires étrangères atlantiste, un ministre de l'Économie, qui est un européen convaincu. Voilà pour le macro. La politique étrangère et l'économie. Pour le reste ? Comme on dit familièrement, le gouvernement va faire « carne di porco ». Tout va y passer. Rien ne sera laissé à l'écart. Tout va changer de manière spectaculaire : à la tête des grandes administrations, à la RAI, dans la santé, dans la culture, etc. Cela va transformer en profondeur le pays. Il y a des raisons d'être inquiet, oui.

Traduit de l'italien par Chantal Moiroud.

NATHALIE **TOCCI** et LEO **GORETTI**

Une Italie anti-européenne se fait elle-même du tort

L'histoire de l'Italie et celle du processus d'intégration européenne dans le second après-guerre sont liées de façon indissociable. Le gouvernement italien a participé dès le début au processus de construction d'une communauté supranationale – de la constitution de la Communauté européenne du charbon et de l'acier en 1951 à la signature des traités constitutifs de la Communauté économique européenne et de la Communauté européenne de l'énergie atomique en 1957.

Signature intervenue – et ce n'est pas un hasard – à Rome, dans la salle des Horaces et des Curiaces, au Capitole. Des figures comme Alcide De Gasperi et Altiero Spinelli sont aujourd'hui unanimement considérées comme les pères fondateurs de l'Union, et le fait que l'Italie ait fourni le plus grand nombre de présidents et de vice-présidents des Commissions, de 1958 à nos jours, témoigne qu'elle a exercé au sein des institutions communautaires une influence plus grande qu'on ne veut bien le reconnaître généralement.

Pour les gouvernements italiens démocrates-chrétiens de l'immédiat après-guerre, la dimension européenne a constitué l'un des trois axes fondamentaux de la politique étrangère du pays, avec l'axe atlantique et l'axe méditerranéen. L'intégration européenne était considérée à la fois comme une confirmation de l'ancrage italien dans le bloc occidental, mais aussi comme un facteur de stabilisation politique et une chance de croissance économique. Entre la fin des années 1950 et le début des années 1970, les forces de la gauche socialo-communiste ont-elles aussi développé une vision européenne spécifique, considérant l'intégration supranationale comme une occasion de modernisation sociale et culturelle du pays. Et pendant les vingt années suivantes, un large consensus s'est développé autour du projet d'intégration européenne dans la classe dirigeante italienne, mais aussi parmi les citoyens.

Cet européisme diffus a permis au pays de jouer à diverses reprises un rôle de premier plan dans le cadre communautaire, avec toutefois un certain manque de continuité. On retiendra notamment le soutien apporté par le gouvernement italien à la relance du processus de réforme des traités au milieu des années 1980, qui devait conduire à l'Acte unique européen. Tout aussi important, le rôle de l'Italie dans les négociations du traité sur l'Union européenne au début des années 1990, qui conduisit le pays à s'engager dans un parcours de redressement et de contrôle de la dépense publique pour respecter les paramètres de convergence économique nécessaires à une entrée de plein droit dans l'Union économique et monétaire.

Dans ces autres initiatives européennes, l'Italie n'entrait pas dans les engrenages de ce qu'on a appelé le moteur franco-allemand (et ce titre n'est pas un hasard). Mais le gouvernement italien jouait souvent un rôle plus déterminant encore dans l'intégration européenne : il tissait les toiles du consensus avec les autres États membres, en remportant des résultats dans l'intérêt du pays ou du projet européen. En résumé, on peut dire que des origines à la fin des années 1990, l'Italie – le seul des pays fondateurs à ne pas appartenir à l'Europe carolingienne – conserva une position pro-intégrationniste cohérente, mais tenta à plusieurs reprises de jouer un rôle de médiation au sein des institutions communautaires, en parvenant à maintes occasions à trouver un point d'équilibre entre les exigences et les sensibilités des grands pays et celles de pays plus petits et périphériques.

La fin de la guerre froide entraîna une modification des équilibres en Italie et en Europe, en transformant le rôle de Rome dans l'intégration européenne. En Europe, la chute du Mur entraîna l'approfondissement de l'UE à travers l'union monétaire – qui conduirait à une monnaie unique en 1999-2002 – et un élargissement aux pays de l'Est. En contradiction avec la thèse selon laquelle l'Union ne peut pas s'élargir et s'approfondir en même temps, les deux dynamiques ont progressé au même rythme dans les années 1990 et 2000. Mais le rôle de l'Italie est devenu marginal, voire problématique dans les deux cas. Dans le cas de l'élargissement vers l'Est, l'Italie a certes soutenu le processus avec une certaine tiédeur, mais elle n'en était pas une force dynamique. Rome s'efforçait plutôt, généralement avec de piètres résultats, d'équilibrer les politiques européennes vers le Sud. Mais l'élargissement à l'Est, animé par l'impératif stratégique de réunifier l'Europe après la guerre froide, avait une autre saveur que les faibles tentatives de développer une stratégie méditerranéenne. Dans le cas de la monnaie unique, au contraire, l'Italie apparaissait de plus en plus comme « l'homme malade de l'Europe » en raison de sa colossale dette publique. C'est surtout pendant le dernier gouvernement Berlusconi (2008-2011) que la crédibilité de l'Italie s'effondra, discréditée par sa vulnérabilité économique et par son leadership dans le domaine des scandales sexuels et de la corruption. C'est dans ce contexte qu'éclatèrent la crise financière globale puis la crise de la zone euro, dont l'Italie fut une protagoniste radicalement négative.

L'euroscepticisme s'insinua dans une Europe où les dynamiques centrifuges entre pays créditeurs et débiteurs prirent le dessus. Pendant des décennies, les Italiens avaient vu dans l'Europe un lien externe qui contribuait au renforcement de la démocratie et à la croissance économique. Dans les années 2010, victime des erreurs de l'« Europe de l'austérité » et du refus de la classe politique italienne d'assumer ses responsabilités, l'UE commença à être perçue comme une sorte de zone grise, détachée, voire cruelle, qui promulguait des décrets sans aucun lien avec les exigences des citoyens. Plus tragiquement encore, au cours de ces mêmes années, l'Italie perdit sa lucidité et sa capacité d'agir comme une sorte d'aiguille de la balance dans la construction des politiques européennes, mais surtout elle développa une sorte de rancœur de se voir exclue du moteur franco-allemand (dont elle n'avait jamais fait partie) et l'illusion qu'en tapant du poing sur la table elle parviendrait à se faire entendre en Europe. Les gouvernements conduits par Silvio Berlusconi ne furent pas les seuls à être pris au piège. Il y eut aussi des gouvernements de centre-gauche, comme celui de Matteo Renzi, ou populistes, comme ceux de Giuseppe Conte. La seule véritable exception à ce repli de l'Italie sur elle-même fut le pouvoir exécutif guidé par Mario Draghi, aidé par sa réputation d'ex-gouverneur de la Banque centrale européenne, universellement considéré comme celui qui, disposé à « do whatever it takes », avait sauvé l'euro dans l'heure la plus sombre de la crise de la zone euro. Draghi a joué un rôle clé en Europe pendant l'année et demie qu'il a passée au Palazzo Chigi, de la réécriture du plan de reprise NextGenerationEU, qui attribue à l'Italie la part la plus importante, aux politiques de sanction envers Moscou et à l'engagement d'une politique d'adhésion de l'Ukraine à l'UE. Mais Draghi fut l'exception qui confirmait la règle.

Après la chute du gouvernement Draghi, la victoire électorale de la coalition de centre-droit aux élections de septembre 2022 et l'installation du nouveau gouvernement conduit par Giorgia Meloni le mois suivant, ont suscité de vives appréhensions chez les commentateurs internationaux et les alliés traditionnels. La perplexité ne concernait pas uniquement le fait qu'il s'agisse du premier pouvoir exécutif de l'histoire de l'Italie républicaine dont le partenaire majoritaire, Fratelli d'Italia, est un parti dont les racines plongent dans la tradition post fasciste. Plus concrètement, la présence au sein de l'alliance de centre-droit de forces comme la Ligue de Matteo Salvini et Forza Italia de Silvio Berlusconi, qui avaient entretenu des rapports personnels plutôt intenses avec la Russie de Vladimir Poutine avant l'agression de l'Ukraine, avait fait naître des doutes sur la durée du soutien de l'Italie à Kiev et à la coalition occidentale. En vérité, Giorgia Meloni avait clairement rappelé sa ferme position atlantiste et aux côtés de l'Ukraine lors de sa campagne électorale, et – si l'on excepte quelques interventions malheureuses de certains représentants de la coalition – elle a été confirmée sans ambiguïté et avec cohérence par le gouvernement après son installation.

Pour ce qui est de ses rapports avec l'Union européenne, le programme électoral de Fratelli d'Italia a marqué le dépassement de certaines postures populistes du passé (notamment en ce qui concerne la monnaie unique). L'accent a été mis en revanche sur la nécessité pour l'Italie de « redevenir une protagoniste en Europe » et de « relancer le système d'intégration européenne, pour une Europe des patries ». Des accents analogues ont caractérisé le discours inaugural de la présidente à la Chambre des députés, au cours duquel elle a souligné son désir de voir l'Italie « la tête haute » en Europe, « avec un esprit constructif mais non subalterne ». L'emphase mise dans l'affirmation de l'intérêt national a été accompagnée de la « conscience d'un destin européen commun » et, plus concrètement, de la reconnaissance de l'importance du dialogue avec les sommets des institutions européennes. Ce n'est pas un hasard si le premier voyage à l'étranger de la nouvelle présidente du Conseil, Giorgia Meloni, l'a justement conduite à Bruxelles.

Globalement, pendant ses premiers mois de gouvernement, l'exécutif de centre-droit a adopté une position « euroréaliste ». Tout en confirmant une préférence manifeste pour une approche intergouvernementale et en dépit de frictions répétées avec certains pays (la France notamment), le gouvernement italien n'est pas sorti du périmètre des règles et du système de gouvernance européen. Giorgia Meloni s'est efforcée de défendre – avec des résultats inégaux, il faut l'admettre – le point de vue italien sur les principaux dossiers en discussion dans les organismes européens – de l'énergie à la gestion des flux migratoires. Dans le domaine des politiques économiques, la loi de finances 2023 ne s'écarte pas beaucoup des attentes de Bruxelles. Plus difficile en revanche est la gestion du Plan national de reprise et de résilience (PNRR), dont la mise en œuvre par l'Italie fait l'objet d'une attention croissante au niveau européen.

La lune de miel du gouvernement Meloni en Europe s'achève – une fin dictée aussi bien par les politiques (*policies*) que par la politique (*politics*). Sur les politiques, le gouvernement italien connaît des difficultés croissantes, bien qu'elles soient généralement passées sous silence, minimisées ou carrément démenties. Sur la question migratoire, Meloni sauve la face en déclarant que l'Europe affronte « enfin » (comprendre « grâce à elle ») la dimension extérieure de la migration, mais en réalité il n'y a rien de nouveau dans cette approche. Il y a des années que l'Union européenne se révèle incapable d'affronter la question migratoire de façon holistique (c'est-à-dire en tenant compte des dimensions internes, externes et de la gestion des frontières) et qu'elle tente au contraire de se décharger des responsabilités sur le pays d'origine et le pays de transit. Il est infiniment plus facile d'affirmer avoir trouvé un accord quand la contrepartie n'est pas assise autour de la table – sauf que par la suite les pays d'origine et les pays de transit (auxquels on demanderait finalement de garder ou de rapatrier les migrants en échange d'un soutien économique) n'adhèrent pas, ou ne financent pas les hypothétiques accords obtenus. Seule exception, l'accord obtenu avec la Turquie à l'apogée de la crise migratoire de 2016. C'était en 2016, justement. Ce n'est donc pas vraiment une nouveauté de 2023. Giorgia Meloni met l'accent sur la dimension extérieure des politiques migratoires parce que, alors que les flux migratoires augmentent sous son gouvernement, l'Italie est incapable d'obtenir quoi que ce soit sur la dimension intérieure de l'Union européenne, pas même le simple Pacte sur la migration proposé par la Commission mais finalement bloqué par les présumés alliés souverainistes de Giorgia Meloni en Pologne et en Hongrie. Lors du Conseil européen de juin 2023, on avait chargé Giorgia Meloni de convaincre le Premier ministre polonais Mateusz Morawiecki et le Hongrois Viktor Orban, mais elle n'a pas réussi.

Si sur le front des politiques migratoires le gouvernement italien a déjà échoué, sur le front économique des nuages s'amoncèlent à l'horizon. Ne disposant d'aucune marge fiscale intérieure et ne pouvant donc pas envisager un assouplissement des règles sur les aides d'État, Rome soutient l'institution d'un nouveau fonds européen pour la sécurité économique qui pourrait alimenter une politique industrielle sur le continent. Mais plusieurs États membres sont sceptiques et leurs thèses risquent d'être confortées par la difficulté objective de l'Italie à dépenser les fonds existants de NextGenerationEU. À cela s'ajoutent encore les difficultés sur la négociation d'un nouveau Pacte de stabilité. L'Allemagne notamment s'oppose à la proposition de la Commission européenne, qui pourtant, conformément à sa conception initiale, apporterait une aide significative en assouplissant les règles du Pacte initialement stipulé. Mais le gouvernement de Giorgia Meloni, empêtré dans une querelle interne sur la ratification du Mécanisme européen de stabilité (déjà ratifié par tous les autres membres de la zone euro), affaiblit considérablement sa propre crédibilité et sa force de négociation, avec le risque de connaître un résultat bien inférieur aux attentes italiennes.

Les nuages sur le rôle de l'Italie en Europe ne concernent pas seulement ses politiques mais aussi sa politique. Les mois à venir verront selon toute probabilité Giorgia Meloni accroître les efforts, déjà engagés depuis longtemps, pour préparer le terrain à un changement de majorité au Parlement européen après les élections de juin 2024. La perspective est celle indiquée par Silvio Berlusconi quelques mois avant sa disparition, quand il disait croire en la formation d'un « centre-droit européen, analogue à celui existant en Italie, avec les populistes, les libéraux, les conservateurs et d'autres forces du centre-droit démocratique». Dans cette optique, Giorgia Meloni, présidente depuis 2020 du Parti des conservateurs et des réformistes européens, a renforcé les échanges avec cette aile du Parti populiste européen qui guette la possibilité de trouver de nouveaux alliés à droite lors de la prochaine législature.

Autour de quelle sorte de plateforme politique cette hypothétique convergence pourrait-elle se réaliser? Nous avons peut-être un élément de réponse dans le vote conjoint des populistes et des conservateurs contre une série de mesures proposées par le *Green Deal* au Parlement européen, comme par exemple la Nature Restoration Law. L'opposition très nette de la droite italienne (présidente incluse) à certaines des composantes centrales du paquet européen «Ajustement à l'objectif 55» — comme l'arrêt de la vente de nouvelles voitures essence ou diesel à partir de 2035 — laisse présager ce qui pourrait être l'un des thèmes clés de la prochaine campagne électorale pour les européennes en Italie, où le parti de Giorgia Meloni devra tenir compte de la concurrence à droite de la Ligue de Salvini.

Le chemin vers la naissance d'une nouvelle majorité en Europe apparaît de toute façon très rude. On ne voit pas en effet comment ils pourraient accepter d'élargir la coalition aux populistes d'Identité et Démocratie, dont font partie également, en plus de la Ligue, l'AfD allemand et le Rassemblement national de Marine Le Pen. Une alternative pourrait être de récupérer d'autres composants de la majorité actuelle, dont la compatibilité avec des forces à droite du Parti populaire européen reste cependant encore à prouver. Plus important encore, la réalisation politique de l'alliance entre forces et leaders qui font de la revendication de leurs propres intérêts nationaux « avant tout » leur cheval de bataille soulève des interrogations, comme le montrent les dissensions déjà évoquées qui sont apparues sur des sujets aussi concrets que la gestion des flux migratoires.

C'est là le paradoxe : dans un contexte international comme celui que nous connaissons, caractérisé par l'instabilité et la compétition entre les grandes puissances, même en voulant suivre la logique de la simple défense de l'intérêt national, pour un pays comme l'Italie – dont le rapport déficit public/PIB est aujourd'hui le deuxième plus élevé de l'Union, et le taux de dépendance le plus élevé des plus anciens États membres –, la priorité devrait être de chercher un renforcement de sa dimension européenne, en avançant ses propres instances de façon franche et constructive dans les consensus communautaires. Une surestimation de ses propres moyens, des tentatives éventuelles de noyer le système de gouvernance supranationale ou une attitude rancunière et revendicative risquent de nuire à l'Italie plus encore qu'à la maison européenne commune.

Traduit de l'italien par Chantal Moiroud.

Turin, l'usine infinie

Comme dans les légendes, il y a un tram, à Turin, qui file en ferraillant d'une époque à une autre, et qui, ce faisant, traverse le temps, les classes et les âmes diverses de la ville.

Ses passagers, dont la tête, dans les premières rames du matin, dodeline encore de sommeil, ont beau l'ignorer, le voyage vendu au tarif de 1 euro et 70 centimes est métaphysique. Pour l'entreprendre, il suffit de prendre la ligne numéro 6 à la station de tête, piazza Hermada, située dans l'Oltrepò turinois (partie de la ville située au-delà du Pô), puis, à corso Tortona, monter à bord du tram numéro 3. Sur le wagon est écrit «Vallette», nom du terminus que l'on atteint au bout de neuf kilomètres de trajet, vingt-quatre arrêts et une heure de temps, le temps qu'il faut pour traverser la ville en partant du pied de la colline, dont la verdure cache les plus belles maisons, et arriver au ghetto dortoir de la périphérie, que quelqu'un, dans les années 1960, a semé de noms de fleurs – via dei Gladioli, via delle Primule, via delle Pervinche («rue des Glaïeuls», «rue des

Primevères », « rue des Pervenches ») —, autour de viale dei Mughetti (« avenue des Muguets ») et des seize mille pièces construites pour héberger les immigrés du Sud transformés en ouvriers. Cette ligne vient de nulle part et ne mène à rien, selon les Turinois du centre. S'ils disent cela, c'est parce qu'ils ne savent pas, ils ignorent que ce tram propose un voyage au cœur même d'un mystère : entre la station de départ et celle d'arrivée, l'espérance de vie varie de sept ans. Comme si sur le trajet de « la trois », des premières collines à la périphérie, on perdait un peu moins d'une année de vie par kilomètre, ce qui, rien qu'en un voyage, résume les natures diverses de Turin qui, derrière la simplicité apparente de la ville, s'y confrontent.

La voici, la Moriana de Calvino, ville dont l'une des faces est en marbre et en albâtre et l'autre en fer-blanc et en carton. À Turin, bourgeoisie et prolétariat ont toujours coexisté ; à eux deux, ils forment la raison sociale de cette ville, son histoire et peut-être même sa vocation. Mais aujourd'hui, ce qui crée la surprise est le fait que la gauche vit au milieu des marbres, alors qu'elle ne fait que survivre, faible, mal en point et insignifiante, dans les zones construites avec des matériaux plus fragiles et sans couleurs, renversant à travers son habitat son histoire voire son destin. Le tram file sur ses rails et la gauche s'affaisse à mesure qu'il s'éloigne du centre pour gagner les « barrières », comme on appelle ici les périphéries anciennement ouvrières ; barrières peuplées de retraités qui, après toute une vie à l'usine, se retrouvent aujourd'hui les mains vides du fait des crises, et de préretraités qui se sentent actifs, sans toutefois pouvoir l'être, avec des enfants, Turinois de la deuxième ou de la troisième génération, qui comprennent le dialecte, mais non plus leur ville. L'hérésie suprême pour une cité qui, avec ses lignes carrées, paraissait avoir été dessinée nulle part ailleurs que dans une usine, puis montée, à l'extérieur, au moyen des outils mêmes qui peuplent les ateliers, au point de faire dire à Herman Melville qu'elle « donne l'impression d'être construite par un seul entrepreneur pour un seul client ».

Les touristes, que l'on n'avait jamais vus ici, ne savent pas qu'ils visitent une ville réinventée, contrainte de sortir d'une dimension pour entrer dans une autre, comme si Turin était, en définitive, la fabrique de lui-même, avec succès. Aujourd'hui, tous se pressent dans son centre baroque, qui, petit et ramassé comme il l'est, peut se visiter entièrement à pied : depuis la piazza Castello, où ils viennent photographier le palais royal, les touristes n'ont que quelques pas à faire pour arriver devant l'édifice à l'allure éminemment institutionnelle qu'est le Palazzo Carignano (palais Carignan), premier siège du Parlement italien, veillé pour l'éternité par les momies des pharaons conservées tout à côté, dans les salles du Musée égyptien. Sans le savoir, les touristes ont effectué le même parcours que celui adopté jadis par le carrosse de gala doré — et doté de huit ressorts, de sept lumières et de glaces mobiles – qui a conduit, le 17 mars 1861, Victor-Emmanuel II de Savoie dans le lieu où il devait recevoir « pour lui et pour ses successeurs » la couronne de roi d'Italie, au milieu des airs de Verdi puis des feux qui illuminaient la nuit, à l'occasion de la proclamation solennelle de l'unité de l'Italie, un royaume nouveau dont la capitale, et celle de sa dynastie, serait Turin.

Dès lors et avant toute chose, Turin est une ville cour, qui, au fil des décennies, a pris l'habitude de se ranger en coquille autour de son souverain, de préserver, au sein de son écrin, sa dimension hiérarchique, de penser sa forme comme un ensemble de cercles concentriques, organisés en fonction de leur proximité avec le pouvoir. Et la cour marque les habitudes de la ville, même après que le pouvoir s'est transféré à Florence, en 1864, et que Turin a dû renoncer au statut de capitale, perdant au passage trente-deux mille habitants et percevant du gouvernement, à titre de dédommagement, la somme parcimonieuse d'un million soixante-sept mille lires, qui ne suffira guère à chasser le sentiment général de grandeur perdue. Malgré cela, les usages propres à la cour perdurent, moyennant transformation et adaptation aux différentes époques et aux nouvelles représentations du pouvoir, telle celle que constitua l'entreprise Fiat, qui, jusqu'à ces dernières années, occupa une position dominante. L'esprit de cour trouve son contrepoids dans l'opposition politique, sociale et culturelle qui voit le jour à Turin en même temps que le XXe siècle et expérimentera, autour de la présence mythologique de la grande usine – pyramide moderne imposant ses rites propres –, des formes de lutte, de témoignage et d'organisation diverses.

Est-ce la conformation urbaine de cette ville qui exerce une influence sur son âme ou est-ce son caractère qui se reflète dans sa géographie ? Nul ne l'a jamais compris. Ce qui est certain, en revanche, c'est que, lorsque le XXe siècle commence et que, dans le même temps, le défi de la modernité est lancé, Turin paraît bâti pour relever ce dernier. Paisible dans le temps qui précédait, comme les eaux du Pô coulant sous le pont de la Gran Madre (l'église dans laquelle est enseveli, raconte-t-on, le Saint Graal), la ville paraît emportée, dans ces années-là, par les forces qui se croisent et se poursuivent à travers sa géographie faussement immobile, dans le piège de rues en apparence toutes pareilles jusqu'au moment où angles et lignes droites viennent à se brouiller. Comme si on lui avait dessiné, à travers son plan carré, un profil élémentaire, monotone et uniforme au point de paraître n'avoir ni début ni fin, un profil si naïf et canonique qu'il peut sembler participer d'un rituel (Cavour disait que le plan d'urbanisme de Turin donnait l'impression d'avoir été rédigé par une assemblée de mandarins chinois), alors que dans son jeu de miroirs se cache un mystère. Naturellement, la clé d'interprétation de tout cela ne peut être qu'une : le travail.

À la fin du XIXe siècle, le Piémont était encore une région agricole ; dans les vallées et les plaines, on dénombrait plus de vingt-sept mille métiers à tisser et plus d'un demi-million de rouets ; en revanche, on ne comptait, en ville, pas plus de soixante-sept mille ouvriers. En 1918, ces derniers s'élèvent à 30 % de la population et la mécanique devient la vocation de la cité métallurgique (mille entreprises sont enregistrées dans le secteur dans les années 1920). Et ce qui finit de tirer tout cela en avant est l'arrivée de l'automobile, prodige et symbole de modernisation et de vitesse ; à lui seul, Turin concentre 90 % de la production automobile de toute l'Italie. L'usine, moteur de ce développement impétueux, devient la nouvelle cathédrale de la ville. L'industrie voit le jour et Turin devient à petit bruit la capitale du travail : Fiat emploie cinq mille ouvriers, Lancia ouvre de nouveaux ateliers à Borgo San Paolo, Itala compte des chefs d'État étrangers parmi sa clientèle, Diatto produit des voitures de sport, en même temps que le major Mario de Bernardi montre à toute la planète la puissance des moteurs destinés à l'aviation : à bord de son hydravion Macchi M.52, aux commandes duquel il traverse les années 1920, il remporte une prestigieuse course d'aéroplanes et parvient à atteindre la vitesse incroyable de 512,78 kilomètres/heure.

Cela étant, Turin découvre bientôt que la grande usine ne produit pas seulement des automobiles. Dans le concentré d'organisation, de discipline productive et de technique qu'elle constitue, le travail engendre une auto reconnaissance sociale, une conscience de son état, une solidarité, qui, peu à peu, sortent des ateliers pour gagner les cercles de travailleurs, les sociétés ouvrières et les maisons du peuple. En transformant le paysan en ouvrier, le plébéien en producteur, la ville réalise une transmutation alchimique ; et la technique devient la grande source de fierté professionnelle du travailleur, désormais capable, dans son atelier, de « tailler des moustaches aux mouches », cependant que la nouvelle subjectivité qui s'est faite jour est d'ores et déjà politique, grâce au multiplicateur radicalement neuf et extraordinaire qu'est la conscience de classe. Et c'est à Turin justement que naît, à la même période, la Ligue industrielle, première organisation du capitalisme d'entreprise, dans les années au cours desquelles Giovanni Agnelli, propriétaire de Fiat, importe le modèle fordiste. La mythologie turinoise est désormais complète.

La ville semble transporter au cœur de l'atelier sa métaphysique de la rationalité, la méthode régulière propre à la garnison. En retour, l'usine fournit à Turin un concentré sans pareil de technique de travail et de culture de la production, le sentiment de la part de ses travailleurs de former une aristocratie ouvrière et industrielle consciente d'elle-même, la conviction commune que c'est dans cette ville que la nouveauté peut être élaborée, mais aussi, tout à la fois, la sensation persistante qu'il y a du conflit dans l'air, constamment, entre le patronat par excellence et un prolétariat d'avant-garde, destinés, inéluctablement, à se mesurer, dans le cadre d'un affrontement de classe d'anthologie, où l'identité des forces en présence est si nette et concrète qu'elles en remplissent presque, dans la ville usine qu'est Turin, une fonction symbolique.

Tout cela est déjà de la politique à l'état pur, premier, en ce que celle-ci est créée par le travail. Turin, Petrograd de l'Italie ? Telle est l'idée qui se fait jour en Russie aussi, où Lénine applaudit à ce qui semble être en germe dans la ville piémontaise : « La montée de la révolution mondiale est incontestable. [...] En Italie, on en est arrivé aussi à une explosion des masses à Turin », écrit-il le 8 octobre 1917. Qu'est-il arrivé à l'ancienne capitale, considérée comme tenant quelque peu du couvent, quelque peu de la caserne, pour qu'elle se retrouve dans l'une des tranchées du conflit social, jusqu'à frôler l'insurrection révolutionnaire ? Antonio Gramsci et Piero Gobetti l'expliquent, à partir de deux points de vue distants qui se côtoient à Turin, en considérant le laboratoire social et culturel que constitue, à leurs yeux, l'usine moderne. Lorsqu'ils étaient étudiants, leurs premières rencontres avec les ouvriers de l'industrie nouvelle avaient presque constitué une surprise pour eux. De temps à autre, les matins où le soleil brillait, ils sortaient des amphithéâtres de la via Po, s'engageaient sous les arcades et gagnaient les prés situés le long du fleuve, où se tenaient des meetings, et ils écoutaient les discours enflammés de ces hommes qu'ils ne connaissaient pas.

C'est le même Gramsci, l'un des fondateurs du Parti communiste italien, qui conceptualise la ville : « Dans celle-ci, toutes les scories médiévales qui, en Italie, enlaidissent encore la société bourgeoise sont tombées, les demi-mesures ont été abolies et les petits coussins commodes qui, lors des luttes sociales, amortissent les heurts trop violents sont partis chez le chiffonnier. [...] Turin représente, en version réduite, un authentique organisme étatique. » D'un côté, c'est là que le prolétariat a enregistré le développement le plus fort de toute l'Italie ; de l'autre, « l'activité capitaliste y bat avec l'effroyable fracas d'usines cyclopéennes ». Gramsci n'attend qu'une chose : que l'étincelle s'allume. Gobetti, jeune éditeur libéral, aspire, quant à lui, à un réveil idéal et moral, et, avec la passion libertaire qui l'anime, il décèle, dans le Turin nouveau de l'usine, surtout « une confrontation de forces capables de produire de nouvelles aristocraties dirigeantes ». Porté comme il l'est par l'espoir d'un renouveau, il a la ferme conviction que l'action ouvrière ne finira pas bridée par les formules et parviendra à produire une nouvelle élite dirigeante. « La classe ouvrière est révolutionnaire parce qu'elle est religieuse, voilà ce que l'on voit depuis Turin. Politiquement, je persiste à croire que la seule possibilité de renouveau de notre vie se situe du côté des ouvriers [...] en tant que mouvement laïque et démocratique.» L'esprit du travail paraît si fort à Turin, presque visible dans sa concrétisation matérielle, qu'il semble capable de dépasser les différences politiques et les distances culturelles, comme celles qui existent entre le révolutionnaire Gramsci et le libéral Gobetti.

Avec ses camarades, Gramsci montait se promener jusqu'au monte dei Cappuccini. Depuis la colline, on voyait tout et on imaginait le reste. Les vieilles rues, qui, au sein du peuple, conservaient leurs noms dialectaux, les portes qui s'ouvraient dans l'ancienne muraille. Mais aussi le rondò della Forca («rond-point du gibet»), où avaient lieu les pendaisons, exécutées par un bourreau résidant via dei Fornelletti, alors que l'Inquisition se réunissait via Bellezia, près de l'église de la Consolata, aux murs couverts de prodiges sacrés et miracles populaires exposés au sein d'une galerie d'ex-voto vénérables. Sans oublier les palais des académies du XVIIIe siècle, aux noms mystérieux : les Unis, les Bergers, les Unanimes, les Foudroyés, les Solitaires, les Innommés, les Immobiles. Et voici que pointe, là-bas, la coupole de la chapelle du Saint-Suaire, où est conservée la fameuse pièce d'étoffe vénérée comme une sainte relique, et où, à quelque distance, se trouve le Teatro Regio («théâtre royal»), dont les lumières, le soir, baissaient pour avertir que les carrosses du cortège royal avaient quitté le palais, théâtre où les princesses trouvaient à leur place un éventail sur lequel était représentées toutes les autres loges avec le nom de leurs occupants, moyen bien commode de prendre connaissance de la hiérarchie mobile de la bonne société turinoise sans le laisser paraître. Toutes choses qui se noyaient dans les suites d'arcades, les *trattorie* aux noms d'animaux, les entresols où les modistes, tout en cousant, répondaient aux étudiants qui passaient dessous, les cafés avec lustre, marbres, velours, tamarin, billard, griottes, portes matelassées, qui, le matin, lorsque le roi commençait ses audiences, l'amenaient à demander : « Qu'est-ce qu'on dit au café *Florio* ? »

Déjà couvait à Turin son « *bienno rosso* » (« les deux années rouges »), avec l'occupation de ses usines, sous le couvert, entretenu au quotidien, d'une vie ordonnée et ordinaire — la messe que l'on allait entendre à San Filippo, six mille malades sans le sou accueillis à l'institut Cottolengo, huit bains publics comptabilisant trois cent mille lavages par an, ce pendant que des voitures à chevaux attendaient leurs clients piazza Castello, avec un tarif de départ de 1 lire et 20 centimes. La stratification de la cour donnait lieu à une division des heures et des lieux, en particulier des cafés : les étudiants fréquentaient le *Nazionale*, les aristocrates le *Meridiana*, les professeurs le *Londra*, les mélomanes le *Romano*. Même la promenade quotidienne sous les arcades de la via Po obéissait à certaines habitudes : de sept heures à neuf heures : les marchandes et les cousettes ; de onze heures à midi : les acteurs et les actrices, qui ensuite gagneraient le théâtre pour commencer leurs répétitions ; de quatorze heures à quinze heures trente : les élèves de l'académie miliaire ; de dix-sept heures à dix-neuf heures : les élégants de tous poils. Et après cela, les étudiants qui parlaient fort et pouvaient rester jusque tard dans la nuit. Mais l'heure de Turin, soutenaient les vieux en sortant leur montre de leur gousset, était le crépuscule, quand l'air semble cesser de circuler, ralenti comme bridé par toute la géométrie de la ville, puis s'immobilise.

Cet air et cette heure, on peut encore les trouver aujourd'hui. Mais l'accentuation féroce des inégalités, qui ont tourné à l'exclusion, doublée de l'affaiblissement de la représentation politique et de la crise économico-financière la plus importante du siècle, a divisé en deux ce que l'usine avait uni, plusieurs décennies durant, à travers la culture du travail, sceau véritable de Turin. Tout cela secoué par l'onde de choc produite par la mondialisation, qui impose à l'entreprise d'adopter de nouvelles dimensions, d'être présente sur le front international, de développer une stratégie européenne. Avec la naissance du géant européen de l'automobile Stellantis ont disparu non seulement les modalités de production traditionnelles, mais aussi les hiérarchies solidement établies à Turin, sa géographie urbaine, alors qu'un passage délicat s'accomplit entre la « *company town* » et le défi que constitue l'ère post industrielle. Une fois encore, la ville s'est réinventée en convertissant au tertiaire jusqu'aux usines Fiat de Mirafiori au gigantisme consommé : deux millions de mètres carrés, vingt kilomètres de voie ferrée interne, un bâtiment administratif long de 220 mètres, une chaîne de montage qui transportait tant des moteurs et des carrosseries que du savoir et de la conscience ouvrière.

Il est trop tôt pour savoir laquelle des différentes natures de Turin prévaudra au terme de ce processus, quelle sera la nouvelle mission de la ville et si elle saura préserver ses vocations centenaires. Comme Saint-Pétersbourg, Turin trompe, « il ment à toutes les heures », une obligation naturelle pour une capitale condamnée à se transformer continuellement. Quelque part, entre le Pô, les longues avenues du centre, les barrières naguère ouvrières, l'étincelle se rallumera : liée à l'innovation ou à une politique différente, ou encore à une nouvelle dynamique sociale entre « *garantiti* », ceux qui jouissent d'une situation économique stable, et exclus, alors que les uns et les autres vivent actuellement de part et d'autre de la ligne de séparation subtile que dessine le tram, ce même tram qui, chaque jour, taille puis recoud la ville.

Traduit de l'italien par Béatrice Didiot.

STEFANO **MONTEFIORI**

Le Parti démocrate et le Mouvement 5 étoiles : (im)possible alliance ?

La piazza Maggiore, la place historique des grands rassemblements de « Bologne la rouge », est bondée, mais cette fois-ci pas pour un leader politique traditionnel.

Nous sommes le 8 septembre 2007 et l'ancien acteur comique Beppe Grillo lance là, au cœur de la gauche italienne, son V-Day chargé de significations symboliques : V comme *Vaffanculo*, ça va sans dire ; V comme *V pour Vendetta*, la bande dessinée qui imagine une future insurrection londonienne en arborant les masques de Guy Fawkes ; V comme la Victoire du débarquement en Normandie. Mais le choix du 8 septembre est aussi symbolique : c'est le jour où, en 1943, l'Italie a signé l'armistice avec les Alliés et mis fin à l'alliance fasciste avec l'Allemagne nazie. Un jour plutôt de gauche.

Ce 8 septembre 2007 a été un choc, pour certains une blessure, dont la gauche de gouvernement italienne ne s'est jamais complètement remise. Le président du Conseil de l'époque était le catholique de gauche Romano Prodi, architecte de l'entrée de l'Italie dans la zone euro et protagoniste, pendant vingt ans, de victoires rares et éphémères contre Silvio Berlusconi. Au gouvernement, on trouve à ses côtés des jeunes prometteurs, comme les futurs présidents du Conseil Enrico Letta et Paolo Gentiloni, et des personnalités déjà établies, comme Tommaso Padoa-Schioppa à l'Économie et Massimo D'Alema aux Affaires étrangères. Le centre-gauche est au gouvernement grâce à un écart minime : seulement 24 000 voix de plus que le centre-droit de Berlusconi, qui reviendra d'ailleurs quelques mois plus tard au Palazzo Chigi, le siège de l'exécutif.

Le succès de Beppe Grillo sur la piazza Maggiore de Bologne, fief de la gauche, pose un nouveau problème à ceux qui pensaient n'avoir qu'à combattre Berlusconi : il y a désormais un nouvel acteur politique en Italie, qui semble contigu à la gauche mais qui affiche son mépris pour tous les partis et toutes les idéologies traditionnelles. Beppe Grillo, à Bologne, a jeté les bases d'un Mouvement 5 étoiles qui sera prêt, en 2013, à former un gouvernement populiste avec la Ligue de Matteo Salvini, mais qui ne cessera de se proclamer le véritable héritier, sinon de la gauche, du moins de ses valeurs, trahies, selon ses dires, par le Parti démocrate.

Que doit donc faire la gauche de gouvernement ? Combattre cette force populiste, irresponsable, souvent inculte et au moins verbalement violente ? Ou dialoguer avec elle et peut-être s'allier avec elle, au risque éventuellement de perdre son âme mais aussi quelques élections ? Seize ans ont passé depuis ce 8 septembre 2007, mais pour le Parti démocrate, la question de fond n'a pas changé : les *grillini* (c'est-à-dire les soutiens de Grillo) du Mouvement 5 étoiles, moins puissants par rapport au succès retentissant des élections de 2013 mais toujours présents et importants, sont-ils des alliés possibles ou des ennemis mortels ?

Le débat politique italien en cet été 2023 a reproposé un dilemme que la gauche française connaît bien pour l'avoir vécu à de nombreuses reprises — avec toutes les différences qui s'imposent. En 2016, le Premier ministre socialiste de l'époque, Manuel Valls, avait énoncé très clairement sa théorie des « deux gauches irréconciliables » : une gauche, la sienne, réformiste, prête à assumer les responsabilités de l'État au nom de principes tels que la « sécurité », la « laïcité » et la relance de l'économie par la « baisse du coût du travail » pour les entreprises ; et une autre gauche, maximaliste, celle de Jean-Luc Mélenchon ou de Clémentine Autain, qu'il accusait de « fuir ses responsabilités en disant que François Hollande est pire que Nicolas Sarkozy ou que Manuel Valls est pire que Marine Le Pen », ou en participant « à des réunions publiques avec le prédicateur islamiste Tariq Ramadan ».

Au nom de cette altérité irréductible entre la gauche de gouvernement et la gauche radicale, entre le réformisme et le maximalisme, Valls s'était opposé à l'idée d'organiser une primaire ouverte à toutes les sensibilités politiques en vue de l'élection présidentielle de 2017. Le candidat socialiste vainqueur, Benoît Hamon, avait alors recueilli le score peu flatteur de 6,36 % des voix dans la course à l'Élysée qui a vu le triomphe d'Emmanuel Macron.

En Italie, après la victoire sans surprise mais néanmoins traumatisante de la droite aux élections de septembre 2022 et l'arrivée au pouvoir de Giorgia Meloni, le Parti démocrate a organisé ses dernières primaires en mars dernier. Et cette fois, il a choisi la voie des primaires ouvertes, non réservées aux seuls adhérents. Avec le résultat paradoxal que la leader du Parti démocrate est désormais une personnalité politique qui n'en faisait pas partie : Elly Schlein, qui a été élue sur la promesse d'un renouvellement mais aussi d'un surpassement de la machine du parti.

Elly Schlein représente la rupture définitive avec l'expérience de Matteo Renzi, l'homme qui, au Festival dell'Unità de Bologne en 2014, s'était présenté en chemise blanche aux côtés de Manuel Valls et de l'Espagnol Pedro Sánchez pour afficher une gauche européenne réformiste, moderne et unie. Ces temps sont révolus, et Elly Schlein se penche plutôt sur le « champ large » que le Parti démocrate pourrait former à nouveau avec le Mouvement 5 étoiles de Giuseppe Conte, qui a déjà ramené le PD au gouvernement de 2019 à 2021 dans une éphémère coalition jaune-rouge.

Une gauche qui intègre tout, du PD au Mouvement 5 étoiles, comme seule chance de battre Giorgia Meloni ? Ou une gauche qui respecte avant tout la diversité de ses âmes, selon le principe de Maurice Clavel : « Il n'y a qu'une seule façon de battre la droite, c'est d'abord de casser la gauche » ?

Selon certains, le Mouvement 5 étoiles pourrait redonner de la substance et du poids à un Parti démocrate aujourd'hui parfois très, voire trop, centré sur les questions de droits civiques. En Italie aussi la distinction française entre *social* et *sociétal* gagne du terrain. Le social évoque les usines, les ouvriers, la lutte des classes, le XXe siècle. Le sociétal est lié à des questions profondes comme l'euthanasie ou les droits LGBT+. Dans cette optique, le Mouvement 5 étoiles et le Parti démocrate pourraient peut-être être complémentaires et se répartir les tâches : au M5S les questions sociales comme la lutte pour le revenu de citoyenneté et le salaire minimum, au PD les questions sociétales comme la défense des familles non traditionnelles.

Cela pourrait-il fonctionner ? Selon l'intellectuel Massimo Recalcati, non, et le « strabisme d'Elly Schlein » – le double regard qui tente de composer avec les deux gauches irréconciliables, comme dirait Valls, la réformiste et la maximaliste – conduira le Parti démocrate à la ruine. En tant que psychanalyste, Recalcati parle d'un « lien désespéré » : nous ne pouvons pas rester ensemble, mais nous ne pouvons pas non plus nous séparer. Seulement, « les liens désespérés sont en fait des liens toxiques, écrit-il dans *La Stampa*, et tant que le nœud gordien de l'incompatibilité entre réformisme et maximalisme ne sera pas tranché, le Parti démocrate continuera d'être subordonné au Mouvement 5 étoiles ».

Pour le politologue de l'université de Bologne Piero Ignazi, en revanche, les 5 étoiles renvoient aux biens communs comme l'écologie intégrale, la justice sociale, l'innovation technologique, l'économie éco-sociale de marché, et donc « sur cette base une entente avec le Parti démocrate semblerait naturelle, écrit-il dans *Domani*. Pourtant, au sein du Parti démocrate et de l'opinion publique de gauche, il subsiste de la méfiance et de l'hostilité, ainsi qu'un certain complexe de supériorité à l'égard de l'allié potentiel». Et là, on retombe sur le reproche habituel : celui de l'arrogance supposée d'une grande partie de la gauche intellectuelle, qui regarde avec étonnement et dédain la victoire de la postfasciste Giorgia Meloni, mais préfère ne pas se salir les mains et ne pas s'allier avec «les barbares» du Mouvement 5 étoiles. Le Parti démocrate d'Elly Schlein et l'opinion publique de gauche sont à nouveau appelés à décider, dans un sens ou dans l'autre mais rapidement, si les deux gauches sont vraiment irréconciliables.

Entretien avec ELLY **SCHLEIN**

L'Europe et la gauche de demain

En l'espace de quelques mois, elle est devenue la personnalité politique principale de l'opposition à Giorgia Meloni et au gouvernement des trois droites. Sa présence dans les médias transalpins est désormais quotidienne.

On guette le moindre de ses gestes, la plus ténue de ses paroles. Elly Schlein est le nouveau phénomène de la vie politique italienne. Force est de constater que malgré son âge – elle est née en 1985 –, son enthousiasme, sa pugnacité, son endurance aussi – elle ne cesse de parcourir le pays, intervient en d'innombrables circonstances – et son aptitude à résister, à faire front aux insatisfactions, mouvements d'humeur et critiques émanant du parti dont elle est devenue la secrétaire le 12 mars 2023, impressionnent. Certains, dans son propre camp, jugent qu'elle porte trop attention aux minorités et non suffisamment aux classes populaires dans leur globalité, d'autres lui reprochent une forme d'ostracisme dans la direction du Parti démocrate, d'autres encore évoquent des insuffisances dans son projet économique pour le pays. Une chose est certaine : elle en impose et suscite des jalousies. À la tête d'un parti convalescent, il lui faudra sans doute encore un peu de temps pour bâtir un nouveau projet global, à la fois de gauche et moderne, au plus près des Italiens les plus pauvres et engagé avec enthousiasme dans l'aventure de l'Union européenne. Cette femme de caractère et de conviction a un parcours qui détonne. Née en Suisse où elle passe ses dix-huit premières années, d'un père politologue américain et d'une mère juriste italienne, elle a fait des études de droit à l'Université de Bologne avant de s'engager, à deux reprises, elle n'a que 23 ans la première fois, 27 ans la seconde, parmi les soutiens actifs de Barack Obama pour les campagnes électorales de 2008 et 2012. Très mobilisée par la situation des migrants, par celle des travailleurs les plus exposés, elle rejette les positions adoptées par Matteo Renzi, alors secrétaire du Parti démocrate et président du Conseil, notamment la libéralisation du travail ou « Jobs Act », elle finit par quitter le PD au printemps 2015 et lance le mouvement « Possibile ». Entre-temps, elle avait été élue députée européenne PD lors des élections de juin 2014. Comme elle le rappelle dans l'entretien que nous vous proposons, cette expérience bruxelloise a été capitale pour elle au sein du groupe S&D, l'alliance progressiste des socialistes et démocrates au Parlement européen. Elle préfère ensuite rentrer en Italie, est élue députée régionale sur la liste « Emilia-Romagna Coraggiosa » avant de devenir députée à Rome en septembre 2022. Après la démission d'Enrico Letta, elle se présente à l'élection du nouveau secrétaire du PD. À la surprise générale, alors qu'elle a quitté le parti depuis des années, que ses soutiens sont essentiellement extérieurs au PD, elle parvient à battre Stefano Bonaccini, le gouverneur de la région d'Émilie-Romagne, à l'âge de 37 ans, au début du printemps dernier. À la différence de beaucoup de membres du PD, elle n'ostracise pas le parti populiste de gauche Mouvement 5 étoiles et voit dans une éventuelle association avec lui la possibilité à terme de former une majorité. À la lecture de l'entretien qu'elle nous a accordé s'impose cette évidence : le PD possède en Elly Schlein une femme portée par un enthousiasme européen qui défend avec éloquence un projet qui associe justice sociale et conversion climatique. De quoi faire réfléchir la gauche française.

Christian Longchamp : Dans un premier temps, j'aimerais connaître votre lien avec l'Europe. Quelle relation, personnelle et politique, avez-vous avec l'Union européenne ?

Elly Schlein : Je suis une fédéraliste européenne passionnée et convaincue. J'appartiens à cette génération qui est née au moment où le drapeau européen était brandi avec fierté et je suis persuadée que nous devons poursuivre le processus d'intégration européenne, un processus qui s'est enrayé et a en partie échoué en raison du manque de courage des gouvernements, en particulier la mutualisation des compétences et des ressources face à des défis qu'aucun État ne peut plus relever seul. J'ai eu la chance de pouvoir exercer un mandat parlementaire européen. Il a été ma véritable formation. J'ai compris que malgré nos cultures et nos parcours historiques différents, les défis auxquels nous sommes tous confrontés, les inquiétudes aussi face à l'avenir sont identiques.

C.L. : Quelles sont les valeurs que l'Union européenne devrait défendre aujourd'hui avec plus d'énergie ?

E.S. : La démocratie ne va pas de soi, la démocratie est fragile. Nous le constatons à chaque fois que l'état de droit est remis en cause, et nous le voyons, même dans des pays européens. Plus de cohérence et plus de courage sont nécessaires dans le combat pour la défense des principes fondamentaux de l'état de droit et dans leur application au quotidien. Au cours des dernières années, nous avons noté un peu plus de conviction dans cet engagement de la part des institutions européennes. En Hongrie et en Pologne en particulier, où l'indépendance des juges est mise en danger, où les droits des LGBTQ+ sont tragiquement attaqués, mais notons qu'en Italie, nous sommes encore en retard par rapport à d'autres pays voisins. Il reste beaucoup à faire pour donner à ces communautés les droits qui leur reviennent. Enfin, comment ne pas évoquer les politiques migratoires pour lesquelles une mission institutionnelle européenne consacrée au sauvetage en mer est absolument nécessaire pour sauver des vies tant en Méditerranée que sur la route dite des Balkans. La Méditerranée est devenue un grand cimetière à ciel ouvert. C'est une honte selon moi que les gouvernements européens aient réussi, pendant de nombreuses années, à trouver un accord qui ne porte pas sur la solidarité européenne, exigée par les traités, pour partager les responsabilités d'accueil des migrants, mais uniquement sur l'externalisation de frontières comme cela s'est produit au détriment des droits fondamentaux avec la Turquie, avec la Libye et aujourd'hui aussi avec la Tunisie.

C.L. : L'importance de l'Italie dans le développement de la construction européenne est connue. Avec le gouvernement de Giorgia Meloni, avez-vous le sentiment qu'un changement historique pourrait avoir lieu qui verrait l'Italie abandonner sa position à la proue de l'Europe pour préférer une attitude d'obstruction à l'instar de pays dont les gouvernements actuels manifestent régulièrement leur opposition aux décisions de la Commission et du Parlement ?

E.S. : Nous ne pouvons pas oublier que lorsque Giorgia Meloni a fondé son parti, Fratelli d'Italia, en 2012, il y a à peine plus de dix ans, elle a proposé la sortie de l'euro. Elle a toujours été d'une grande ambiguïté vis-à-vis des perspectives européennes, vis-à-vis de l'Union européenne. Par ailleurs, le risque d'un isolement vient également du fait que celle qui gouverne l'Italie aujourd'hui a toujours préféré des amis contestables, c'est-à-dire l'internationale des pays sceptiques. Qu'un pays fondateur du projet européen en soit là est extrêmement inquiétant.

Une autre preuve préoccupante de cette attitude à l'égard de l'UE est apparue clairement dans les contradictions de ce gouvernement, au cours de ses neuf premiers mois, par rapport au plan national de résilience. Il n'a cessé d'évoquer sa volonté de modifier les engagements pris par le gouvernement Draghi, le plan de relance NextGenerationEU, sans communiquer ces éventuels changements aux citoyens au risque de ne pas être capable de mettre en œuvre à temps ces investissements stratégiques considérables qui nous ont été attribués précisément en raison de notre appartenance à l'Union européenne. Il s'agit d'un grand plan d'investissement qui peut transformer notre pays en misant sur la conversion écologique, la transformation numérique et la simplification de la relation entre l'État, les entreprises et les citoyens, mais également sur la cohésion sociale et territoriale, donc sur la réduction des écarts profonds auxquels l'Italie est confrontée.

C.L. : Et le plan de relance est fragilisé désormais selon vous ?

E.S. : Ce gouvernement met en danger la possibilité que l'Italie perçoive ces ressources essentielles parce qu'il ne croit pas vraiment dans les objectifs de NextGenerationEU, et qu'il ne les considère pas comme les siens. Nous risquons donc de mettre en péril non seulement la crédibilité de notre pays mais également celle de toute l'Union européenne qui a fait un pari extraordinaire avec ce projet historique, à la suite de la pandémie, et dont l'Italie est le plus grand bénéficiaire. À cette occasion, l'UE a démontré la prescience visionnaire de Jean Monnet lorsqu'il a dit, et il l'a même écrit, que l'Europe se forgerait dans les crises et serait la somme de ses réponses à ces crises. C'est ce que nous avons vu avec le réveil européen lors d'une pandémie qui a touché tous les pays de l'Union. Lors de mon mandat au Parlement européen, j'ai vécu des moments extraordinaires au cours desquels des progrès sans précédent ont eu lieu, comme les premiers pas d'une Europe de la santé, une production et une distribution de vaccins organisée à l'échelle du continent. N'oublions pas que la droite qui dirige désormais le pays a été ambiguë sur les vaccins et dans son attitude face à la pandémie.

Nous avons vu pour la première fois une Europe sociale, nous avons vu pour la première fois la mise en place d'un dispositif comme l'instrument SURE[1] qui, après la pandémie, a permis aux États membres de solliciter des prêts à des conditions favorables pour faire face à des augmentations soudaines des dépenses publiques pour la préservation de l'emploi, pour une somme globale pouvant aller jusqu'à 100 milliards d'euros, nous avons vu une discussion européenne sur les droits des nouveaux travailleurs des plateformes et enfin s'est tenue une discussion, suivie d'une rédaction d'une directive sur le salaire minimum. Ces avancées sont très significatives, et l'une de celles que j'affectionne le plus, c'est celle que nous nommons le *Green Deal,* car lorsque nous l'avons demandée lors de la dernière législature, nous étions très peu nombreux. Il n'y avait que les verts, les libéraux les plus progressistes et la gauche. Nous étions peu nombreux et on nous regardait d'une manière étrange.

Et au lieu de cela aujourd'hui, en partie grâce aux grandes mobilisations des jeunes qui ont traversé l'Europe, nous avons enfin un *Green Deal* qui fournit des réponses politiques pour accompagner toute l'économie dans sa conversion écologique. Alors vous voyez, je suis optimiste parce que je vois des progrès, des progrès réels. Notre avenir dépend désormais de la capacité de ce gouvernement à sortir de ses ambiguïtés et à cesser de faire payer le pays pour ses ambiguï-

(1) SURE : Support to mitigate Unemployment Risks in an Emergency.

tés. Et je vais vous donner un excellent exemple d'ambiguïté car il vaut plus que mille mots : Giorgia Meloni a échoué dans sa médiation auprès de la Hongrie et la Pologne lors du dernier Conseil européen consacré à l'émigration. C'est la preuve évidente qu'elle s'est trompée d'amis parce que ce sont ces pays précisément qui ne veulent pas entendre parler de solidarité avec l'Italie pour l'accueil des migrants, Aujourd'hui, ce sont les alliances nationalistes de Giorgia Meloni qui votent contre elle. Ce qui m'a frappée, c'est qu'après que Morawiecki a réitéré ce « non », qu'a-t-elle dit lors de la conférence de presse ? Elle a dit qu'ils avaient raison.

Quand nous nous sommes battus pour demander une réforme du règlement de Dublin qui régit les demandes des migrants au niveau de l'UE, Fratelli d'Italia n'a pas soutenu notre démarche précisément pour ne pas déplaire à Orban et à leurs alliés inconfortables. Il y a beaucoup de contradictions sur ce front que j'appelle l'internationale des nationalistes. Cette alliance doit aussi être un appel pour que nous, forces démocratiques et écologistes progressistes, nous engagions à partager notre vision de l'avenir pour mieux mener les prochaines batailles. Parce que les nationalistes le font. Ils s'organisent. Même si à la fin leurs contradictions explosent.

C.L. : À brève échéance, il y a un autre défi très important pour l'Union européenne : le possible élargissement à l'Ukraine, la Moldavie, la Géorgie, mais aussi à la Bosnie, l'Albanie et la Macédoine du Nord. Quelle est votre position sur cette question fondamentale ?

E.S. : Écoutez, je pense que c'est la voie juste et nécessaire parce que l'Union a démontré qu'elle se souciait d'un continent qui a toujours été en guerre et qu'elle tente de partager ses ressources malgré nos différences. J'ai donc toujours soutenu la voie de l'élargissement tout en étant évidemment consciente qu'il ne s'agit pas d'un processus simple. Mais nous ne pouvons pas trahir les attentes de ces peuples qui regardent avec espoir dans notre direction, à commencer par l'Ukraine qui, je l'espère, pourra adhérer le plus tôt possible à l'Union européenne. Je suis heureuse que l'Union et ses gouvernements aient jusqu'à présent fait preuve d'unité et de compacité dans la défense du peuple ukrainien soumis à une invasion criminelle.

C.L. : En 2024, nous commémorerons les 20 ans de l'entrée des premiers pays de l'ancien bloc de l'Est dans l'Union. J'ai l'impression qu'il y a encore beaucoup à faire pour renforcer les liens avec cette partie de l'Europe. Et en particulier avec ceux qui, aujourd'hui, à Budapest et Varsovie, combattent le populisme de droite. Qu'en pensez-vous ?

E.S. : Absolument ! J'en suis convaincue. La démocratie illibérale que nous avons vue apparaître depuis quelques années, la « démocrature » comme certains la nomment, met en danger les libertés. La démocratie ne se mesure pas à l'arrogance du plus fort ou de celui qui a, sur son nom, obtenu le plus grand succès électoral, mais au respect des droits des minorités, c'est au cœur de nos valeurs. Le danger vient de la suppression progressive de droits essentiels rejetés par la majorité des citoyens. Dans ces pays, ceux qui luttent contre le pouvoir pour protéger les droits fondamentaux sont les ennemis jurés de ce front de nationalistes qui, lorsqu'ils ne sont pas en mesure de donner des réponses sur le terrain économique et social, choisissent un ennemi par jour, un bouc émissaire. Et si on y réfléchit bien, ces ennemis sont toujours les mêmes : les différents, les migrants, la communauté LGBTQ+, les femmes trop émancipées. Aujourd'hui les nouveaux ennemis des nationalistes sont les écologistes car l'urgence climatique pour cette extrême droite n'est pas une réalité. Regardez ce qui se passe en Italie aujourd'hui. On y voit une photographie d'un pays partagé entre les tempêtes, les tornades qui bouleversent le Nord dont les territoires ont déjà été touchés par les terribles inondations du mois de mai et l'autre moitié, dans le Sud, avec des incendies violents, comme ceux, meurtriers, en Sicile.

Tout cela donne l'image d'un pays extrêmement fragile. La droite au pouvoir condamne l'alarmisme, récuse les analyses scientifiques au lieu de travailler à réduire les raisons des changements climatiques. Dans ce domaine, le gouvernement actuel n'a absolument rien fait. Au contraire, la droite nationaliste tente d'enterrer le *Green Deal* et les mesures courageuses que cherchent à mettre en œuvre l'Union européenne et la Commission, conscientes que nous n'avons qu'une seule planète et qu'elle ne nous appartient pas. Nous l'avons en prêt et notre devoir est de la rendre habitable et sûre pour les prochaines générations. Il est clair que nous ne le faisons pas. Notre planète peut progressivement, et même rapidement, devenir inhabitable. Le grand espoir vient, pour moi, précisément de ces mobilisations pour l'écologie de tant de jeunes qui ont eu l'intelligence de manifester par-delà toutes les frontières. Cela a rendu leur combat et leurs cris tellement plus audibles que cette question du climat tient désormais une place importante, sans précédent, dans l'agenda politique européen. Il en va de même de la contestation féministe.

Je réponds plus précisément à votre question maintenant. Lorsque le gouvernement polonais a remis en question le droit des femmes polonaises à l'avortement, des protestations de dizaines de milliers de personnes dans les rues de Varsovie sont immédiatement apparues. Lorsque nous avons vu ces réactions, nous n'avons pas laissé les femmes polonaises seules. Cela a créé un débat au Parlement européen et cela a permis de freiner le Parlement polonais.

Puis, malheureusement, il y a eu l'intervention de la Cour constitutionnelle, une instance contestée par l'opposition polonaise. Le combat se poursuit, il est hors de question de laisser les jeunes femmes polonaises dans cette situation. Je veux insister sur ce point : les protestations sont plus fortes lorsqu'elles traversent les frontières. Les protestations féministes et écologistes sont des exemples de ce que les forces socialistes progressistes et démocratiques doivent faire pour arrêter cette vague de nationalisme qui est très dangereuse parce que nous savons les conséquences du nationalisme sur notre continent européen : la guerre.

C.L. : Quand je vous entends parler d'environnement, j'ai l'impression que, comme jamais par le passé, vous voulez mettre ce combat au centre du projet politique du Parti démocrate que vous dirigez désormais…

E.S. : Vous n'avez pas tort. C'est une nécessité. Et ce n'est pas un chapitre séparé. C'est le défi crucial pour ma génération et les suivantes. Un défi qui comprend les autres. La proposition sur laquelle nous avons gagné les primaires du Parti démocrate tient ensemble, au même niveau, comme les forces socialistes ne l'ont pas fait par le passé malheureusement, la justice sociale *et* la justice climatique. Pour quelles raisons ? En analysant ce qui se passe à l'échelle de la planète, nous apprenons que ceux qui paient le plus pour les effets de l'urgence climatique sont déjà les plus pauvres, les plus appauvris par les crises économiques et financières. Je m'explique : quels pays souffrent le plus des dégâts de la sécheresse ? Ce sont les pays où il y a du sous-développement. Les pays qui ont le moins contribué aux émissions de gaz à effet de serre et à la pollution sont les pays les plus touchés aujourd'hui. Il y a donc une grande injustice. Regardez à l'intérieur des frontières nationales. C'est exactement la même chose. Le changement climatique affecte tout le monde, c'est une évidence. Un tourbillon ne choisit pas sa victime. Mais des études montrent que les personnes les plus pauvres ont deux fois plus de risques de vivre dans des contextes fragiles du point de vue des risques hydrologiques. La crise climatique affecte plus directement ceux qui n'ont pas la possibilité de déménager et ceux qui n'ont pas la possibilité de choisir l'endroit où travailler, ceux qui n'ont pas la possibilité de s'éloigner d'une qualité de l'air nocive pour leur santé. C'est pourquoi la lutte contre les inégalités qui est fondamentale pour nous, pour notre parti, pour la gauche, est indissociable de la lutte contre le changement climatique. Et puis je peux encore vous dire une chose : pour nous, cet engagement offre une autre vision de l'avenir du pays et de l'Europe. Réussir une conversion écologique, c'est changer un modèle de développement qui s'est révélé insoutenable, qui a creusé des inégalités et qui a montré ses limites. S'engager de manière décidée dans la conversion écologique, c'est à la fois essayer au plus vite, avant qu'il ne soit trop tard, de trouver une forme d'équilibre pour la planète et inventer une nouvelle manière de créer des opportunités pour des entreprises qui prennent des engagements en ce sens. L'efficacité de ce projet a été démontrée.

Aux ministres de ce gouvernement de négationnistes du changement climatique qui se plaignent des coûts de la transition écologique, nous opposons des éléments factuels. Nous avons des chiffres indiscutables suite aux catastrophes des derniers mois avec leurs dégâts considérables consécutifs aux glissements de terrain, incendies, inondations. Des milliards d'euros n'ont pas été trouvés pour venir en aide aux familles et aux entreprises, pour soutenir l'agriculture. Ce sont les coûts de la non-transition. Ce sont les coûts de notre indifférence à ces menaces. Les données scientifiques montrent que ces coûts sont beaucoup plus élevés après une catastrophe. Il est prouvé qu'il est dépensé quatre fois plus à la suite d'une intervention en urgence que ce qui aurait dû être investi en amont dans la prévention. Cette attitude n'est pas seulement antiécologique mais elle est aussi antiéconomique. Lorsque j'écoute ce gouvernement, l'Italie n'est pas un territoire exposé à l'urgence climatique et aux événements climatiques extrêmes. C'est une folie. C'est pourquoi j'affirme que cet engagement en faveur de l'écologie n'est pas un chapitre du programme : c'est le programme. C'est une vision qui met sur un même plan la justice sociale, le travail et le climat. C'est la conversion écologique.

C.L. : Vous retrouvez-vous dans la vision d'Emmanuel Macron sur l'Europe lorsqu'il affirme qu'il est nécessaire de mettre l'Europe au centre de toutes les politiques nationales des pays membres de l'UE ?

E.S. : Absolument. Récemment, nous, fédéralistes européens, avec toute la direction du Parti démocrate, nous nous sommes rendus, en hommage, à Ventotene[2], où vous savez sans doute qu'Altiero Spinelli, Ursula Hirschmann, Ernesto Rossi, Ada Rossi et même Eugenio Colorni, jeunes militants antifascistes, condamnés par le régime de Mussolini, ont écrit, en 1941, en pleine guerre, un manifeste qui pour nous a toujours une grande importance, un manifeste où s'exprime une intuition forte pour l'Europe, *Pour une Europe libre et unie*, un texte précurseur à de nombreux égards. La haine et l'intolérance les ont envoyés sur cette île. Plutôt que de répondre par la haine ou l'intolérance, c'est ce qui rend leur attitude extraordinaire, ils ont réagi en considérant que les pays

(2) Île Pontine au large de la Campanie. Mussolini y créa un lieu de détention pour les opposants au régime qui ne cessa de croître avec les années. Huit cents prisonniers y vivaient à partir de 1940, en régime de semi-liberté en journée. Altiero Spinelli, mort en 1986, y fut enterré.

européens devaient cesser de se combattre et commencer à travailler à l'élaboration d'un projet de justice sociale et de plus grandes opportunités pour les générations futures.

Aujourd'hui, il est clair, pour nous, que les politiques européennes sont des politiques intérieures et non pas des politiques étrangères. C'est ma conviction. Or, les grands défis auxquels nous sommes confrontés ne peuvent être résolus simplement à l'échelle de la nation.
J'ai déjà évoqué la migration de populations en provenance de l'Afrique et du Moyen-Orient. Quel pays peut-il relever seul ce défi migratoire ? Observez ce qui s'est passé au cours des dernières années : six pays sur vingt-sept ont traité seuls 80 % des demandes d'asile de personnes arrivées sur le territoire de l'Union européenne. Cela correspond-il à la solidarité qui engage les États membres ? Nous devons changer de politique, nous devons changer le traité de Dublin. Macron l'a dit aussi mais je conteste l'idée qu'il s'est réellement battu pour faire évoluer cette situation. Lui et Angela Merkel, avec l'Italie et l'Espagne, afin de faire évoluer positivement leur projet de vote à la majorité qualifiée, sans rupture avec les pays de Visegrad, n'ont pas suffisamment insisté. En cela, je considère qu'ils ont renforcé les positions de la Hongrie et de la Pologne.

Sur un autre sujet important, celui de la justice fiscale, il n'est plus possible de tolérer le fait d'avoir vingt-sept systèmes fiscaux différents qui autorisent, encouragent même, certains à se livrer à de l'optimisation fiscale qui, en toute légalité, leur donne la possibilité de ne payer au final qu'à hauteur de 0,005 % de leur fortune alors que, à l'échelle nationale, les entreprises et le travail sont imposés à plus de 40 %. C'est une bataille essentielle pour la redistribution. Notre capacité d'obtenir des ressources pour des investissements dans l'éducation, la recherche, l'innovation en dépend. La possibilité de la conversion écologique passe par conséquent par là. Des économistes évaluent l'évasion fiscale annuelle en Europe à 700-800 milliards d'euros. Cela correspond au financement d'un nouveau plan NextGenerationEU ! Nous aurions donc pu doubler les investissements pour la relance économique et la conversion écologique avec quelques mesures de transparence fiscale. La concurrence fiscale entre les États membres entraîne une pénurie de ressources importantes. Il faut y mettre fin.

Je voudrais revenir une fois encore à la conversion climatique pour souligner que seul un engagement à l'échelle européenne est efficace. Sans règles communes et sans outils d'investissement partagés, les pays n'y arriveront pas. Ce n'est qu'ensemble que nous pourrons faire un bond en avant dans la production d'énergie propre et renouvelable et dans notre indépendance énergétique, une indépendance énergétique européenne. C'est aujourd'hui une question de démocratie, de crédibilité et de géopolitique. Combien avons-nous payé notre dépendance au gaz de Poutine au cours de cette année et demie ? La réduction nécessaire de la consommation d'énergie a mis les entreprises et les ménages en Italie dans d'énormes difficultés.

D'autres défis collectifs nous attendent, ceux de la politique étrangère et de la sécurité commune en particulier. À Kissinger, on attribue la formule « L'Europe ? Quel numéro de téléphone ? ». Une formule cynique qui reste très actuelle. Nous devons trouver un dispositif permettant à l'Union européenne de parler d'une voix forte sur certaines questions majeures de politique étrangère, comme nous devons le faire face à l'invasion et la destruction de l'Ukraine. Cette voix pourrait contribuer à forcer Poutine à retirer ses troupes, à la possibilité d'un cessez-le-feu, à trouver la voie pour négocier une paix juste pour les Ukrainiens. Il faut par conséquent un rôle politique et diplomatique renforcé pour l'Europe, mais les États sont toujours jaloux de leurs compétences à ce stade.

Je veux aussi une plus grande intégration européenne, un processus participatif nourri par des débats avec le public sur l'avenir de l'Union européenne. Nous avons plusieurs points de convergence avec certains des combats que mène Emmanuel Macron. Mais évidemment, son projet est très différent du nôtre, sur le contenu des politiques économiques notamment. Il n'empêche, la France est un pays que l'on regarde avec beaucoup d'intérêt, avec beaucoup d'amitié. Nos avenirs sont liés. Tout ce qui peut approfondir cette relation doit être soutenu. Il nous faut aller de l'avant ensemble. Mais je suis bien consciente que pour les grands pays européens en particulier, il n'est jamais facile de renoncer à une partie de sa souveraineté nationale pour en faire bénéficier une souveraineté européenne. C'est pourtant un combat qu'il nous faut mener.

En conclusion, je peux envisager de travailler avec des forces libérales, différentes des nôtres, mais profondément pro-européennes, ainsi qu'avec des forces écologistes pro-européennes également. Au vu des résultats des dernières élections espagnoles, l'alliance entre droites populistes et droites conservatrices au niveau européen me semble moins probable. La droite trahirait avec un tel accord sa propre histoire et l'histoire de la culture européenne. Je suis dans l'opposition à la droite libérale, mais je dois avouer qu'elle n'a jamais été ambiguë sur le nationalisme. Cela me paraît donc tout à fait inquiétant lorsqu'un élu de la CDU évoque la possibilité d'accords locaux avec l'AfD, un parti qui a parmi ses membres des personnes qui portent réellement une idéologie nazie.

C.L. : Lorsque je vous entends défendre avec autant de force le projet européen, la collaboration au niveau international, la possibilité de trouver des accords avec des partis pro-européens mais d'une autre couleur politique, je ne peux m'empêcher de me demander avec qui, en France, vous comptez développer un projet politique européen ambitieux. Avec qui parlez-vous ?

E.S. : Depuis que j'ai pris la tête du Parti démocrate, mes premiers interlocuteurs naturels sont les partis socialistes qui font partie du PSE[3]. Je dois avouer que mon expérience bruxelloise comme élue du Parlement européen m'a appris la valeur du dialogue, avec toutes les forces progressistes, démocratiques, écologistes mais aussi libérales. Cela signifie que nous avons un large éventail d'interlocuteurs, des élus de partis de l'opposition qui partagent des points clés comme l'opposition au nationalisme et qui sont favorables à des changements au niveau européen en matière de solidarité, de conversion climatique, de proximité avec les citoyens.

À ce stade, je ne peux pas répondre plus précisément à votre question car je n'ai pas encore pu me rendre en France depuis que j'ai été élue secrétaire du Parti démocrate, en mars dernier. Je me suis rendue à Bruxelles en revanche. Mais il est évident que je viendrai en France dans un proche avenir pour approfondir les relations avec diffé-

(3) Le Parti socialiste européen.

rents interlocuteurs dont les contributions aux forces progressistes pourraient être stimulantes.

Cette expérience au Parlement européen, entre 2014 et 2019, dans des années difficiles où les villes de Paris et Nice ont été brutalement attaquées, et pour lesquelles nous nous sommes mobilisés ; certains repères essentiels ont vacillé, comme les accords de Schengen ; le Brexit a eu des effets désastreux, surtout sur les personnes les plus fragiles, une terrible leçon pour ceux qui avaient défendu l'idée fausse, absurde, que pour redonner souveraineté et pouvoir aux citoyens, il fallait fermer les frontières, la vérité étant que nous sommes et que nous resterons totalement interconnectés.

Pour moi, la réponse est celle-ci : faire vivre davantage l'espace européen, le démocratiser et donner de la souveraineté à tous les citoyens européens au niveau de l'Union européenne car c'est à ce niveau que nous pouvons faire évoluer positivement la vie des citoyens de l'UE. J'espère qu'avec le Parti démocrate, nous pourrons apporter une contribution importante dans ce sens.

En Italie, nous sommes dans l'opposition. Ce gouvernement qui n'apporte pas de réponses, aggrave les conditions matérielles des travailleurs avec des choix qui appauvrissent le travail. C'est une droite qui veut écraser les plus fragiles parce qu'elle pense que ce sont des sans voix qui ne pourront pas s'organiser ou manifester. Cette droite a une responsabilité sur le taux d'abstention qui, au cours des derniers scrutins électoraux, a atteint un niveau très préoccupant.

Nous devons apporter un futur, une alternative aux Italiens qui ont été séduits par cette droite populiste et d'extrême droite en septembre 2022. Elle a réussi à convaincre cette partie de l'Italie qui souffre le plus, qui est composée des travailleurs les plus précaires, qui est composée de chômeurs, pour beaucoup qui n'ont pas trouvé de travail depuis des années, qui est composée de jeunes qui ont peur de l'avenir et qui ont peu de perspectives, des difficultés à construire une famille, qui est constituée de petites et moyennes entreprises qui doivent être accompagnées et qu'il faut prendre en main sous peine que le processus de transformation de la société les submerge. Nous avons donc énormément de choses à entreprendre et nous ne voulons pas le faire seuls. Pour cela, il nous faut nous rapprocher de tous nos partenaires européens. Ce sera fondamental dans notre travail au cours des prochains mois. Je suis convaincue que nous y arriverons.

Traduit de l'italien par Christian Longchamp.

CHRISTIAN **LONGCHAMP**

La Fondation Giangiacomo Feltrinelli ou le laboratoire de la pensée progressiste

Antica Trattoria della Pesa, viale Pasubio, dans le quartier milanais de Porta Volta. Un restaurant à l'ancienne, nappes blanches, chaises en bois d'un brun rouge sombre, tout comme la boiserie, grand buffet d'un ton plus clair.

Quelques tableaux au mur, des natures mortes souvent, des photographies en noir et blanc, un sol en damier rouge et gris. Des serveurs en livrée, tous d'un certain âge, tous fidèles, sans doute; à l'une des plus renommées « trattorie » de Milan qui ouvrit ses portes à cette adresse, en 1880, neuf ans après que Rome fut officiellement devenue la capitale du jeune État italien. Des risottos sortent de cuisine et atterrissent sur des tables occupées par des clients qui ont leurs habitudes. Il y a ici quelque chose d'à la fois suranné et élégant. On jurerait qu'une horloge astronomique différente y veille. Des restaurants de ce type existent encore dans de nombreuses villes en Italie. On y goûte une culture autant qu'une gastronomie. Mais la Trattoria della Pesa a une particularité que d'autres de son espèce n'ont pas. Elle m'a été rapportée par Ezio Mauro, le journaliste et écrivain, directeur de *La Repubblica* pendant vingt ans, lorsqu'il m'y a emmené une première fois. Et elle a été évoquée à nouveau, avec gourmandise, par Carlo Feltrinelli et Massimiliano Tarantino, lorsque nous nous y sommes retrouvés : Hô Chi Minh, oui, le grand Hô Chi Minh, l'une des personnalités capitales de la décolonisation, celui qui proclama l'indépendance du Vietnam dès 1945, celui qui mena son peuple à la victoire, contre la France et les États-Unis, Hô Chi Minh, « la volonté qui illumine », qui se faisait appeler alors Nguyen Tat Thanh, « celui qui sera victorieux », travailla dans ce restaurant, au début des années 1930, alors qu'il était une fois encore en exil, peu de temps après avoir créé le parti communiste indochinois à Hong Kong. On le sait, de tous les chefs révolutionnaires communistes du XXe siècle, il fut sans doute celui qui voyagea le plus, en Europe et aux États-Unis, en Union soviétique et en Chine, il jongla avec les noms d'emprunt et exerça une batterie de métiers. Ici, dans ce restaurant, plongeur tout d'abord, aide-cuisinier ensuite. Un révolutionnaire, un marxiste d'un peu plus de 40 ans alors, incognito dans un restaurant tenu durant des décennies par la même famille de la bourgeoisie milanaise.

Comment Carlo Feltrinelli pourrait-il ne pas savourer un tel coup du sort ? C'est sur cette même viale Pasubio, en face de la trattoria, qu'il a décidé d'élever le nouveau site de la Fondation Giangiacomo Feltrinelli, une institution unique en Europe qui porte le nom de son père. Feltrinelli, un nom connu de tous les Français qui voyagent dans la Péninsule en raison du réseau de librairies qui s'étend désormais dans toutes les grandes villes du pays. Feltrinelli, la maison d'édition, l'une des meilleures en Italie, nous y reviendrons. Feltrinelli, cette Fondation étrangement méconnue encore compte tenu des richesses dont elle dispose. Feltrinelli, Giangiacomo, sans doute l'homme le plus romanesque, original, brillant de l'édition italienne des années 1955-1970, sans doute l'éditeur aux parts d'ombres les plus mystérieuses, pour certains scandaleuses, que les plus de cinquante ans qui nous séparent désormais de sa mort spectaculaire, en mars 1972, n'ont toujours pas éclaircies. La bombe qu'il manipulait explosa-t-elle avant l'heure ? Des services secrets américains, israéliens ou italiens l'ont-il piégé ? Une chose est certaine, à partir de 1965, plus encore après

1968, Giangiacomo Feltrinelli s'engagea dans la lutte révolutionnaire internationale avec des ramifications en Amérique du Sud, en Afrique du Nord, en Palestine, en Allemagne, en Grèce et sans doute dans des pays de l'ancien bloc de l'Est. Il mit sa fortune personnelle à contribution et il entra dans la clandestinité. Une fuite en avant ? Un aveuglement ? Une aventure suicidaire ? L'époque était à la décolonisation, Tommie Smith et John Carlos avaient levé le poing ganté de noir et avaient baissé la tête sur le podium du 200 mètres des JO de Mexico, le Mai 68 parisien avait une aura internationale, la guerre du Vietnam faisait rage, Ernesto Che Guevara avait été assassiné en Bolivie, Fidel Castro promettait un nouveau monde. Oui, il y avait eu Budapest en 1956, oui, il y avait eu Prague dans cette même période. Les chars du pacte de Varsovie avaient écrasé l'espoir d'un autre socialisme. Jan Palach s'était immolé place Venceslas. Et pourtant on en appelait toujours à la révolution marxiste. Seule celle-ci permettait à la gauche européenne de rêver à l'indépendance et à la chute des empires et des dictatures. Dans ce contexte, l'Italie n'était pas à la traîne. Et il y eut ce moment dramatique à Milan qui marqua l'entrée du pays dans une dérive violente, terroriste, que nous avons du mal à ne serait-ce que concevoir aujourd'hui : l'attentat de piazza Fontana, le 12 décembre 1969, dans la Banque nationale d'Agriculture qui causa la mort de 17 personnes et en blessa 88. Jamais l'Italie n'avait semblé aussi fragile depuis la chute du fascisme. Dans l'angoisse, la population se mobilisait, se révoltait mais tout semblait possible, à commencer par un coup d'État militaire comme celui que la Grèce avait connu deux ans plus tôt. D'ailleurs, *L'Espresso* d'Eugenio Scalfari, le futur fondateur de *La Repubblica*, n'avait-il pas publié à partir de janvier 1967 une large enquête qui révéla non seulement que plus de 150 000 citoyens italiens étaient fichés et considérés comme « dangereux » par le Sifar, les services secrets. Même Giuseppe Saragat, qui était entre-temps devenu président de la République, avait droit à son dossier, mais également les détails du « Piano solo » conçu par le général de Lorenzo, un projet de renversement politique, d'occupation *manu militari* des institutions et de création de camps de concentration pour les opposants politiques. Avec l'attentat de piazza Fontana, suivi d'autres qui échouèrent miraculeusement, d'autres qui firent de nombreuses victimes, et jusqu'au carnage de la gare de Bologne, le 2 août 1980, l'Italie basculait dans l'inconnu. La stratégie de la tension débutait. L'extrême droite cherchait à provoquer une réaction puissante de l'armée afin de mettre fin à la démocratie. Les Brigades rouges, comme d'autres formations d'extrême gauche, le GAP (Gruppi d'Azione Partigiana) notamment, créé par Feltrinelli, allaient réagir.

La mort de Giangiacomo Feltrinelli à Segrate, dans la périphérie de Milan, à l'âge de 45 ans, au pied de pylônes électriques qu'il voulait faire exploser, marqua la fin d'une vie exceptionnelle. Elle allait donner une dimension quasi mythique à son aventure intellectuelle, entrepreneuriale et politique.

Après avoir terminé notre repas à l'Antica Trattoria della Pesa, repas au cours duquel Carlo Feltrinelli, aujourd'hui président du groupe Feltrinelli, Massimiliano Tarantino, directeur de la Fondation Feltrinelli et moi avons longuement évoqué l'état des gauches françaises et italiennes, parlé d'Emmanuel Macron – bien que critiques, ils paraissent toujours fascinés par l'animal politique – et nous être projetés dans les futurs défis européens, nous quittons le restaurant et le souvenir de Hô Chi Minh, traversons la viale Pasubio, pour nous rendre dans le bâtiment impressionnant, radical, long de 188 mètres, haut de 32 mètres, un monument de béton et de verre, ultra-contemporain avec quelques allusions à l'architecture gothique et au grand Aldo Rossi, une formidable réussite des Suisses Herzog et de Meuron. Carlo Feltrinelli rêvait de créer à Milan, pour Milan, une forme de Centre Pompidou politique, une institution pluridisciplinaire avec une programmation ambitieuse et singulière, un lieu de travail, une bibliothèque, un espace d'échanges et de débats, un lieu accessible, ouvert, avec une grande librairie Feltrinelli et son restaurant, son café, sa terrasse au rez-de-chaussée.

Je suis Carlo Feltrinelli et Massimiliano Tarantino dans les espaces stylisés, aérés et lumineux de la Fondation. Ils m'ont proposé d'assister à une réunion importante pour eux, à une réflexion critique collective sur le positionnement de la Fondation dans les débats publics en Italie et sur les moyens à mettre en œuvre pour mobiliser plus encore, les plus jeunes notamment, sur des questions sociétales. Une vingtaine de personnes se retrouvent dans une grande salle, une dizaine suivent et participent à distance via des écrans de toutes les régions italiennes. Il y a des professeurs, des étudiants, des membres d'ONG, des programmateurs de la Fondation, des éditeurs de la maison d'édition Feltrinelli, tous engagés dans le présent et l'avenir de la Fondation, mais plus largement dans la vie sociale et politique de l'Italie. La parole circule aisément, les propos sont posés et engagés. Chez chacun des intervenants apparaissent l'inquiétude, la nécessité d'agir, la volonté de construire des alternatives. L'extrême droite est au pouvoir et pour lui faire face, il paraît crucial pour chacun de se mobiliser en déployant de nouveaux argumentaires, des initiatives de programmation renouvelées, des stratégies de communication plus agressives. Des suggestions sont formulées. Il y a une énergie froide, rationnelle, constructive dans ces échanges. Si la Fondation Giangiacomo Feltrinelli cherche à développer de nouvelles synergies, à repenser les usages des espaces publics, les réseaux de sociabilité dans la cité, elle ne l'imagine pas à travers des slogans, des formules lapidaires, des raccourcis séducteurs. La place centrale dans cette réunion est attribuée à la pensée construite, raisonnée. Ce laboratoire de réflexion politique en témoigne, avant de gagner la rue, la pensée de gauche, le renouvellement de la social-démocratie, ne peut faire l'économie d'une autocritique, d'une réévaluation de ses objectifs, des ambitions qu'elle souhaite proposer aux citoyens italiens. Et d'ailleurs, Massimo Feltrinelli qui dirige cette rencontre avait commencé par évoquer aux participants un contact pris avec l'équipe d'Elly Schlein, la nouvelle secrétaire du Parti démocrate, une sorte d'invitation sous forme de proposition : s'appuyer sur le potentiel intellectuel qu'offre la Fondation pour s'engager dans une réflexion en profondeur sur les questions essentielles pour ce parti et pour l'accompagner dans l'élaboration d'un nouveau projet politique. La Fondation Giangiacomo Feltrinelli est trop jalouse de son indépendance pour envisager un quelconque alignement avec quelque parti que ce soit. Son exigence intellectuelle le lui interdit. Elle se considère sans doute beaucoup plus comme un outil, un levier, un moyen. Un espace d'opportunités. Et j'en reviens à ce point central : un lieu de réflexion collective, un forum, une place publique pour l'analyse de la société, une agora pour se projeter dans l'avenir.

La politique a été centrale dans la vie de Giangiacomo Feltrinelli, bien avant son engagement dans les éléments les plus radicaux de la gauche dans la fin des années 1960. Dès l'origine, les principes qui fondèrent la Fondation en témoignent.

Fils de l'un des plus importants entrepreneurs italiens aux succès économiques spectaculaires tant dans l'industrie du bois que dans la banque, il hérita jeune d'une fortune considérable qu'il consacra en partie à défendre une certaine idée de la gauche. Rétrospectivement, il apparaît que la maison d'édition qu'il créa en 1955 fut une forme d'extension intellectuelle naturelle d'un projet plus ancien, qui, lui, vit le jour en 1949, via Scarlatti, alors que Giangiacomo Feltrinelli avait 23 ans. Il y eut en effet, préalablement à la création de la « casa editrice », une entreprise intellectuelle aussi originale qu'ambitieuse, européenne : la création d'une bibliothèque de recherche consacrée aux mouvements ouvriers, à la pensée des Lumières, au Risorgimento et à l'antifascisme. Durant des années, en multipliant des contacts dans toute l'Europe, à Paris en particulier, GGF, c'est ainsi que ses collaborateurs finirent pas le surnommer, s'employa à acheter tout ce qui pouvait avoir un lien avec ces sujets. Des éditions originales, des quotidiens, des revues, des correspondances, des tracts, etc. Ce furent ensuite les mouvements de gauche aux États-Unis et en Amérique du Sud, les syndicats et associations de libération du joug soviétique dans les pays de l'est de l'Europe. Tout ce que l'imprimé pouvait témoigner de ces luttes sociales et politiques devait se retrouver dans ces collections initiées par Feltrinelli à la fin des années 1940. Le patrimoine accumulé forme aujourd'hui un fonds unique au niveau international, où la parole de l'écrivain comme celle de l'ouvrier, celle de l'homme politique comme celle du syndicaliste, celle du journaliste comme celle du paysan sont associées. Ce fonds attire des chercheurs de tous les continents. Et joue, comme me l'a dit Massimiliano Tarantino, « un rôle de guide dans la critique du présent ». Cette bibliothèque est l'espace des utopies qui ont porté des combats progressistes depuis le XVIIIe siècle.

En 1960, la Bibliothèque devint Institut (puis se transformera en Fondation en 1974) au moment où le fonds déménagea pour occuper ses nouveaux espaces, via Romagnosi, à proximité du siège de la maison d'édition Feltrinelli. L'Institut eut alors pour projet de devenir un laboratoire pluridisciplinaire de réflexion pour activistes, sociologues, dirigeants politiques et syndicaux, économistes de gauche.
Les années 1960 furent celles de la publication aux couleurs des éditions Feltrinelli de grands textes théoriques, d'essais pour penser le présent, de manifestes, de mémoires de figures de la décolonisation. Ce n'est d'ailleurs en aucune manière par hasard que l'aventure éditoriale de Feltrinelli débuta par la publication du *Fléau de la svastika* de Lord Russell, une histoire des crimes

nazis, et l'*Autobiographie* de Jawaharlal Nehru, le compagnon de route de Ghandi, l'homme de l'indépendance de l'Inde, le premier Premier ministre de ce pays gigantesque dont il assuma la charge pendant plus de seize ans. Antifascisme et décolonisation. Dès sa création en 1955, la ligne éditoriale de Feltrinelli était claire.
Par la suite, les trois coups de maître de GGF qui ont fait de lui, en Europe comme aux États-Unis, l'un des éditeurs les plus connus, les plus médiatisés soulignèrent sa liberté, sa curiosité et sa passion : *Le Docteur Jivago* de Boris Pasternak, *Le Guépard* de Giuseppe Tomasi di Lampedusa et *Cent ans de solitude* de Gabriel García Márquez. Le roman d'un homme surveillé, empêché dans ses mouvements, soumis à la censure, publié pour la première fois dans des conditions invraisemblables et qui valut à son auteur le prix Nobel, le roman d'un inconnu qui évoque l'histoire de la Sicile au moment du Risorgimento et le roman, publié pour la première fois en traduction, d'un auteur colombien qui, avec ce livre, invente le réalisme magique et promeut la littérature sud-américaine au niveau des plus passionnantes de l'époque.

Avec Inge Schönthal Feltrinelli, une photographe allemande que ses portraits d'Hemingway, Garbo, Kazan, Kennedy et de beaucoup d'autres, réalisés dans les années 1950 à Cuba et aux Etats-Unis, avaient rendue célèbre, une jeune femme rencontrée en 1958 à Hambourg dans les bureaux de l'éditeur Rowohlt, GGF allait partager passions éditoriales, voyages et jusqu'à un certain point ses engagements politiques. C'est grâce à elle, ainsi qu'avec le soutien de collaborateurs fidèles de Feltrinelli, que la maison d'édition survécut à l'entrée dans la clandestinité puis à la mort de son créateur. Ses relations personnelles avec Max Frisch, Günter Grass, Heinrich Böll, Friedrich Dürrenmatt, Doris Lessing, Nadine Gordimer ont été essentielles pour le développement international de la maison Feltrinelli. Décédée en 2018, Carlo Feltrinelli a décidé d'honorer sa mémoire en créant un prix qui porte son nom et qui couronne des femmes pour leurs œuvres engagées et pour leurs enquêtes journalistiques.

Je rejoins Carlo Feltrinelli et Massimiliano Tarantino dans un bureau ouvert sur la ville. Si ce dernier est disert et spontané, Carlo Feltrinelli est plus économe de sa parole, plus secret. Mais il est toujours extrêmement présent, oui, c'est ainsi qu'il m'apparaît, un bloc de présence avec un regard puissant associé à une impression de force physique. Impossible de ne pas superposer à cet homme assis face à moi l'image que je me suis faite de lui, à l'âge de 9 ans. C'est l'écoute récente d'un passionnant podcast en huit épisodes disponible sur Spotify, « GGF, editore e rivoluzionario », qui est en la cause. Des extraits déchirants de lettres de Giangiacomo Feltrinelli à son fils Carlo qui n'avait pas 10 ans où un père dit à son fils tout l'amour qu'il lui porte malgré l'absence, où il lui dit les raisons de son engagement politique alors qu'il est en train de se précipiter dans des activités révolutionnaires qui ne peuvent se terminer que dans la tragédie.

Tous les trois, nous parlons une fois encore de l'importance de l'Europe, de la nécessité de développer des initiatives intellectuelles, des échanges, des réseaux à l'échelle du continent pour mieux comprendre la complexité du réel à l'époque du numérique, des nouvelles inégalités culturelles et sociales, de la montée des populismes de droite et pour renouveler les programmes, les méthodes, les pratiques de la gauche, celle qui aspire à gouverner, à assumer des responsabilités. Ce laboratoire milanais est unique. Nous rêvons à voix haute d'autres laboratoires, des laboratoires satellites, légers et souples, mobiles à Varsovie et à Athènes, à Madrid et à Berlin, à Palerme et à Helsinki, à Lisbonne et à, oui, espérons-le, rapidement, Kyiv. Cette circulation de la pensée, ces partages d'expériences, cette commune volonté de faire émerger une société fondée sur des valeurs de gauche, sur la défense des plus faibles et avec l'impérieuse nécessité de donner à la protection de l'environnement une place centrale, oui, nous en rêvons.

Ce laboratoire milanais, cette Fondation Giangiacomo Feltrinelli, avec son histoire, ses collections, son ambition, sa programmation, son très remarquable site internet qui propose des analyses, documentations et podcasts pour comprendre le passé et le présent, est une fabrique de l'intelligence qui doit rendre certains de ces rêves possibles.

En quittant la Fondation, en me retrouvant sur la viale Pasubio, avec en main l'édition la plus récente de *Senior Service*, la splendide biographie que Carlo Feltrinelli a consacrée à son père, publiée en français par Christian Bourgois, je ne peux m'empêcher de sourire en regardant la façade de l'Antica Trattoria della Pesa. À la fin des années 1960, avant d'entrer dans la clandestinité et d'emprunter à son tour plusieurs pseudonymes, Giangiacomo Feltrinelli publia des textes politiques qui marquèrent ces années, de la lecture du *Capital* par Althusser à *Oraison funèbre pour Che Guevara* par Fidel Castro. Parmi ces livres, il y en avait un autre auquel GGF tenait beaucoup, un livre qu'il édita en 1967 et que la jeunesse italienne de gauche a beaucoup lu, un recueil de textes, de lettres et de discours d'un homme hors du commun qui fut pendant un temps plongeur, puis aide-cuisinier dans une trattoria de Milan.

DACIA **MARAINI**

L'époque de la peur et de la régression

Une époque de peur. Une époque de régression. Mais quel lien y a-t-il entre le premier et le second terme ? Comment passe-t-on de la peur à la régression ?

Et par ailleurs : peur de quoi ? Pourquoi ? Wilhelm Reich, le psychanalyste juif autrichien qui a fui le nazisme au cours des années 1930, analysant la montée du nationalisme raciste, nous dit que lorsque les gens sont saisis par la peur, ils ont tendance à se regrouper en meute, à créer une solidarité entre semblables basée sur le rejet de l'autre. La meute a besoin d'un chef, peu importe qu'il soit voyou, violent, rapace. La meute obéit à un besoin primitif de défense de l'identité menacée contre tout et tous sans élaborer de stratégies ou pensées politiques, animée uniquement par le désir de survivre.

Le chef choisi doit alors savoir réprimer sa libido personnelle pour susciter les instincts les plus archaïques de rapacité collective. La libido doit se transformer en un désir de guerre. L'homme ef-

frayé suit de fausses promesses, faisant taire même ses intérêts les plus évidents, pour poursuivre un faux rêve de gloire et d'affirmation.
Les peurs, dit Reich, sont collectives et sont produites par des pandémies, des crises économiques, des guerres perdues, des déplacements de peuples ou de graves changements sociaux. Nous pouvons dire que, pour ce qui est de la pandémie et la crise économique, nous y sommes. Nous les connaissons toutes les deux et nous savons comment, face à la pondération d'un expert comme Draghi, nous avons préféré, nous, Italiens, nous appuyer sur un parti qui porte sur ses couleurs la flamme fasciste. La peur de la pandémie et la peur de la crise économique ont nourri de grands problèmes d'identité, aggravés par une peur supplémentaire, injustifiée, causée par l'arrivée d'un nombre élevé de migrants clandestins, un phénomène qu'aucun gouvernement n'a réussi à gérer.

L'identité, ou le sentiment diffus de soi, est une sensation déterminante pour un peuple. Le nationalisme se reconnaît dans une identité monolithique, immobile dans le temps et qui résulte de formules fixes, tandis que la connaissance de l'histoire, le dialogue politique et culturel tendent à créer le sentiment d'une identité plurielle et diffuse. Pour ce qui me concerne, je suis italienne, mais je suis aussi européenne, je suis aussi un peu japonaise pour avoir passé mon enfance dans ce pays, et je suis sicilienne, mais aussi toscane et un peu anglaise parce que j'ai eu une grand-mère anglo-saxonne, et je suis même un peu suisse puisque les Maraini sont d'origine tessinoise. Devons-nous considérer que les multiples identités sont en conflit entre elles ou créent-elles une richesse intérieure qui aide à affronter les changements les plus inquiétants avec un esprit ouvert et libertaire ?

Mais venons-en à la chronique italienne et aux dernières nouvelles de violences commises par des jeunes. Ce qui surprend, ce n'est pas tant leur âge que leur appartenance sociale[1]. Les clichés affirment que ceux qui utilisent la violence sont issus de milieux défavorisés, de familles pauvres, et ont été exclus de toute scolarité. Ici, au contraire, nous voyons des jeunes de milieux aisés, souvent même des fils de personnes puissantes, se comporter avec une totale absence d'émotivité, de tendresse, de délicatesse d'âme, d'empathie et de respect. Mais pour quelles raisons un beau garçon, en bonne santé, riche, viole-t-il une fille de son âge, au lieu de la courtiser, de l'aimer, de la désirer, comme cela se produit lors d'une rencontre qui naît d'une attraction réciproque ? Ne se pour-

(1) Dacia Maraini fait allusion à une dénonciation pour viol d'une jeune femme dont la presse italienne s'est fait largement l'écho au cours de l'été 2023. Leonardo La Russa, fils du président du Sénat, Ignazio La Russa, membre éminent du parti Fratelli d'Italia, est accusé de viol après usage de drogue. Un autre jeune homme serait également impliqué. Il va sans dire qu'à ce stade, Leonardo La Russa, avant tout procès, est présumé innocent. La mise en cause immédiate de la victime par le président du Sénat répond précisément à l'attitude que dénonce Dacia Maraini dans son texte (N.d.T).

rait-il, comme le suggère Reich, que les jeunes, sensibles à leur époque, prennent au sérieux les frustrations de celle-ci et pensent en revendiquer le malaise en agissant en petits héros de la résistance identitaire de genre ?

Dans la perspective d'une restriction d'identité monolithique, les femmes apparaissent aussi comme différentes et dangereuses. Elles sont considérées comme les représentantes d'une humanité inquiétante et maléfique, à museler, tout particulièrement lorsqu'elles prétendent avoir leur propre désir et leur propre volonté érotique et comportementale. C'est une forme de racisme inconscient qui provient de la tradition historique qui voit le monde féminin comme composé de créatures faibles, sacrées comme des mères, à condamner dès lors qu'elles sortent du rôle qui leur est assigné. Mais que veulent ces diablesses qui prétendent être différentes et meilleures, et qui dans le même temps aspirent à occuper toutes les professions traditionnellement assumées par les fils préférés d'un Dieu le père à la barbe touffue ? Et ainsi le corps féminin devient, comme cela se passe depuis des siècles, le champ de bataille de toutes les guerres. On tue l'ennemi et la femme, elle, considérée comme la propriété de l'ennemi, est violée. Ce qui revient à dire : insérer dans le ventre et ainsi dans le futur du vaincu sa propre semence de vainqueur. Il est clair que dans les viols de notre époque cette attitude persiste seulement sous une forme symbolique, mais elle persiste.

En tant qu'écrivaine, je veux dire par ailleurs que je suis préoccupée par le processus de dégradation linguistique qui affecte notre pays. L'incapacité de s'adapter aux nouveautés, tout comme la servilité envers la langue internationale dominante sont devenues une pratique quotidienne. Les machines parlent en anglais, je serais donc à l'avant-garde en utilisant constamment des termes anglo-saxons. En outre, l'utilisation permanente de l'insulte, d'une langue excrémentielle pour frapper l'adversaire, l'envie d'humilier plutôt que de se mesurer rationnellement à lui : tout cela indique un renoncement à la clarté et à la force de la pensée. L'intellect a besoin d'un langage complexe et créatif. Les insultes et les menaces révèlent une simplification de l'intelligence qui conduit le pays à avilir à la fois lui-même et son besoin d'estime.

Le nationalisme, entendu comme la fermeture des portes à la pensée et au commerce, au lieu de susciter l'amour pour son pays, crée des formes de mépris ou de haine pour les autres, pour ceux qui ne leur ressemblent pas. Nous devrions nous garder de cela parce que nous risquons un isolement mortel et une chute dans l'inconsistance éthique.

Traduit de l'Italien par Christian Longchamp.

LUCIA **ANNUNZIATA**

Une année sans Mario Draghi

On ne peut certainement pas dire de Mario Draghi – en détournant la phrase de Winston Churchill, particulièrement en vogue en ce moment – qu'il est un mystère : un mystère, non, mais une énigme, oui. Sa vie est trop publique pour être mystérieuse, mais ses aspirations et ses intentions restent insondables même pour les personnes qui lui sont le plus proches.

Une année sans Mario Draghi. Le 21 juillet 2022, l'Italien le plus connu au monde et le plus estimé dans les milieux internationaux, démissionne, après un double coup d'arrêt donné à un parcours politique auquel tout le monde – au moins à en croire les déclarations – promettait un long avenir en Italie.

Pendant l'année qui s'est écoulée depuis cette date, l'attention du public s'est progressivement détachée de lui, et son héritage politique lui-même paraît maintenant bien lointain. Pourtant, les questions, les « si », les « peut-être » et les « pourquoi ? » affleurent régulièrement dans les conversations publiques et privées, en agitant les eaux de la mare dans laquelle la politique italienne tend régulièrement à choir. Malgré les tons optimistes, le pays est confronté à des problèmes économiques très sérieux et à un positionnement international qui lui laisse peu de marge de manœuvre. Comment aurait été cette même année, si Mario Draghi avait été élu président de la République en janvier 2022 ? Ou en serions-nous aujourd'hui ? C'est un jeu, sans doute, mais révélateur de bien des choses.

Je propose trois segments pour cette reconstruction, les trois moments qui ont fait basculer l'histoire du gouvernement Draghi et qui demandent encore à être expliqués : sa démission, le président de la République qu'il aurait pu être, son avenir. Les sources de cet article sont les amis et collaborateurs de Mario Draghi, ainsi que d'autres personnes qui m'avaient déjà aidée pour *L'inquilino*[1], l'histoire des gouvernements italiens de Mario Monti à Giorgia Meloni que j'ai publiée chez Feltrinelli en décembre 2022.

Démission ou expulsion ?

Encore aujourd'hui, la narration publique autour de la décision prise par Mario Draghi est tissée d'incertitudes. Elle est surtout alimentée par les forces politiques, et pas seulement de droite, qui ont activement manœuvré contre l'ancien gou-

(1) « Le Locataire » (non traduit).

verneur de la Banque d'Italie et de la BCE. Dans son discours du 21 juillet 2022 où il annonce sa démission, le président du Conseil ne mentionne à aucun moment des coups de force qui auraient été dirigés contre lui, préférant insister sur sa décision personnelle. Le plaisir de ses adversaires, lorsqu'ils l'écoutent, en est redoublé : non seulement Mario Draghi quitte le bureau jaune de la présidence du Conseil, mais il le fait sans accuser personne. Alléluia. Dans le climat de soulagement général, les compliments fusent même : on n'en est en effet jamais avare à l'égard de ceux qui s'en vont. La narration se répand et se codifie avec le passage des semaines, lorsque l'arrivée de Giorgia Meloni, la nouvelle présidente du Conseil, est présentée comme un élément de continuité — le fameux héritage de l'« agenda Draghi ». Une idée, on le comprend, qui sera surtout utilisée pour légitimer une nouvelle leader mise sous observation par les gouvernements européens et qui se positionne souvent différemment dans les relations internationales.

Alors, démission ou expulsion ? « Ce fut un licenciement. » Avec le temps qui a passé et l'eau qui a coulé sous les ponts, il devient plus facile d'apporter des réponses. « Un licenciement qui a duré des mois, et qui s'est fait en plusieurs étapes », répond un de ses collaborateurs au Palazzo Chigi. « Et aujourd'hui, avec le recul, je n'arrive pas à ne pas penser que Matteo Salvini et Antonio Tajani, qui ont mené l'assaut, essayaient d'une certaine manière d'anticiper l'arrivée de Giorgia Meloni. Je ne crois pas me tromper.»

La première étape de ces longs adieux est l'éclatement de l'ordre sur lequel reposait le gouvernement Draghi : un gouvernement d'unité nationale – une formule difficile à mettre en œuvre dans la vie politique italienne – construit sur un mandat «non politique», comme l'a affirmé le président de la République Sergio Mattarella en février 2021, lorsqu'il a proposé le nom de Mario Draghi[2]. Une très large majorité, 94 % sur le papier et dont ne sont exclus que les 6 % du seul parti – Fratelli d'Italia – qui remportera ensuite les élections avec Giorgia Meloni. La cause de cet éclatement, c'est la non-élection de Mario Draghi à la présidence de la République le 29 janvier 2022, par ces mêmes 94 % . C'est la fin *de facto* du gouvernement, parce qu'une telle issue révèle que cette majorité n'existait que sur le papier. «Draghi comprend que son gouvernement est fini. Mais avec l'obéissance du "technicien", il continue son travail.»

Plusieurs dossiers ayant un long avenir devant eux s'entassent sur son bureau du Palazzo Chigi : le Plan national de reconstruction et de résilience (PNRR), qui a été son premier acte politique – la différence avec la gestion de Giuseppe Conte était immédiatement patente –, confié par la présidence

(2) À la suite de la chute du gouvernement Conte II.

du Conseil au ministère des Finances et approuvé le 13 juillet 2021 ; ensuite, il y a l'héritage du Covid ; enfin, la guerre qui éclate par surprise entre les mains des Européens le 24 février 2022, juste après l'élection présidentielle italienne.

Après l'affaiblissement de Mario Draghi, la politique nationale se remet tout de suite en marche, surtout sur les dossiers plus spécifiquement italiens. Ceux-ci sont en effet décisifs, car c'est à travers eux que le pouvoir est distribué aux partis politiques, et des primes à leurs électeurs.

La distribution du pouvoir aux partis passe par le plus important de ces dossiers : les nominations qui refondent tous les trois ans l'organigramme de la direction des entreprises à participation publique. Il s'agit de plus de quatre cents postes de haute responsabilité – les présidents, les directeurs généraux et les conseils d'administration – des entreprises publiques qui sont aussi les plus importantes du pays dans les secteurs clés : les premiers de la liste sont Eni[3] et Enel[4] pour l'énergie ; pour l'industrie de la défense, Leonardo, qui est l'incubateur des technologies de pointe du pays ; Fincantieri pour les chantiers navals ; Ferrovie dello Stato pour les transports. En ce qui concerne les rapports avec leurs électeurs, les partis sont surtout concentrés sur la réforme fiscale et, en parti-

(3) Ente nazionale idrocarburi (société nationale des hydrocarbures).

(4) Ente nazionale per l'energia elettrica (société nationale de l'énergie électrique).

culier, sur la réforme du cadastre — c'est-à-dire le registre public des bâtiments.

Le décret pour la réforme fiscale a déjà été approuvé le 5 octobre 2021, c'est-à-dire bien avant les élections présidentielles qui ont affaibli le gouvernement Draghi. Et déjà à cette occasion, au Conseil des ministres, la Ligue a « déchiré » la majorité en évitant de participer. L'ébauche de la réforme fiscale contient dix articles qui visent à réduire les taxes sur les entreprises, à simplifier l'imposition, à éliminer les « microtaxes » et à réduire l'évasion fiscale. C'est une réforme très attendue par l'Europe, et ô combien nécessaire. Le système d'imposition italien est strictement divisé entre les travailleurs salariés, dont les impôts versés à l'État sont prélevés à la source (de sorte qu'il est impossible de frauder), et les travailleurs indépendants, les commerçants, les professions libérales et les travailleurs précaires, qui sont les catégories où se concentre la majeure partie de l'évasion fiscale. L'autre secteur important de l'évasion fiscale, ce sont les taxes foncières.

Selon les données les plus récentes — celles de l'année 2023 –, l'Italie traîne encore annuellement un poids de 100 milliards d'euros d'évasion. En regard d'une forte évasion fiscale des travailleurs indépendants, et très souvent des super-riches disposant d'un patrimoine à l'étranger, la classe moyenne en Italie se voit prélever 38 % d'impôts.

La réforme Draghi se propose de réorganiser un bon nombre de ces impôts – sur la richesse des personnes physiques (IRPEF) et sur les revenus des sociétés (IRES), qui donnent souvent lieu à une double imposition. Cette réforme entend aussi s'attaquer à une refonte de la TVA, la taxe générale sur la consommation, qui pèse sur les consommateurs pour 22 % en Italie. Et enfin à la taxe foncière, ce qui implique de réformer préalablement le cadastre.

Le cadastre est l'ensemble des documents qui contiennent des informations détaillées sur les propriétés immobilières présentes sur le territoire italien. C'est un recensement de tous les terrains et de toutes les constructions. Actuellement, on recense 76,5 millions d'unités immobilières – à l'exclusion donc des terrains – qui sont classées selon certains paramètres en fonction de leurs finalités, et cela en particulier en vue du calcul des taxes (comme la taxe foncière). Le cadastre utilisé dans le pays date d'il y a soixante-dix ans. Et l'Italie est l'un des pays dont les habitants détiennent le plus grand nombre de propriétés immobilières. L'appréhension qui se fait jour, c'est que la réforme du cadastre puisse entraîner une modification radicale du niveau de taxation pour tous les propriétaires, sur un bien qui est considéré comme sacré. La taxe foncière est la plus impopulaire d'Italie et plus d'un gouvernement s'y est brûlé les doigts : Romano Prodi (qui l'a instituée) et

Silvio Berlusconi (qui l'a supprimée) donnent une idée de ce conflit.

Enfin, sur le bureau de Mario Draghi s'empilent des réformes qui n'ont toujours pas été mises en œuvre à l'heure actuelle : par exemple, celle sur les établissements balnéaires, c'est-à-dire les concessions données par l'État aux structures balnéaires sur une partie des terrains côtiers. On pourrait croire qu'il s'agit d'un problème anecdotique, alors que c'est en réalité un énorme secteur productif dans un pays touristique par excellence et doté de centaines de kilomètres de côtes. Le problème avec les patrons des établissements balnéaires, c'est qu'ils sont très nombreux, qu'ils ne versent presque rien à l'État et qu'ils gagnent beaucoup d'argent ; en outre, au fil des ans leurs concessions ont toujours été renouvelées automatiquement. Ils sont ainsi devenus une caste qui influence fortement la vie politique.

Bref, tous les dossiers qui s'alignent sur le bureau de Mario Draghi ont une profonde influence sur le rapport entre les partis politiques et l'électorat – et, en particulier, comme nous le verrons, l'électorat de centre-droit.

Revenons maintenant à notre source, sur le parcours de Draghi dans son conflit avec la politique nationale : « C'est précisément dans ces replis nationaux que se prépare peu à peu son licenciement. La deuxième étape – l'anticipation du licenciement –, c'est la lettre sur la réforme fiscale adressée à la Commission des finances de la Chambre. Si le gouvernement n'est pas tombé à ce moment-là, c'est à une voix près, grâce à Maurizio Lupi[5]. » L'objet du conflit est la plus classique des questions nationales, le cadastre, dont la réorganisation, comme je le disais, a des conséquences sur la taxe foncière, la mère de toutes les batailles politiques italiennes. La révision des critères en vue de la mise à jour du cadastre tient en échec la Commission des finances de la Chambre pendant toute la journée et, à la fin, la réforme passe par 23 voix contre 22, avec le rejet de l'amendement du centre-droit qui demande de la supprimer. Une seule voix d'écart, révélatrice de toutes les difficultés qui commencent à se faire jour dans la très large alliance de gouvernement. Ainsi, la Ligue annonce qu'à partir de ce moment, elle gardera les mains libres sur les questions fiscales. Pour comprendre le climat de l'époque, rappelons seulement que cette après-midi-là, Mario Draghi contacte directement Silvio Berlusconi pour le convaincre de ne pas suivre la Ligue et de préserver l'unité de la majorité. Mais on ne touche pas à la maison, répond le *Cavaliere*, en rappelant que c'est lui qui a supprimé la taxe foncière. « C'est le début d'une période où chaque action, à l'ombre de la guerre en Ukraine, provoque des effets collatéraux. »

---

(5) Maurizio Lupi est le président d'un petit parti centriste (Noi con l'Italia) qui soutient la majorité actuelle.

Une majorité si large finit forcément par se faire du mal quelque part. Au printemps 2022, le gouvernement Draghi semble avancer par à-coups. Le PNRR fonctionne et encaisse deux tranches, plus une avance sur les fonds versés par l'Europe. Mais les réformes ne progressent pas. À droite, les concessions et les établissements balnéaires n'en finissent pas de revenir sur le devant de la scène. Le *superbonus* – une mesure d'aide au secteur du bâtiment introduite le 19 mai 2020 par le deuxième gouvernement Conte, et que le gouvernement Draghi veut modifier parce qu'il a donné lieu à de nombreuses fraudes – est matière à contentieux avec le Mouvement 5 étoiles. Les choses ne se passent pas bien non plus avec les syndicats. Quant à la gauche, elle hésite entre défendre et attaquer le « gouvernement des élites internationales ».

C'est ainsi que nous arrivons à la date fatale de la démission.

« La lettre finale de licenciement – troisième étape – est signée par le sénateur de la Ligue Roberto Calderoli » qui propose au Sénat, le 20 juillet, de soutenir le gouvernement mis en crise par le refus des 5 étoiles de voter le décret qui prévoit des mesures d'aide en faveur des travailleurs, des entreprises et des familles pour faire face aux effets économiques de la crise, approuvé en mai 2022. Mais les 5 étoiles rejettent ce décret parce qu'il comprend aussi la construction de l'usine d'incinération des déchets de Rome. La Ligue, à travers le sénateur Roberto Calderoli, propose de soutenir le gouvernement, à condition qu'il soit « profondément renouvelé aussi bien du point de vue des choix politiques que de sa composition ». Autrement dit, il demande une nouvelle majorité sans les 5 étoiles, et un remaniement qui attribue les ministères de l'Intérieur et de la Santé au centre-droit. Mais Mario Draghi refuse de faire un gouvernement sans les 5 étoiles, « car il briserait lui-même sa propre majorité ».

En fin de compte, la démission de Mario Draghi peut être cataloguée comme appartenant à la tradition anglo-saxonne : sortir de sa propre initiative pour éviter la honte d'être mis à la porte. « C'est l'état d'esprit qui régnait : éviter de se voir claquer la porte au nez. » Et l'on aimerait qu'un tel choix soit plus fréquent. Peut-être alors que même le triste victimisme italien s'atténuerait et qu'une nouvelle génération de guerriers politiques pourrait fourbir ses armes.

Quel président aurait-il été ?

On ne peut formuler cette question qu'en partant d'un autre élément narratif qui a d'une certaine manière empêché une évaluation sereine de la discontinuité produite par la sortie de Mario Draghi de la vie politique italienne. Je veux parler de l'héritage supposé de l'« agenda Draghi » passé dans les mains de Giorgia Meloni. D'abord, quand cette idée voit-elle le jour ? « Elle voit le jour avec la guerre en Ukraine. Dans cette circonstance, Meloni est une vraie prétorienne du président du Conseil, bien que, par ailleurs, elle n'ait pas voté en faveur du PNRR, rappelons-le. » Mais dans l'évaluation actuelle, ce positionnement de Giorgia Meloni ne ressemble-t-il pas plutôt à une instrumentalisation ? « Oui. Dans une situation où la guerre était aussi fortement instrumentalisée en Italie par Giuseppe Conte, Matteo Salvini et toute une partie de la gauche. » Mais avec le temps, la question de l'héritage disparaît progressivement : « Disons que pendant toute l'année 2022, les rapports sont bons. Sur les comptes publics, le nouveau gouvernement ne crée pas de problèmes, et cela jusqu'à la fin de l'année, avec l'approbation de la loi de Finances. » La rupture sur la « concorde » entre le gouvernement Draghi et celui de Meloni « devient assez claire quand recommence le ballet identitaire du nouveau gouvernement. De nouveau le cadastre, les établissements balnéaires, les chauffeurs de taxi. Sur ces différents points qui fondent son identité, son intérêt est détaché du reste ».

Actuellement, cet héritage « est fini *de facto* ».

À plus forte raison, la question suivante sur quel genre de président – et avec quels effets politiques – aurait été Mario Draghi, est décisive.

Mon interlocuteur commence par une présentation nécessaire – et respectueuse – des différences entre le président en charge, Sergio Mattarella, et le président hypothétique dont nous parlons : « Il faut faire une distinction entre ces deux personnalités : Mattarella est un homme qui donne le meilleur de lui-même dans les crises politiques, Draghi dans les crises économiques. »

En outre, ajoute-t-il, Draghi « est sûrement, parmi tous les candidats possibles à la présidentielle dans le passé, l'homme qui jouissait du respect du monde anglo-saxon, mais aussi d'un accès total au monde des banques, de la finance, et surtout au monde politique de Washington ».

Avec ces caractéristiques, « nous aurions sûrement eu un avantage dans deux ou trois macroquestions, où la présence d'un président comme Draghi, tout en respectant les prérogatives du président du Conseil, aurait vraiment fait la différence ». Sur la guerre, par exemple, nous aurions été « dans la cabine de pilotage, avec la France et l'Allemagne, comme on l'a vu ». Il faut ajouter que cette cabine de pilotage s'est complètement défaite au cours du temps, « mais le contraire aussi est vrai, c'est-à-dire qu'une présence italienne dans la triade des fondateurs, une présence active reposant sur des relations d'estime nouées précédemment, aurait peut-être eu aussi la capacité de renforcer les rapports avec Macron et l'Allemagne, et entre Macron et l'Allemagne. Et la présence de l'Italie dans les lieux de décision et avec des rapports très étroits également avec Washington, aurait ajouté un poids supplémentaire aux relations transatlantiques ». Revenant à la question des rôles institutionnels, mon interlocuteur ajoute : « Je crois que l'impact principal que Draghi aurait eu depuis le palais présidentiel du Quirinal, concerne précisément les rapports avec Macron et Biden, parce que ç'auraient été des rapports entre chefs d'État. » De bonnes relations avec la France et les États-Unis auraient certainement eu leur importance, si l'on pense à la complication des frictions franco-italiennes du gouvernement actuel, et que Washington a longtemps gardé ses distances avec le gouvernement de Giorgia Meloni, laquelle n'a été invitée aux États-Unis que le 27 juillet, dix mois après son élection.

L'avantage de Mario Draghi aurait donc été indéniable pour la stabilisation des rapports internationaux, mais il aurait surtout facilité le débat avec l'Europe sur les questions économiques. L'inflation a été jusqu'ici le principal sujet d'incertitude et de discussion sur l'avenir de l'Occident, et le camp italien – en respectant habilement et prudemment les rôles des différents acteurs politiques – aurait pu profiter de l'expérience d'un président qui vient de ce monde-là. « Les perspectives économiques italiennes ne se présentent pas sous les meilleurs auspices, la situation du PNRR non plus, et on ne peut pas douter du fait qu'une *moral suasion*[6] présidentielle aurait fait sentir ses effets. »

(6) Pression morale.

Peut-être aussi avec quelques surprises : « Par exemple, sur l'inflation, Draghi est en partie revenu sur son opinion. Il pensait au début que l'inflation se guérirait d'elle-même, que son parcours serait bénin. Il ne le pense plus aujourd'hui, c'est certain. »

À côté de tous ces aspects positifs, il faut toutefois rappeler que le président Draghi aurait eu de nombreux opposants en Italie, précisément en raison de tous ses liens et de ses expériences. L'opposition à sa gauche, présente aussi dans le Parti démocrate, l'a toujours considéré comme un homme des élites, des banques et des grandes loges maçonniques. Draghi au Quirinal aurait eu comme ennemi les 5 étoiles, la gauche radicale et une partie des syndicats. « C'est certain. Et il aurait subi les mêmes attaques de la part de la droite la plus identitaire et souverainiste. » Bref, il aurait été à la fois un président intouchable et l'objet d'une agitation politique permanente.

Et dans le Parti démocrate ? Quelle influence aurait eue son élection au Quirinal ? Aurait-elle consolidé ce parti qui l'a soutenu sans conviction à l'époque de son gouvernement, et pas toujours à l'unanimité ? Pour ramener la question à l'essentiel : Elly Schlein serait-elle devenue secrétaire du PD, si Draghi avait été au Quirinal ? Ou depuis le Quirinal, aurait-il provoqué une fracture du PD encore plus nette que la fracture actuelle ? C'est une question impossible, un classique du genre, un raisonnement par l'absurde, et la réponse est diplomatique : « Elly Schlein est le produit d'une modernité du parti qui n'aurait eu aucun impact sur le Quirinal ou sur lequel le Quirinal n'aurait eu aucune réelle influence. »

L'avenir de Mario Draghi est-il encore la présidence de la République ?

« Aujourd'hui, Draghi a recommencé à s'exprimer. Il l'a fait plusieurs fois récemment, mais toujours hors de l'Italie. À l'étranger, et sur ses thèmes préférés. Je voudrais, et je le lui ai dit, qu'il recommence à s'exprimer en Italie. Car il n'est plus seulement celui qu'il était avant, il est un ancien président du Conseil et les Italiens s'attendent à entendre aussi sa voix. Mais je ne sais pas s'il acceptera ce conseil. »

Et la présidence de la République ? « Je ne crois pas que les conditions soient réunies. Ou plutôt, seules des conditions vraiment dramatiques, surtout dans le domaine économique, pourraient créer une nouvelle possibilité pour son élection. Des circonstances qu'aucun de nous ne souhaite. » Ce sur quoi personne ne peut se dire en désaccord.

Traduit de l'italien par Jérôme Nicolas.

L'Italie et les ingénieurs du chaos

La démocratie helvétique est parfois frappée de bourrasques mais elles restent exceptionnelles. Sa Constitution oblige à la recherche permanente du consensus entre partis dont les positions politiques peuvent être radicalement opposées.

Cela invite à une forme de retenue et de concorde qui tranche avec les usages des arènes française et italienne. Et malgré leur goût invétéré pour ce qui se produit dans les débats publics des pays limitrophes, les Suisses se satisfont d'une forme de calme, voire d'ennui que seules certaines votations populaires ou échéances électorales électrisent avant de retrouver leur imperturbable sérénité. C'est dans une ville de moins de 6 000 habitants de l'Oberland bernois dont la beauté lui a valu d'être répliquée sous forme miniature dans un parc à thème chinois, avec une copie de son hôtel de luxe, le fameux Victoria Jungfrau Grand Hotel, la boîte à outils démocratique suisse n'était manifestement pas incluse dans le deal conclu avec la société OCT à Shenzhen –, que revient régulièrement l'auteur que l'exercice du pouvoir politique ne cesse de fasciner. Sans y avoir habité, Giuliano da Empoli déclare y avoir passé plus de temps que dans toute autre ville. C'est de ce retrait, une forme de promontoire éloigné des tempêtes politiques, qu'il a analysé les mécanismes du pouvoir, sous la forme d'essais et, bien évidemment, sous la forme d'une fiction, avec *Le Mage du Kremlin*, roman terminé avant le 24 février 2022 et qui compte tenu de l'invasion russe, de la violence destructrice et de l'inflexibilité de Poutine, a acquis une notoriété considérable au niveau international.

L'attrait pour la politique est ancien chez lui. S'il avoue aujourd'hui que c'est sa dimension shakespearienne qui l'attire, avec la part de folie, de cynisme et de faiblesse humaine qui s'attachent à celles et ceux qui aspirent au pouvoir et, plus encore peut-être, à ceux qui cherchent à le conserver, Giuliano da Empoli a connu la passion des campagnes politiques, les intrigues, l'importance souvent temporaire des conseillers pendant plusieurs années, auprès de Matteo Renzi, à Florence, lorsque celui-ci en était le maire et qu'il occupait les fonctions d'adjoint à la culture, à Rome, ensuite, lorsque Renzi a occupé, au palais Chigi, le poste de président du Conseil. La violence politique, da Empoli l'a vue à l'œuvre alors, dans une période que certains membres du Parti démocratique italien n'ont jamais oubliée et qui vaudront à Renzi un rejet éternel. Il l'a vue, sous une forme autrement plus violente, lorsqu'en 1986, son père, conseiller économique de Bettino Craxi, a survécu miraculeusement à un attentat des Brigades rouges dont il était la cible.

Avec son essai *Les Ingénieurs du chaos*, Giuliano da Empoli a proposé une analyse précise de la manière avec laquelle les populismes, au niveau mondial, font vaciller les démocraties par l'emploi de nouveaux alliés : des conseillers en communication hautement spécialisés dans les subtilités des algorithmes afin de faire des plateformes numériques des outils cruciaux de déstabilisation des démocraties libérales et le moyen principal d'accès au pouvoir de partis qui ne cachent pas leur position à l'extrême droite de l'échiquier politique.

Depuis la belle maison familiale entourée de verdure, au centre d'Interlaken, non loin de l'Aar, la rivière qui relie les lacs superbes de Brienz et Thoune, da Empoli évoque non seulement les conditions dans lesquelles Giorgia Meloni a pris le pouvoir en septembre 2022, mais plus largement l'état général de la situation politique italienne.

Christian Longchamp : Dans votre livre *Gli ingegneri del caos*, *Les Ingénieurs du chaos*, vous menez une passionnante analyse de « l'union de la colère et des algorithmes », avec l'émergence de « docteurs Folamour », des spécialistes en communication digitale, association qui a accouché du Brexit, de l'élection de Donald Trump, des présences incontournables désormais dans le panorama politique italien du Mouvement 5 étoiles et de Matteo Salvini. Mais un nom est absent de cet essai qui date de 2019 : celui de Giorgia Meloni. Est-ce à dire que derrière la présidente du mouvement Fratelli d'Italia on ne trouve pas une figure du type de celle de Gianroberto Casaleggio, qui fut essentielle pour Beppe Grillo et son parti ?

Giuliano da Empoli : Le cas du Mouvement 5 étoiles est un cas extrême, une forme de cas de laboratoire du phénomène que je décris : une entreprise privée du monde du Web s'est transformée en parti. On ne trouve pas chez Giorgia Meloni quoi que ce soit de cet ordre. Mais dans la nouvelle postface à l'édition de poche des *Ingénieurs du chaos*, parue il y a quelques mois, je mentionne Meloni et je relève le fait, qui n'est peut-être pas un détail, que le responsable de la communication numérique de Meloni vient précisément de Casaleggio Associati, ce qui est aussi intéressant qu'étrange. N'imaginons pas que c'était McKinsey ou Goldman Sachs – non, c'était une toute petite entreprise d'une dizaine d'employés créée en 2004 par Gianroberto Casaleggio. Giorgia Meloni a donc effectivement adopté ces techniques qui l'ont accompagnée dans sa montée en puissance, avec une communication au contenu d'extrême droite nationaliste, disons identitaire, qui se marie très bien avec la logique des réseaux sociaux. Mais Meloni n'a pas une pratique aussi extrême du numérique que celle du Mouvement 5 étoiles, disons qu'il y a chez elle un côté qui, tout en intégrant celle leçon, relève beaucoup plus de l'organisation politique traditionnelle.

C.L. : Est-ce que depuis son arrivée à la tête du gouvernement italien à la fin du mois de septembre 2022, Meloni vous a surpris ?

G.d.E. : Oui et non. D'une certaine façon, elle m'a surpris avant et pendant la campagne électorale, car c'est à ce moment-là qu'elle a mis en place sa stratégie, en étant la seule force d'opposition au gouvernement Draghi – c'est d'ailleurs ce qui lui a donné le carburant dont elle avait besoin pour faire son score. Mais tout en étant la seule force d'opposition, elle a fait la campagne la plus draghienne de toutes les forces gouvernementales qui, elles, essayaient plutôt de se démarquer de Draghi et de cette expérience de gouvernement, tandis que Meloni instaurait sa stratégie du double langage. D'un côté, sur le plan international et économique, sa ligne était quasiment technocratique. De l'autre, elle agitait des thèmes identitaires, souverainistes, nationaux, etc., et affirmait des positions d'extrême droite sur les questions de genre et sur plusieurs problématiques sociétales. Ma surprise date donc de la campagne électorale, lorsqu'elle a mis en place ces deux plans qui coexistent et qui ne se rencontrent jamais. Et ce qui m'étonne, c'est que jusqu'à présent elle a réussi, au gouvernement, à conduire cette stratégie de façon assez efficace, à s'y tenir peut-être encore davantage que je ne m'y serais attendu.

C.L. : Depuis quelques mois, il me semble que la question du PNRR[1] devient centrale. Il y a urgence. Afin de bénéficier des soutiens européens, potentiellement considérables, des décisions majeures doivent être prises par le gouvernement, des décisions difficiles, structurelles. Cette attitude que vous qualifiez de « pseudo-draghiste », que Giorgia Meloni a pu adopter jusqu'à maintenant, rencontre manifestement son premier véritable obstacle.

G.d.E. : Au-delà de l'obstacle de nature politique, qui existe, il y a un obstacle de nature technique : gouverner l'Italie est très difficile. Le grand leader historique de la gauche – Pietro Nenni – a inventé cette formule qui a fait date au début des années 1960 pour évoquer le centre du pouvoir : « la stanza dei bottoni » (la salle des boutons), c'est-à-dire l'endroit où se trouvent les boutons pour gouverner le pays. Le problème, c'est que lorsque vous y entrez,

(1) Le Plan national de relance et de résilience ou Plan de la reprise et la résilience de l'Italie destiné à soutenir la reprise économique de l'Italie en favorisant les transitions écologique et numérique. Il a été adopté en juillet 2021. Subventions et prêts à hauteur de 200 milliards d'euros doivent permettre 132 investissements et 58 réformes. Les réformes et investissements doivent être réalisés d'ici août 2026.

vous vous apercevez qu'il n'y a pas de boutons ! Cela vaut dans d'autres contextes aussi, mais c'est particulièrement vrai pour la présidence du Conseil italien où, au fond, on est à la tête d'une administration détraquée, qui a très peu d'instruments pour agir et qui est terriblement inefficace à tous les niveaux. Même quelqu'un comme Draghi avait du mal. Il avait tous les instruments, toutes les compétences, et il était entouré de toutes les personnes qui pouvaient l'aider — et pourtant, on voyait bien que de temps en temps la machine dérapait. Alors imaginez donc quelqu'un comme Meloni, qui n'a aucune expérience ni de véritable capacité à gouverner et qui est entourée de personnes à peu près aussi incompétentes qu'elle, face à quelque chose de réellement compliqué comme le PNRR ! L'Italie n'a jamais été capable de bien dépenser les fonds européens, historiquement elle en a fait un très mauvais usage ; je ne vois pas pourquoi ce serait différent cette fois-ci. À la difficulté politique s'ajoute donc la difficulté technique, qu'en général on sous-estime, alors qu'en vérité c'est la principale difficulté. Certes, il y a de très fortes résistances politiques, mais ce sont toujours les mêmes résistances qu'ont rencontrées tous les hommes et les femmes qui ont essayé d'introduire des réformes dans le système italien depuis un quart de siècle ; de ce point de vue-là, je ne crois pas qu'il y ait quelque chose de spécifique à la situation de Meloni. Il est si difficile d'introduire de vraies réformes en

Italie que personne n'y est parvenu au cours du dernier quart de siècle, sauf à la marge.

C.L. : Draghi, par son parcours professionnel – gouverneur de la Banque d'Italie pendant plus de cinq ans, président de la Banque centrale européenne pendant huit ans – représente, je pense, pour une importante partie de la population italienne, l'exemple même de l'élite ; il est l'élite. Dans votre essai, *Gli ingegneri del caos*, vous évoquez, plus qu'une défiance, un rejet, et même une violence à l'endroit des élites chez les partisans les plus déterminés du populisme, porté par les figures que nous avons nommées. Avez-vous le sentiment qu'entre les années 2018 où le Mouvement 5 étoiles est arrivé au pouvoir et la situation actuelle, cinq ans plus tard, ce rejet des élites s'est accru, ou bien a-t-il simplement changé d'expression politique ?

G.d.E. : Ce qui est marquant, et ce qui je crois caractérise l'Italie, c'est que le rejet des élites est avant tout un rejet des élites politiques. En Italie, nous ne connaissons pas ce que la France possède : une élite dans l'administration et la politique constituée de personnes issues des mêmes grandes écoles. Il n'y a pas de grandes écoles en Italie, et il n'y a pas de véritables élites italiennes. La réalité italienne est beaucoup plus fragmentaire : il y a d'un côté les élites politiques, traditionnellement d'origines sociales plutôt modestes ; il y a les élites entrepreneuriales ; et il y a les élites technocratiques des professeurs d'université, les élites intellectuelles auxquelles, d'une certaine façon, Draghi appartient. Et ce qui caractérise donc l'Italie depuis le début des années 1990, c'est qu'on y trouve un rejet terriblement violent des élites politiques, qui ne concerne pas forcément les autres élites – pas dans la mesure où cela peut être le cas en France, par exemple. Vous allez me dire que, justement, Mme Meloni est une politique, qu'elle a voué sa vie à la politique – oui, mais à l'extrême et donc à la marge. Ce que les Italiens rejettent particulièrement, ce sont les élites politiques classiques. Ce qu'ils veulent, ce sont des figures politiques charismatiques qui se démarquent en profondeur des élites politiques classiques : donc des personnalités qui viennent de l'extérieur de l'arène politique, comme Silvio Berlusconi, comme Beppe Grillo, des technocrates, comme Mario Draghi, d'une certaine façon, ou alors des politiques très transgressifs, comme Matteo Renzi, comme Matteo Salvini, ou comme Giorgia Meloni en tant que figure de proue de l'extrême droite. Alors de ce point de vue, cela n'a pas changé : c'est-à-dire que Meloni est le dernier produit de cette fuite des Italiens face à leurs élites politiques traditionnelles. À mon avis, le carburant est le même. Ce qu'on peut tout de même constater, c'est que la pandémie, dont l'impact psychologique, pour diverses raisons, a été plus fort en Italie qu'ailleurs en Europe, mais également la guerre en Ukraine, ont suscité un besoin de sécurité avec pour conséquence le rejet d'expériences trop aléatoires — d'où la nouvelle ligne de Meloni par rapport à Salvini : Meloni est beaucoup plus rassurante que Salvini.

C.L. : Pour poursuivre l'évocation de ces deux figures qui vont, d'une manière ou d'une autre, se retrouver en concurrence lors des élections européennes de juin 2024, et il n'y a aucun doute selon moi que le gouvernement va être chahuté par une compétition interne à l'extrême droite, entre Fratelli d'Italia et la Ligue, entre Meloni et Salvini, n'avez-vous pas le sentiment que, par la force des choses, Giorgia Meloni, pour conforter l'électorat qu'elle a réussi à gagner en septembre dernier, va devoir renouer avec des positions plus radicales, du moins pour une partie de son argumentaire ? Ne risque-t-elle pas alors de se retrouver dans la situation inconfortable où elle devra continuer à assurer les responsabilités qui sont les siennes à la tête du gouvernement, avec un positionnement atlantiste et une attitude de bonne élève à Bruxelles, tout en s'efforçant de ne rien céder sur des thèmes sécuritaires notamment afin de représenter la figure incontournable du populisme radical ?

G.d.E. : En effet, c'est un exercice de très haute voltige, mais le système politique italien est habitué à ce genre d'exercice, et pour le moment Mme Meloni y réussit assez bien. Évidemment, je ne doute pas que pour la campagne des élections européennes, elle réactive en effet toute une série de thèmes qui vont de la question migratoire à la question de la sécurité, aux questions de genre et aux questions sociétales sur lesquelles elle a indubitablement des positions radicales – sur la reconnaissance des familles homoparentales, par exemple, elle a pris des décisions extrêmement dures et en rupture avec les directives européennes. Elle va donc continuer sur cette voie, mais je ne pense pas qu'elle va dévier de sa ligne, disons européenne, à laquelle elle est liée par ce que, en Italie, on appelle depuis toujours le «*vincolo esterno*» : la «contrainte extérieure», qui fait que l'Italie a une souveraineté au fond limitée, d'un point de vue stratégique par son lien très fort avec les États-Unis et l'OTAN, et d'un point de vue financier par sa dette gigantesque et donc sa dépendance à l'égard des autorités financières européennes. Meloni est le premier leader extrémiste italien qui a incorporé cette contrainte externe, ce *vincolo esterno*, dans sa ligne politique, avec l'aide de Draghi et d'autres qui ont décidé d'appuyer cette opération ; et je ne pense pas qu'elle ait l'intention de renier cela. Non pas que cela fasse partie de son ADN, je ne crois pas du tout que ce soit sincère ; c'est plutôt un réflexe opportuniste – mais c'est sa seule chance de s'en tirer. Donc elle va devoir malgré tout rester structurellement fidèle à cela, quitte à s'en gausser ensuite – et attention, ses déclarations identitaires ne sont pas que du folklore, c'est quelque chose de tout à fait néfaste et qui laissera des traces très profondes dans la société italienne. Mais jusqu'à présent elle parvient à avancer malgré ce grand écart, et je pense que cela va continuer, d'autant que pour le moment, elle est au fond assez seule, il n'y a pas véritablement de leadership alternatif qui émerge, donc son rôle n'est pas menacé.

C.L. : Son émergence a été spectaculaire. Deux ans auparavant, les sondages ne la mettaient pas aussi loin devant Salvini et Berlusconi. L'attrait pour sa personne comme pour ses thèses a connu une évolution qui a beaucoup surpris. Vous arrive-t-il de penser qu'elle pourrait aussi, faute de résultats économiques avant tout, redescendre aussi spectaculairement qu'elle a émergé ?

G.d.E. : En Italie, la politique va très vite. Depuis la grande déstructuration et l'écroulement des partis traditionnels des années 1990, on s'élève à une vitesse vertigineuse, car le système est complètement déstructuré et fragile. L'espèce de bipolarisme entre, d'un côté, le bloc Berlusconi, et de l'autre, le bloc du Parti démocrate – le seul vrai parti qui a survécu à la fin des partis –, a un peu stabilisé la situation. Mais tout est très volatil, donc très rapide, et je ne vois pas pourquoi Meloni devrait échapper à cette règle. Ce que l'on peut dire aujourd'hui, c'est qu'il semble qu'il y ait un peu plus de tenue, cela donne l'impression de se détériorer moins vite que dans d'autres cas, par exemple lors de l'expérience du premier gouvernement de Giuseppe Conte (Mouvement 5 étoiles) de 2018, où cela partait dans tous les sens – j'en parle d'ailleurs dans mon livre. Mais est-ce que cela veut dire que Meloni gouvernera l'Italie pendant des décennies ? Certainement pas. En Italie, non seulement tout va très vite, mais surtout tout se détériore très vite.

C.L. : Dans plusieurs pays de l'Union européenne, le populisme de droite a eu l'occasion de confirmer sa présence au pouvoir ou d'affirmer son émergence, au cours de plusieurs échéances électorales, en Pologne notamment, en amont des élections de juin 2024. Voyez-vous dans une éventuelle victoire, ou à tout le moins une percée majeure des populismes de droite dans différents pays européens, la possibilité d'une véritable alliance des populistes au niveau européen et une menace pour le prochain Parlement ?

G.d.E. : Oui, mais avec quand même deux nuances importantes. La première, c'est que ces populismes ne s'entendent pas entre eux sur des points fondamentaux. Lors d'une réunion du Conseil européen de juin dernier, nous avons assisté à l'affrontement entre Meloni et ses grands amis polonais et hongrois sur le thème de l'immigration. Cela montre donc qu'il y a vraiment de très gros paradoxes dans cette alliance et que l'internationale des nationalistes est confrontée à des problèmes fondamentaux. Deuxième nuance : la grande différence entre les nationaux populistes d'aujourd'hui, et ceux de 2016, 2017 et 2018, du moins en Europe de l'Ouest, c'est qu'ils ne contestent plus l'appartenance ni à l'Union européenne, ni même à l'euro ; et Meloni est le fer de lance, la leader de cette nouvelle tendance – Marine Le Pen elle-même est sur cette ligne, ainsi que tous les autres populistes. Donc pour ce qui est de la déconstruction du projet européen, la menace est écartée pour le moment – du moins je l'espère.

C.L. : Mais cette montée des populismes de droite ne signifie-t-elle pas pour vous une mise à l'arrêt du questionnement sur l'élargissement de l'Europe à l'Ukraine, à la Moldavie, aux Balkans – ou en tout cas à quelques pays des Balkans –, alors que cette question est en train de devenir un sujet central des années à venir pour l'Union européenne, un sujet qui peut aussi, manifestement, crisper les relations entre la France et l'Allemagne ? Ou bien avez-vous le sentiment qu'un Parlement européen qui serait, de façon assez spectaculaire, représenté par les populistes de droite pourrait poursuivre cette réflexion de façon sereine ?

G.d.E. : Non, bien sûr. Même sans que les populistes de droite soient au pouvoir, la réflexion n'est déjà pas tout à fait sereine, et elle le serait assurément encore moins s'ils y étaient, d'autant plus, je le répète, qu'ils ne sont pas d'accord entre eux. Prenez l'élargissement à l'Ukraine : vous avez d'un côté la Pologne qui y est évidemment favorable, et de l'autre la Hongrie qui y est opposée. Ce qui serait différent, je crois, si l'on avait une majorité de nationaux populistes au Parlement européen – ce qui ne me semble pas vraisemblable à ce stade, même si je concède que ce n'est pas un scénario impossible –, ce serait surtout l'esprit. Il y a malgré tout aujourd'hui, dans les élites qui gouvernent l'Europe et parmi les principaux pays européens – sauf l'Italie –, une conviction européenne. Elle peut varier dans son intensité, elle est très fortement tempérée par les intérêts nationaux, mais la majorité qui gouverne l'Europe aujourd'hui est quand même une majorité qui a envie de chercher et de trouver des solutions. En serait-il de même dans le cas d'une majorité nationale populiste qui, elle, s'est convertie par opportunisme à la décision de ne pas sortir de l'Union européenne, mais qui au fond, par ses convictions profondes, par sa culture, par ses idées, n'a aucune confiance en l'idéal européen et qui n'y adhère en rien ? Je crois qu'il y a effectivement là, au-delà des conséquences immédiates, quelque chose de très profond et d'inquiétant, car malgré tout, hier, entre Emmanuel Macron, Angela Merkel et Mario Draghi, et probablement même aujourd'hui – bien que ce soit plus difficile – entre Macron, Olaf Scholz et Pedro Sánchez, la recherche de solutions positives et ambitieuses est une volonté partagée. Avec une majorité nationale populiste, il y aurait sûrement beaucoup moins de bonnes volontés.

C.L. : On a peu connu en France Matteo Renzi en tant que maire de Florence, mais une fois qu'il est arrivé à Rome et qu'il a pris successivement la tête du PD et celle du Conseil des ministres, en renversant Enrico Letta, et en ouvrant ainsi une crise majeure au sein de la gauche qui n'a jamais été dépassée, sa manière de repenser l'action politique a suscité la curiosité et même une part d'admiration. Son dynamisme et sa volonté de passer outre à de nombreuses forces antagonistes, dans l'administration comme dans les partis, à commencer par le sien, et les syndicats, les résultats spectaculaires du PD lors des élections européennes de 2014 en témoignent, ont séduit beaucoup d'Italiens. Aujourd'hui, manifestement, si j'en crois Elly Schlein et ceux qui gravitent autour d'elle, il représente une *persona non grata* absolue pour le Parti démocrate dont il a été le secrétaire à deux reprises, durant plus de quatre ans au total, pour des raisons de ligne politique et sans doute de ressentiment de certains qui ont été écartés par Renzi du cœur du parti entre 2013 et 2017. À la suite de la mort de Silvio Berlusconi, j'ai découvert avec surprise que certains font de Renzi une sorte d'héritier pour l'électorat berlusconien désormais orphelin de son héros. Ma surprise vous étonne-t-elle ou est-ce qu'il y a toujours eu un étrange ballet entre Berlusconi et Renzi ?

G.d.E. : Je peux comprendre votre surprise, votre étonnement. C'est souvent le cas pour les observateurs de la vie politique italienne. Il faut reconstituer la genèse de la montée puis de la chute de Matteo Renzi. Au début, Renzi, à mon avis, a récupéré avec réussite cette rage contre les élites politiques qui est le moteur principal de la vie politique italienne depuis un quart de siècle – j'ai appelé cela le « populisme de gouvernement » –, en devenant le leader de ceux qui voulaient démolir les vieilles élites politiques, et donc au premier chef les élites politiques du Parti démocrate, qui était son parti et qui était effectivement la seule vraie « élite de parti » qui restait. Il a activé cette énergie-là et, ce faisant, il a rencontré la sympathie de beaucoup d'électeurs déçus de Berlusconi, et même, dans une certaine mesure, de Berlusconi lui-même. Comment a-t-il voulu ensuite utiliser cette énergie qu'il avait récoltée à travers cette stratégie populiste, anti-élite politique ? Essentiellement pour faire des réformes libérales, la réforme du marché du travail – qu'il a faite – ainsi que d'autres réformes de l'administration publique, de la justice, etc., qu'il n'a pas su conduire. En réalité, il est allé dans le sens de Berlusconi qui, il ne faut pas l'oublier, avait justement promis une forme de révolution libérale. Renzi, au fond, avait un agenda « blairiste », qui pour une part était en accord avec Berlusconi. Berlusconi n'a jamais eu un programme extrémiste, il avait un programme libéral. À un certain point, Berlusconi a décrété qu'on ne pouvait rien faire. Son action a consisté alors à laisser courir les rentes, à ne rien toucher, à ne rien véritablement faire – un programme du type de la Quatrième République française, ou même de la Troisième République… Renzi a donc séduit beaucoup d'électeurs de Berlusconi, des électeurs déçus, et il a même joui un peu de la sympathie de Berlusconi lui-même. Au départ, à partir de 2013, Renzi a gouverné l'Italie avec une majorité dans laquelle Berlusconi n'était pas. Sans vraie majorité au Parlement, Berlusconi a évité de lui créer des problèmes. Une forme de bienveillance de Berlusconi a permis à Renzi de gouverner. Ensuite, le rapport entre les deux hommes s'est brisé sur l'élection du président de la République, en 2015. À partir du moment où Sergio Mattarella est devenu président avec l'appui de Renzi, alors que Berlusconi y était virulemment opposé, leurs rapports se sont détériorés. Les médias de Berlusconi se sont déchaînés contre Renzi et cela a d'ailleurs été une des causes de sa chute.

Aujourd'hui, je pense que Matteo Renzi aura du mal à récupérer cet électorat-là, mais ce n'est pas tout à fait impossible et il faut également prendre en considération le fait que le panorama politique s'est tellement radicalisé, en Italie comme ailleurs, que les différences qui pouvaient exister entre centre-droit et centre-gauche, qui paraissaient considérables à une époque, ne le sont plus réellement aujourd'hui dans un pays où les extrêmes sont si radicaux malgré des attitudes beaucoup plus opportunistes que par le passé, comme nous l'avons dit. Berlusconi par rapport à Salvini, c'était presque Adenauer – c'est une boutade, bien sûr. Son tropisme poutinien l'a complètement éloigné de toute forme possible de modération ; mais si l'on met cette amitié pour Poutine entre parenthèses, Berlusconi avait une ligne politique extrêmement modérée par rapport à la Ligue et à Fratelli d'Italia.

C.L. : À vous entendre décrire un centre-droit et un centre-gauche qui finalement, aujourd'hui, pourraient se fondre, et des extrêmes toujours plus marqués, j'ai le sentiment que vous faites une description qui rappelle en partie la France. Au-delà des éventuels rapprochements possibles entre Meloni, Salvini et Le Pen, voyez-vous dans le panorama français une même redistribution des cartes, ou, disons, un même mouvement tectonique des plaques géopolitiques, avec des extrêmes en progression et un centre large qui tente de résister ?

G.d.E. : Le centre, en vérité, est de plus en plus restreint, du moins dans le cas italien. Cela dit, même s'il existe assez souvent des effets de miroir entre l'Italie et la France, il ne faut toutefois pas se risquer à des transpositions mécaniques, car il y a évidemment aussi beaucoup de différences. Mais on peut en effet pointer des parallèles.

D'abord, je crois que cette déstructuration des partis politiques traditionnels qui a eu lieu il y a trente ans en Italie, vous l'avez également vécue, plus récemment, et de façon presque plus radicale qu'en Italie. Car en Italie, comme je vous le disais, le Parti démocrate, au fond, a constitué un ancrage du vieux système des partis, alors qu'en France cela ne s'est pas produit et ils ont été complètement balayés : le PS, aujourd'hui, n'existe pratiquement plus, et à droite cela va un peu mieux, mais guère. En France comme en Italie, cela a introduit une très grande volatilité, une très grande imprévisibilité du système politique, qui permet l'ascension rapide de figures émergentes — là encore, je vois un parallèle entre ce que j'appelais le « populisme de gouvernement » de Renzi et l'expérience d'Emmanuel Macron, l'émergence de ce personnage assez transgressif, du moins dans son style et sa façon de poser les choses, qui recherche l'affrontement, qui n'est pas dans le consensus tranquille.

En ce qui concerne l'extrême droite, même si les rapports entre Meloni et Le Pen ne sont pas bons, à la différence des rapports entre Le Pen et Salvini, on voit bien qu'il y a tout de même des similarités dans les trajectoires. Il y en a moins à l'extrême gauche, car l'Italie n'a pas une extrême gauche forte et surtout parce qu'elle ne connaît pas cette mue de l'extrême gauche française qui est devenue le parti des banlieues et qui assume franchement l'aspect de subversion par rapport à l'ordre républicain — cela existait sous d'autres formes en Italie à une certaine époque, mais aujourd'hui cela n'existe pas, il n'y a pas véritablement de base électorale pour cela. On peut donc repérer des effets de miroir et je pense qu'il est intéressant de regarder les réalités en parallèle comme éléments de réflexion, mais sans en tirer des leçons trop dogmatiques.

C.L. : En septembre 2022, Enrico Letta, de retour à la tête du parti à partir de mars 2021, menait le Parti démocratique lors de la campagne électorale nationale. La défaite le poussa à renoncer à nouveau à ses responsabilités à la tête du parti. Nous pouvons tout de même convenir que 19 % de l'électorat était un résultat largement supérieur à celui de la Ligue et de Forza Italia. Après un long processus interne puis externe, Elly Schlein a pris la tête du parti. Récemment, la rencontre entre le président du Mouvement 5 étoiles, Guiseppe Conte, et Elly Schlein a été vertement critiquée par plusieurs éditorialistes de gauche.
Pensez-vous que le Parti démocrate a comme destin au cours des prochaines années de courir derrière le Mouvement 5 étoiles ? Voyez-vous d'autres scenarii ?

G.d.E. : Le Parti démocrate est une vieille machine, une forme de bureaucratie politique respectable, composée de personnes qui savent administrer une ville, entrer dans un ministère et le gérer, de gens qui ont une expérience de gouvernement et un ancrage européen, donc toute une série de choses qui en font malgré tout, je crois, la référence de tout démocrate pro-européen en Italie. Mais c'est une machine complètement vide d'idées, d'énergie, un peu comme le SPD allemand [le parti social-démocrate allemand] ou même le parti socialiste français avant son écroulement : de grosses machines sociales-démocrates qui ont un peu perdu leur logiciel et qui n'ont pas su se renouveler. Renzi, pendant un moment, de façon assez chaotique, a ranimé ce corps, mais c'était tout à fait artificiel. Une fois Renzi expulsé, la machine est retombée dans son état naturel. Le Parti démocrate n'a au fond comme seule boussole que de retrouver le gouvernement – et à ce titre les années précédentes ont été extraordinaires, parce que ce parti a réussi, dans un contexte très hostile, à revenir au gouvernement avec Conte, puis à y rester avec Draghi. D'un point de vue numérique, le Parti démocrate sait qu'il ne peut y revenir qu'à travers une alliance avec le Mouvement 5 étoiles. Mais le parti de Conte s'est transformé, ce n'est plus le parti de Casaleggio mais celui de Giuseppe Conte désormais : un parti plus traditionnel, d'un certain point de vue, bien qu'au fond tout aussi fou, mais un parti qui, dans la logique de ce que j'appelle « les ingénieurs du chaos », arrive à produire beaucoup plus d'engagements et de messages. Et depuis 2018, le Parti démocrate subit une forme d'hégémonie culturelle du Mouvement 5 étoiles – ce qui est paradoxal pour l'ancien parti de Gramsci –, qui exerce sur lui une pression constante ; et rien n'indique qu'il puisse s'en libérer. Alors est-ce un destin ? Non, ce n'est pas un destin, il y aurait peut-être d'autres façons de faire ; et encore une fois, Renzi est là, malgré tout. Il ne faut pas oublier qu'avant l'arrivée de Renzi au gouvernement, Grillo et le Mouvement 5 étoiles ont fait 20 % aux élections parlementaires – et Renzi a réussi à complètement briser cette subalternité potentielle du Parti démocrate par rapport à Grillo. Donc cela peut se faire à nouveau ; mais tant que le Parti démocrate reste dans cette sorte de bureaucratie vide et opportuniste, ce sera difficile.

C.L. : Votre évocation du SPD me fait penser à la coalition à Berlin, où le parti vert, Die Grünen, joue un rôle important auprès du SPD et des libéraux du FDP. Comment expliquez-vous le fait que l'écologie, en Italie (mais c'est également le cas en Espagne et dans d'autres pays de l'Europe méridionale) n'ait jamais produit un vrai parti qui aurait pu trouver des électeurs et exister, tant sur le plan local que national ?

G.d.E. : Je pense que cela tient à trois raisons principales. Premièrement, l'Italie, du point de vue des thèmes qui intéressent les électeurs, reste moins postmoderne qu'ailleurs. Le thème de l'environnement y a donc longtemps été moins important, même dans l'opinion publique, qu'en Allemagne ou en France. Il devient évidemment plus important pour les nouvelles générations, mais cela a pris plus de temps. Deuxièmement, je crois que, comme en France, c'est dû à une certaine bêtise des figures de proue des mouvements écologistes, qui ont hérité de tous les défauts de l'ultragauche, qui se fractionnent et se combattent. Enfin, troisièmement – et là nous touchons à la spécificité italienne –, il ne faut pas oublier pourquoi le Mouvement 5 étoiles porte ce nom. Les cinq étoiles, les cinq priorités fondamentales du mouvement, leurs cinq piliers idéologiques, ce sont l'eau publique, le zéro déchets, les énergies renouvelables, la mobilité durable et, enfin, la connectivité, via la wi-fi libre et gratuite. Trois des cinq missions relèvent d'idéaux écologiques. Il y a donc dès le début, dans la démarche de Casaleggio et de Grillo, une très forte composante écologique, ce qui fait que pendant longtemps – et je pense encore aujourd'hui en partie –, ils ont absorbé, récupéré l'électorat principalement motivé par la peur du changement climatique. Le Mouvement 5 étoiles était aussi le parti qui s'opposait au tunnel Lyon-Turin.

C.L. : Mais on est loin d'un parti écologiste qui pourrait se retrouver au gouvernement, à la tête du ministère des Affaires étrangères ou de l'Industrie, comme en Allemagne. Nous ne trouvons pas en Italie de figures comme Annalena Baerbock ou Robert Habeck.

G.d.E. : Non. Disons que c'est un mouvement qui n'a pas mûri en Italie – il n'a pas non plus véritablement mûri en France, d'ailleurs.

C.L. : N'avez-vous pas le sentiment que cela pourrait être une des pistes possibles pour le futur du Parti démocrate ?

G.d.E. : Cela pourrait en effet être une des pistes possibles pour le PD – avec cependant la grosse difficulté démographique de ce parti, qui est, il faut l'avouer, un parti de personnalités plutôt âgées, à l'exception de sa secrétaire, et surtout un parti perçu comme vieux, au contraire du Mouvement 5 étoiles qui sait attirer cet électorat plus jeune et plus sensible aux thèmes de l'environnement. Mais il est vrai qu'Elly Schlein est un peu sur cette ligne-là, elle possède cet ADN-là. Je pense malheureusement, mais j'aimerais être contredit, qu'elle n'a pas la maturité politique d'un Robert Habeck en Allemagne, qui a su transformer les Verts allemands.

GIANLUCA **PASSARELLI**

La Ligue de Matteo Salvini : extrême droite, nationalisme régional et gouvernement

La Ligue du Nord voit le jour au début des années 1990 grâce au charisme et à l'esprit d'entrepreneur politique d'Umberto Bossi, qui parvient à unifier plusieurs formations indépendantistes régionales au poids électoral très limité, mais importantes sur le plan idéologique et territorial.

La principale ligne de fracture sur laquelle repose la naissance de la Ligue du Nord et son expansion, c'est son caractère antiméridional, antiétatique et anti-Rome – sur le plan géographique – dirigé contre les partis nationaux, la classe dirigeante et le gouvernement de la Démocratie chrétienne et du *Pentapartito*[1]. Sur le plan idéologique, la Ligue lombarde – un des ancêtres de la Ligue du Nord – se positionne « au-dessus » des autres partis, avec une orientation clairement populiste ; elle marque ses distances vis-à-vis de la forme-parti et du positionnement droite-gauche, en affirmant être au-delà des différentes formations politiques. Une sorte d'extrémisme de centre qui se manifeste aussi dans le positionnement dont se réclament ses électeurs, qui refusent de se situer sur l'axe droite-gauche.

Les débuts électoraux

La Ligue du Nord fait son entrée en scène au niveau national aux élections législatives de 1992, en contribuant à déstabiliser le système politique et celui des partis italiens : elle obtient en effet d'excellents résultats dans le nord-est du pays, où la Démocratie chrétienne décroche et où le monde productif commence à chercher de nouveaux interlocuteurs. Mais si la tradition nordiste fait la force de la Ligue, elle limite aussi son action : seul le génie maléfique du *Cavaliere* Silvio Berlusconi parviendra à réunir dans un projet unique un mouvement qui entend se détacher de Rome – en l'occurrence la Ligue du Nord –, les

---

(1) *Pentapartito* : coalition de gouvernement qui a dirigé l'Italie de 1981 à 1991, constituée de cinq partis : Démocratie chrétienne, Parti socialiste italien, Parti social-démocrate italien, Parti républicain italien, Parti libéral italien. L'opération « Mains propres » a contribué à sa disparition.

post démocrates chrétiens et Alliance nationale[2], à l'intérieur d'une coalition double et spéculaire différenciée nord-sud[3].

L'année 1994 va marquer l'apogée de la Ligue, avec son entrée au gouvernement, mais aussi avec le brusque épilogue de son mariage forcé avec Silvio Berlusconi – une personnalité historiquement détestée de sa base militante. Cette rupture est motivée par la lutte pour le contrôle du nord du pays, où Forza Italia[4] empiète sur l'électorat de la Ligue aux élections européennes, ce qui amène Umberto Bossi à quitter l'alliance. L'avis d'ouverture d'enquête que reçoit Silvio Berlusconi pendant le G7 de Naples n'est que le prétexte de cette rupture et de la décision de la Ligue de se lancer dans une course solitaire.

Ni avec « Rome Pôle » ni avec « Rome Olivier » : la course solitaire

En 1996, la victoire de la coalition de L'Olivier dirigée par Romano Prodi est en partie rendue possible par le choix de la Ligue de se tenir à l'écart

(2) Alleanza nazionale (1994-2009) est un parti issu de la droite néo fasciste italienne, fruit de la refondation du MSI-DN (Mouvement social italien-Droite nationale), lui-même héritier du Parti fasciste républicain de Benito Mussolini.

(3) En 1994, la coalition du Pôle de la liberté se présente au Nord, celle du Pôle du bon gouvernement (sans la Ligue) au Sud. Toutes deux sont dirigées par Silvio Berlusconi.

(4) Le parti de centre-droit fondé par Silvio Berlusconi en 1994, juste avant les élections législatives, pour combler le vide laissé par la disparition du *Pentapartito*.

de la coalition de droite, dans l'espoir de jouer un rôle pivot au moment de la formation du nouveau gouvernement. La Ligue obtient plus de quatre millions de voix dans la partie majoritaire du scrutin[5] et plus de 10 % au niveau national : mais ses quatre-vingts parlementaires sont trop peu nombreux pour conditionner le choix du nouvel exécutif. C'est un *annus mirabilis* : la Ligue est le parti qui obtient le plus de voix en Vénétie et en Lombardie et elle est la première force du Nord ; pourtant, son exclusion du gouvernement rend son action peu incisive. Pour sortir de cette impasse, elle choisit de se radicaliser afin d'éviter un isolement difficilement tenable à moyen et long terme, de ressouder ses liens avec sa base, de réaffirmer ses particularités identitaires et, enfin, de se démarquer de la tentative de réforme fédéraliste promue par la coalition de centre-gauche. Ses revendications autonomistes évoluent progressivement vers une demande de sécession à l'égard de l'Italie, qui se traduit par la mise en place d'un « Comité de Libération » et la proclamation du « serment de Pontida[6] » le jour

(5) Dans le système électoral italien de cette époque, une partie des parlementaires est élue au scrutin majoritaire et une partie à la proportionnelle.

(6) Historiquement, le « serment de Pontida » aurait été prononcé le 6 avril 1167 pour sceller la naissance de la Ligue lombarde, une alliance militaire de communes du nord de l'Italie dirigée contre le Saint Empire romain de Frédéric Barberousse. Umberto Bossi s'est inspiré de ce fait historique pour faire prononcer un serment indépendantiste aux militants de son parti, le 20 mai 1990, réunis sur la pelouse de Pontida, près de Bergame : « Je jure fidélité à la cause de l'Autonomie et de la Liberté de nos peuples qui, aujourd'hui comme il y a mille ans, est incarnée par la Ligue lombarde et par ses dirigeants démocratiquement élus. »

même de la célébration de la Fête de la République italienne.

Matteo Salvini, tête de liste des Communistes de la Padanie

En 1997, la Ligue du nord change de nom et devient la « Ligue du Nord pour l'Indépendance de la Padanie », une nouvelle appellation qui dénote sa volonté de changement de stratégie électorale : elle abandonne son statut de représentante d'une confédération de ligues régionales et devient le « syndicat » de tout le Nord de l'Italie. L'épisode de l'assaut des militants « *Serenissimi* » au campanile de la place Saint-Marc de Venise excite ces penchants indépendantistes[7], y compris chez Umberto Bossi – pourtant récalcitrant – qui se trouve poussé dans cette voix pour ne pas perdre le contact avec sa base, plutôt acquise aux assaillants vénitiens. Il s'ensuit la convocation d'un référendum autogéré en vue de la constitution d'une « République fédérale de la Padanie ». Dans cette consultation, Matteo Salvini joue le rôle de tête de liste des « Communistes de la Padanie ».

L'invention du Nord

« Neuf cents ans sont passés, et c'est comme si ce n'était qu'un seul jour », proclame le prêtre lors de la commémoration du pacte de la Ligue lombarde

(7) Dans la nuit du 8 au 9 mai 1997, huit militants indépendantistes prennent d'assaut le campanile de la basilique Saint-Marc pour proclamer des revendications en faveur de l'autodétermination de la Vénétie.

historique, qui liait les villes de la Padanie, de Trévise à Bologne en passant par Turin. Le Nord est la valeur refuge de la Ligue lors de ses vicissitudes électorales, liées à son alliance solide avec Forza Italia et à ses relations houleuses avec ses frères ennemis postfascistes d'Alliance nationale, puis de Fratelli d'Italia. Dans ce contexte, Pontida est la tentative de construire une nouvelle entité politique, une nouvelle société : celle du Nord, détachée du reste du pays. Un projet qui devra être construit légalement ou illégalement, avec les « trois cents fusils » invoqués par Bossi, prêts à descendre des collines bergamasques et à marcher sur Montecitorio, le siège du Parlement italien à Rome. Pontida peut être vue comme une simple partie de campagne, mais aussi comme le symptôme d'un mal-être : cette pelouse a en effet entendu Bossi prononcer ses discours de sa voix gutturale, Mario Borghezio[8] se lancer dans ses longues et violentes diatribes d'inspiration nazie, elle a vu les casques à cornes, les faux hérauts, le symbolisme médiéval et néoréaliste et la prose sécessionniste, mâtinés d'une rhétorique de brasserie façon année 1930. En filigrane, on aurait aussi pu y lire la nécessité d'adapter le système institutionnel, en renforçant l'autonomie des collectivités locales tout

---

(8) Mario Borghezio a été député au Parlement italien de 1992 à 2001, puis député européen de 2001 à 2019, ainsi que secrétaire d'État à la Justice dans le premier gouvernement Berlusconi. Il a été condamné pour diffamation et discrimination raciale à l'égard de Cécile Kyenge, ministre de l'Intégration du gouvernement Letta, d'origine congolaise.

en respectant l'unité et la solidarité nationales : autant de questions dont la Ligue du Nord, en réalité, ne tenait pas compte.

La traversée du désert se termine en 2000 et le sécessionnisme, cédant à la persuasion berlusconienne, réduit ses ambitions à un doux projet de *devolution*[9], condition nécessaire pour pouvoir accéder au gouvernement l'année suivante : mais la Ligue ne participera à ce nouvel exécutif que grâce à la magnanimité du *Cavaliere*, le parti obtenant moins de 4 % des voix aux élections législatives de 2001, un résultat insuffisant pour conditionner la tenue de la majorité parlementaire.

Les années suivantes, le rendez-vous de Pontida perd de son élan, sa fureur s'estompe en même temps que le caractère révolutionnaire du mouvement, de plus en plus engagé dans l'action gouvernementale et donc incapable de proposer des politiques antisystèmes. La maladie d'Umberto Bossi en 2004, la défaite du pôle berlusconien aux élections législatives de 2006 et les résultats de la Ligue du Nord aux législatives de 2008 font que le parti et ses projets séparatistes deviennent minoritaires. La vague de la Padanie est en plein ressac. Et Pontida n'est plus qu'un

---

(9) La *devolution* proposée par le gouvernement Berlusconi consistait à déléguer un certain nombre de compétences aux régions en matière de santé, d'éducation et d'ordre public, dans une perspective de renforcement de l'autonomie régionale.

rendez-vous morose pour réanimer une base de plus en plus fatiguée et usée.

Les diamants, les quarante-neuf millions et le secrétariat de Matteo Salvini

2011 est une période dramatique dont l'épilogue se déroule à Pontida. La diligence des militants attendant qu'Umberto Bossi prenne la parole sur la grande pelouse sacrée montre bien que la base entretient une relation spéciale et symbiotique avec son chef incontesté, le fondateur charismatique du parti. Mais les vicissitudes du « cercle magique[10] », l'investissement en diamants des fonds du parti et le détournement de quarante-neuf millions d'euros de financements publics affaiblissent le leadership de Bossi et minent les fondements de la Ligue. Le fondateur a trahi : le choc est rude et la tenue du parti incertaine. Le charisme de Bossi est remis en question et c'est à Pontida que se consommera le meurtre freudien du père/patron.

Adieu Bossi

Le rendez-vous de Pontida de 2011 constitue un tournant crucial dans l'histoire de la Ligue. Sur la scène de la vallée bergamasque, les frictions à l'intérieur de la direction du parti se révèlent au grand jour, en particulier l'affrontement entre le

(10) Le « cercle magique » était le surnom donné aux dirigeants de la Ligue résolument fidèles à Umberto Bossi : c'était son « premier cercle », sa « garde rapprochée ».

« cercle magique » et le courant dirigé par Roberto Maroni[11], lui-même talonné par Roberto Calderoli[12] dans la course au leadership. L'issue de cette lutte aurait probablement consisté, à plus ou moins brève échéance, en une alternance entre Bossi et Maroni, ou en tout cas à voir ce dernier jouer un rôle plus important aux côtés de Bossi. Mais la crise du gouvernement Berlusconi va conditionner le sort de cette lutte intestine en stoppant son épilogue, avant que les frictions ne se ravivent au début de l'année 2012.

De même, le congrès « portes ouvertes » de Pontida fait émerger le conflit mal dissimulé entre la base, une partie active et bruyante des électeurs et des inscrits, et la direction du parti. Une critique virulente, accompagnée de manifestations de rejet, s'exprime publiquement à l'égard du chef incontesté et incontestable : il ne fait aucun doute que pour la première fois, une frange importante du « peuple de Pontida » s'est détachée de Bossi.

---

(11) Roberto Maroni (1955-2022) est un des fondateurs de la Ligue du Nord. Deux fois ministre de l'Intérieur, deux fois ministre du Travail dans les gouvernements Berlusconi, puis président de la région Lombardie (2013-2018). Il n'appartenait pas au « cercle magique » d'Umberto Bossi et représenta une sorte d'opposition interne.

(12) Roberto Calderoli (1956) est lui aussi un des fondateurs de la Ligue du Nord. Il a été deux fois ministre dans les gouvernements Berlusconi. Il est actuellement ministre des Affaires régionales et des Autonomies du gouvernement Meloni. Il s'est fait connaître dans le passé par ses violentes attaques contre les migrants et les homosexuels.

L'illusion de la Ligue nationale

La Ligue est un phénomène politique et un parti complexe. Or, à vouloir trop se focaliser sur ses aspects folkloriques, on risque de perdre de vue la situation dans son ensemble. Il existe « plusieurs Ligues » et celle de Pontida, avec ses premiers rangs de « chemises vertes » accoutrées à la mode celtique, risque d'induire l'observateur en erreur. Toutefois, Pontida a été aussi le baromètre du sentiment de la base de la Ligue à l'égard de la direction du parti et du pays.

L'évolution de la question fédéraliste en est un clair exemple. La Ligue du Nord, qui était à l'origine un mouvement autonomiste, a tenté avec Matteo Salvini de devenir un parti national, mais cette tentative a pour seul effet de faire apparaître une composante nationaliste. La Ligue de Salvini reste l'expression évidente – sinon exclusivement, du moins principalement – des intérêts sociaux, économiques et politiques du nord de l'Italie : le Nord profond, où elle est venue se retrancher après la fin de sa tentative d'expansion dans les territoires autrefois profanes du Sud.

Génétique et identité

Dans la littérature scientifique de référence, la définition du caractère identitaire des partis, de leur marque idéologique et politique, s'appelle la « génétique des partis ». Il s'agit d'éléments typiques qu'il est difficile de dépasser, de modifier et de supprimer, qui renvoient à la naissance même d'un parti, à sa nature, à son être et à son agir. Ce sont des caractéristiques transmises – un peu comme la couleur des yeux – et fondamentalement non modifiables. Et cela à moins que la direction du parti ne procède elle-même à des changements profonds et radicaux portant sur l'ensemble de ses bases idéologiques, organisationnelles et identitaires. Mais pour que cet acte révolutionnaire soit mené à bien, la présence conjuguée d'une volonté politique et – surtout – d'un leader reconnu et reconnaissable est indispensable. Or, il manque aujourd'hui à la Ligue un leader charismatique, ce qu'était Umberto Bossi et ce que n'est pas Matteo Salvini, bien qu'il ait été très populaire. Les choses, et aussi les partis, conservent leur identité au-delà des conventions avec lesquelles nous les identifions.

Le fait que la Ligue du Nord ait tenté de changer de nom, et qu'elle l'ait même fait en certaines occasions, et qu'elle se soit présentée comme le parti de la nation et comme étant postidéologique, ne suffit pas à dissimuler l'absence de cette volonté politique et de ce leader charismatique. Ces changements de dénomination n'ont pas suffi pour qu'elle dépasse sa nature, son caractère ontologique et génétique de parti régional, régionaliste et d'extrême droite. La Ligue du Nord est née d'une intuition d'Umberto Bossi fondée sur l'antiméridionalisme et l'anticentralisme, visant à exploiter la fracture entre le centre et la périphérie, où Milan représentait évidemment la périphérie sur le plan politique, même si ce n'était pas le cas sur le plan économique et financier. Les variations programmatiques, les alliances, les propositions et le leadership qui ont marqué la vie politique et parlementaire de la Ligue du Nord depuis 1991 n'ont toutefois jamais remis en question sa caractéristique identitaire : son aversion pour le Sud. Malgré les illusions ou la naïveté de nombreux observateurs, la caractéristique nordiste, antinationale et antiétatique du parti demeure, parce que personne n'a eu l'intention de la modifier. Du reste, *L'Italie d'abord !* – le slogan de Matteo Salvini – est en réalité décliné de *Le Nord d'abord !*, le slogan de sa campagne électorale en Lombardie et celui de sa campagne interne pour devenir secrétaire du parti.

La Ligue nationale est un projet qui n'a jamais existé concrètement, même si beaucoup de gens y ont cru. Comme dans la fable d'Ésope, le scorpion fait son métier et le parti de Matteo Salvini fait la Ligue du Nord.

La Ligue de 1991 n'est pas très différente de la Ligue-Salvini de 2020. La forme du parti a peut-être changé, mais sa nature est la même : c'est un parti issu du Nord, appartenant au Nord et pour le Nord.

Le bagage idéologique de la Ligue est imprégné du caractère originel qui le lie indissolublement au territoire où elle a vu le jour. Le parti s'est d'abord déclaré en faveur de l'« Europe des régions », avant de se déchaîner contre Bruxelles et d'abandonner non pas tant la monnaie unique que la perspective fédéraliste, c'est-à-dire celle de l'unification de pays qui se sont combattus pendant des siècles. L'euroscepticisme explique en effet en grande partie le succès de la Ligue. D'où sa proximité avec les satrapes de l'Europe de l'Est, sa sympathie pour les nationalismes de tout poil et la férocité de son darwinisme social. Le tout conjugué dans une perspective sous-nationale, où la défense de l'intérêt du pays n'est en réalité qu'une louche façade électorale : ses racines nordistes sont solides et profondes. Et c'est bien, en effet, la « trahison » des origines que visent les attaques contre la direction du parti, contre Matteo Salvini et sa parenthèse « nationale ».

La Ligue caméléon

Le passage du radicalisme pseudo-celtique et des braillements sécessionnistes à la chimère de la sécession, aux diatribes contre l'État unitaire, aux invectives contre la Fête de la Libération – alors qu'Umberto Bossi avait déclaré que le parti était antifasciste –, aux caresses doucereuses et odieuses à la droite néofasciste, le passage du racisme anti-méridionaux à celui, plus rentable, anti-immigrés, au sexisme, à la violence verbale contre toutes les différences, n'est qu'un fatras de propositions confuses, contradictoires et souvent farfelues. Mais le ciment, c'était Umberto Bossi, son charisme, son autorité de père fondateur (et non buveur) et l'idéologie d'une chimère présentée comme étant à portée de main.

L'extrême droite et Matteo Salvini

Le parti est aussi d'extrême droite, comme le montrent ses positions sur les politiques migratoires, les droits civiques et les relations internationales. Ses intempérances au Parlement sont le reflet d'une époque mesquine, dure, affreuse sur le plan culturel et social. La Ligue du Nord avait souvent manifesté des comportements peu institutionnels, dont ses dirigeants s'étaient fait une spécialité – rappelons par exemple que le député de la Ligue Luca Leoni Orsenigo avait brandi un nœud coulant devant les bancs du gouvernement. Et la liste de leurs déclarations empreintes de violence et de racisme est bien longue.

La Ligue d'extrême droite

Au cours des années, surtout depuis que Matteo Salvini est secrétaire, le parti s'est déporté de plus en plus à droite, jusqu'à devenir une des deux formations politiques les plus extrêmes du panorama italien. Ce mouvement vers la droite est consolidé et enregistré par plusieurs indicateurs : il est révélé par le positionnement déclaré de ses électeurs, par les interviews de son personnel politique et de ses représentants élus et par la perception que les électeurs italiens ont de la Ligue de Salvini. En outre, les enquêtes internationales, aussi bien auprès d'experts que de citoyens, confirment cette évolution. Enfin, le positionnement à droite est réaffirmé par les campagnes de la Ligue de Matteo Salvini contre l'immigration, par ses tons xénophobes et racistes, ses campagnes de haine contre les différences, ses attaques contre les droits civiques et ses moqueries à l'égard des minorités. Sur le plan politique, cette version d'extrême droite de la Ligue de Salvini est également confirmée par les liens solides qu'il entretient avec Marine Le Pen et la galaxie d'extrême droite européenne, de l'Autriche à l'Espagne et au Portugal, jusqu'aux pays de l'Est.

L'Europe et l'Italie pour Salvini

Le Rassemblement national, parti d'extrême droite, puis l'AfD, ouvertement néonazie, le Vlaams Belang flamand et le FPÖ autrichien : tels sont les principaux alliés de la Ligue de Salvini au Parlement européen. Mais dans le débat italien, la Ligue ne revendique pas cette appartenance à l'extrême droite, pourtant évidente : elle est passée sous silence et acceptée, surtout en vertu de l'action historique de « normalisation » accomplie par Berlusconi dès 1994, lorsqu'il a embarqué dans sa coalition les néofascistes d'Alliance nationale et, plus tard, le petit parti Fiamma Tricolore [13]. En vue des élections européennes de juin 2024, Matteo Salvini vise à se différencier de Giorgia Meloni, laquelle est contrainte de relever un double défi

(13) Fiamma Tricolore est la frange dissidente du MSI-DN qui n'a pas rejoint Alliance nationale en 1994.

sur sa droite, mais aussi de garder un profil institutionnel moins radical pour ne pas entrer en conflit avec Bruxelles et Washington.

Matteo Salvini est aujourd'hui un allié difficile pour Fratelli d'Italia, car il entend retrouver la position centrale qu'il a perdue, tout en disputant l'hégémonie à droite au parti de Giorgia Meloni. Or la disparition de Silvio Berlusconi et le déclin inévitable de Forza Italia font basculer l'ensemble de la coalition gouvernementale vers la droite, vers des positions à la fois nationalistes et réactionnaires. L'Italie de Matteo Salvini est un danger pour l'Europe, son parti le déclare publiquement, depuis (presque) toujours. À part une phase initiale où la Ligue du Nord était en faveur de l'Europe des nations, mais toujours dans une optique non fédérale et dans le but de défendre l'indépendantisme vis-à-vis de l'Italie, le parti fondé par Umberto Bossi a toujours été ouvertement contre Bruxelles. Parce qu'il ne partage pas l'approche unitaire et encore moins fédérale, mais continue de s'appuyer sur le nationalisme.

Le secrétaire de la Ligue a changé d'attitude, mais il s'agit d'une posture purement tactique et d'un repositionnement. Matteo Salvini ne jette plus d'œufs sur la police, ses attaques contre les immigrés et les institutions européennes et nationales se sont faites moins virulentes, mais son profil reste le même : celui d'un chef de parti d'extrême droite hostile à l'Union européenne, comme il l'a lui-même explicitement théorisé : « Au niveau international, la priorité est la destruction de l'euro et la refondation de l'Europe. Alors oui aux alliances avec les seuls qui ne soient pas des idiots européistes : les Français de Marine Le Pen, les Hollandais de Wilders, les Autrichiens de Mölzer, les Finlandais… bref, avec ceux de l'Europe des patries », dixit Matteo Salvini.

Traduit de l'italien par Jérôme Nicolas.

MANUELA **CAIANI**

Meloni, l'Europe et la « trans-nationalisation » des droites

« Le temps des patriotes est venu, en Italie, en Finlande, en Suède, en Pologne et en République tchèque, nous avons montré que nous, les patriotes, pouvons gouverner et contribuer à l'accroissement de la prospérité des peuples. Votre victoire peut donner une impulsion à toute l'Europe. » Ce sont les mots prononcés par la présidente du Conseil Giorgia Meloni lors d'un rassemblement de Vox, en Espagne. Le dimanche 23 juillet en fin de soirée, les résultats sont tombés : Vox a essuyé une défaite inattendue au point de rendre impossible l'arrivée d'une alliance droite/extrême droite au pouvoir. Est-ce un affaissement provisoire ou profond du parti espagnol ? L'avenir nous le dira. Une chose est certaine, à la fin de l'été, nous entrerons dans une phase cruciale pour l'avenir de l'Europe avec, au loin, les élections au Parlement européen de juin 2024.

La droite radicale est en progression en Europe depuis de longues années. Les partis d'extrême droite ont l'occasion d'accroître leur visibilité et leur exposition médiatiques à l'occasion des prochaines échéances européennes en tenant un discours politique nationaliste sur de nombreux sujets délicats, comme l'immigration et les politiques sociales en temps de crise, mais aussi, comme en témoignent les récentes déclarations de Giorgia Meloni où elle incite l'aile droite de toute l'Europe à « contrer ce fanatisme ultra-écologique », influençant également les positions des partis dominants de droite modérée et progressiste. Malgré le fait que ces organisations et partis viennent de commencer à coopérer – et sont encore parfois en concurrence les uns avec les autres –, l'arène et les institutions européennes peuvent être utilisées par des groupes radicaux de droite pour nouer des contacts avec d'autres groupes extrémistes, diffuser leur idéologie et encourager la mobilisation en développant de nouveaux clivages sur lesquels ils espèrent prospérer comme les récentes campagnes anti-genre.

Dans ce contexte, quels sont les liens entre Fratelli d'Italia et les autres mouvements d'extrême droite européens ? Quelle opportunité la présence de Giorgia Meloni à la tête de la présidence du Conseil représente-t-elle pour eux ? Et quelles sont les raisons communes qui font le succès du populisme de droite, en Italie comme ailleurs en Europe ?

Giorgia Meloni, la leader de Fratelli d'Italia, appartient, au niveau européen, à la famille des Conservateurs et réformistes, un groupe de droite qui comprend les Polonais de PiS (Droit et justice) et les Espagnols de Vox avec lesquels elle entretient des contacts étroits. Sans renoncer pour autant à sa relation harmonieuse avec Orban. Souvenons-nous du grand rassemblement de la droite souverainiste internationale à Rome : Giorgia Meloni, Viktor Orban, Matteo Salvini et bien d'autres – dont la nièce de Marine Le Pen, Marion Maréchal – tous réunis en Italie en 2020 lors du Congrès des conservateurs. Ou la rencontre entre la Première ministre italienne Giorgia Meloni et le Premier ministre polonais Mateusz Morawiecki. Les signes de la « grande alliance » des droites en Europe, qui n'est plus précisément « contre l'Europe », se multiplient. Le rêve de Giorgia Meloni et de cette droite européenne est de réunir souverainistes, extrême droite et populistes lors des prochaines élections européennes de 2024. Un projet très ambitieux et compliqué, si l'on considère les nombreuses tentatives avortées des décennies écoulées, mais une entreprise toujours plus plausible compte tenu de la volonté de nombreux partis de droite.

Les succès très récents et symboliquement importants de la droite radicale sur le continent ont nourri les envies : le 25 juin 2023, Robert Sesselmann d'Alternative für Deutschland (AfD), est devenu le premier homme politique d'extrême droite à obtenir, en Thuringe, un mandat électif en Allemagne depuis 1945 (une AfD qui apparaît dans les sondages comme la deuxième force politique de tout le pays, à 19 %, derrière les seuls chrétiens-démocrates de la CDU). Si Donald Trump et Jair Bolsonaro ont été évincés du pouvoir, dans un climat de tension qui s'est traduit par deux insurrections, en Europe, le FPÖ est en Autriche le premier parti avec 28 %, les démocrates suédois, qui étaient à plus de 20,5 % en septembre dernier, apportent un soutien extérieur au gouvernement de centre-droit. Les Vrais Finlandais sont dans une alliance gouvernementale avec les conservateurs. Enfin, en Grèce, trois partis d'extrême droite sont entrés au Parlement après les élections du 25 juin. En Espagne, nous verrons comment Vox se remettra de sa récente défaite ; nous n'oublions pas que ce parti était en progression constante au cours des dernières années.

Mais quelles relations entretiennent les droites populistes avec l'Europe ? Si récemment encore parler d'une « transnationalisation » de l'extrême droite en Europe apparaissait comme une contradiction, aujourd'hui le phénomène apparaît de plus en plus présent. Jusqu'à il y a quelques années, lorsqu'elles s'intéressaient aux raisons du succès de la droite populiste en Europe, les recherches universitaires mentionnaient les crises économiques et sociales, ainsi que l'instabilité politique, la présence d'alliés (c'est-à-dire les partis conservateurs) au pouvoir, l'héritage d'un régime autoritaire, les mouvements de subcultures underground et le hooliganisme, ainsi que la diffusion de théories xénophobes au sein de la société. À cela s'ajoutant la désaffection vis-à-vis de la politique, la méfiance à l'égard des institutions démocratiques et des sentiments contestataires et notamment « anti-establishment » sous la forme d'une opposition à l'Union européenne. L'extrême droite était ainsi violemment antibruxelloise. Maintenant, cependant, quelque chose a changé.

Une étude d'il y a environ dix ans portant sur ce que la droite radicale européenne disait et pensait au sujet de l'Europe (l'Union européenne, le processus d'intégration européenne) soulignait que les questions européennes représentaient un sujet important et souvent évoqué dans le discours politique de la droite radicale. Selon elle, l'intégration européenne conduit non seulement à la « perte des identités des peuples », mais elle apporte aussi « des limites à la souveraineté des États nationaux ». L'Europe était alors considérée comme un « super État totalitaire », une sorte de « dictature », un « corps intrusif », une « puissance distante et oppressante » (par opposition aux « peuples européens »), un « État centralisateur », une UE « orientée », qui influence les choix politiques et économiques des nations, servant les intérêts de la finance internationale, au lieu des intérêts réels des nations.

Néanmoins, malgré son opposition à l'Union européenne, l'extrême droite n'a jamais rejeté l'idée d'« Europe ». Bien au contraire, à l'unanimité, elle appelle à la reconstruction d'une « nouvelle Europe », « fondée sur sa glorieuse histoire traditionnelle » (c'est-à-dire celle de l'Empire romain), et d'une Europe « grande et forte, indépendante des États-Unis », avec une armée européenne qui pourrait elle-même devenir une force de défense contre la mondialisation et l'ennemi américain. En d'autres termes, une « Europe des peuples européens », une « Europe des États souverains », une Europe « nouvelle et différente de l'UE », est envisagée. L'appel général à l'action que l'on retrouve dans de nombreux documents consiste à « sauver, par tous les moyens, l'histoire, la culture et la tradition millénaires de l'Europe contre les ingérences étrangères ».

À la suite des élections présidentielles américaines de 2020 et de la défaite de Trump, la droite européenne a progressivement repensé ses positions et la montée en puissance de Fratelli d'Italia a coïncidé avec la volonté de dépasser la posture traditionnelle souverainiste et populiste pour une orientation nationale-conservatrice, moins axée sur l'identité nationale et plus liée aux valeurs communes d'une matrice occidentale.

En fait, quelque chose a changé par rapport à l'euroscepticisme traditionnel et à l'aversion

pour une « transnationalisation » des droites d'il y a une décennie.
Les attitudes négatives contre l'UE, découlant d'une série de « menaces pour la communauté nationale », notamment l'immigration, le multiculturalisme et la perte de la souveraineté nationale et des valeurs traditionnelles (mythes fondamentaux et traditionnels de la droite radicale mais aussi en résonance avec des attitudes de plus en plus répandues dans les sociétés européennes), cèdent désormais la place (au niveau organisationnel) à de nouvelles et continues tentatives d'union de forces des droites radicales en Europe, et (au niveau de l'identité politique) à une position commune non plus eurosceptique de la plus grande part des partis de la droite radicale européenne, mais « pro-Europe », même si ces partis soutiennent l'idée d'une autre Europe.

Si pour de nombreux militants (de gauche) des mouvements sociaux, le soutien à « l'Europe » et l'opposition à un tournant « nationaliste » sont devenus une motivation essentielle de leur engagement, paradoxalement, pour leurs opposants à l'autre bout du spectre politique, les militants d'extrême droite, il est devenu également essentiel de se définir comme européens. Une attention accrue est désormais accordée aux notions d'identité paneuropéenne, de tradition et d'importance existentielle de la préservation du patrimoine culturel. On a observé que les positions des populistes de droite s'éloignaient des notions traditionnelles de nationalisme et de race, et adoptaient un langage plus large de « conflit de civilisations », se ralliant autour de la notion nébuleuse d'« Occident » pour créer un assemblage syncrétique de signifiants culturels. Cela s'est manifesté dans une nouvelle tendance parmi les réactionnaires populistes d'Europe occidentale. Giorgia Meloni est devenue la porte-drapeau de cette nouvelle idée d'Europe : elle et les autres leaders de l'extrême droite européenne se déclarent les « véritables défenseurs de l'identité occidentale » qui cherchent à « sauver l'Europe d'elle-même ».

Lors des précédentes élections européennes, l'Europe a été la cible de manifestes politiques et aussi l'arène de la « transnationalisation » de la droite. Depuis le milieu des années 1980, les élections au Parlement européen ont représenté une occasion pour les partis de droite radicale d'Europe occidentale de se coordonner, du moins lors de la campagne politique.

Les élections européennes de 2014 ont été marquées par une nette avancée de la droite radicale dans toute l'Europe. Le Front national français et le UK Independence Party (UKIP) britannique ont obtenu de très bons résultats, remportant respectivement vingt-quatre et vingt-deux sièges. Au Danemark, la droite radicale Dansk Folkeparti (DF ou Parti populaire danois) a triomphé avec 27 % des voix, doublant le nombre de ses membres au Parlement européen de deux à quatre. En Autriche, le Freiheitliche Partei Österreichs (FPÖ ou Parti de la liberté d'Autriche) a augmenté son nombre de voix de 7,2 % par rapport à l'élection précédente, et en Allemagne, même les néonazis du Nationaldemokratische Partei Deutschlands (NPD, Parti national démocrate d'Allemagne) ont obtenu un siège au Parlement européen. À cette occasion, la tentative de la droite radicale de former un groupe parlementaire au sein du Parlement européen a failli aboutir sous la forme de l'Alliance européenne pour la liberté (EAF), la coalition de la droite radicale dirigée par la Française Marine Le Pen.

Le succès de la droite populiste radicale aux élections européennes de 2014 et 2019 peut certainement être lié en partie à des facteurs politiques institutionnels comme le caractère secondaire de ces élections qui récompense les partis d'opposition, mais aussi à la capacité de ces partis à représenter des sentiments qui sont répandus dans la société, mais peu représentés par les gouvernements nationaux. Par exemple, il a été affirmé que la rhétorique eurosceptique des partis radicaux a également contribué à façonner un mécontentement généralisé dans l'opinion publique. À leur tour, certains analystes ont montré que (au-delà des menaces ethniques perçues et de la méfiance politique) l'euroscepticisme (et la construction de propagandes et d'idéologies qui le nourrissent) est un facteur qui contribue à expliquer le vote des citoyens pour la droite radicale.

Et que va-t-il se passer maintenant en 2024? Au-delà de la pertinence empirique, cette question a également une pertinence théorique importante pour les débats sur le populisme et la démocratie libérale. Une victoire de la droite radicale (unie) aux prochaines élections européennes pourrait signifier, par exemple, en termes de politiques socio-économiques, la fin de politiques de soutien en temps de crise et du PNRR. Les conséquences ne s'exprimeraient donc pas seulement en termes de politiques identitaires. L'apparition d'un « néo-illibéralisme », mêlant néolibéralisme économique et politique illibérale, serait à craindre.

Traduit de l'italien par Christian Longchamp.

MAURIZIO **RIDOLFI**

L'héritage d'Aldo Moro et d'Enrico Berlinguer dans le discours et l'imaginaire public de l'Italie contemporaine

Il est important de s'interroger sur la conception et les manifestations de notre citoyenneté républicaine dans le cadre des transformations de la démocratie italienne après la Seconde Guerre mondiale. Au fil des décennies, l'éducation à la citoyenneté a changé. Avec l'accroissement progressif de l'abstentionnisme électoral, et la mise en cause de la légitimité de la politique et de la participation des citoyens à la démocratie représentative s'impose aujourd'hui de manière brûlante la nécessité d'une éducation à la citoyenneté renouvelée, dans son langage comme dans ses figurations. Il s'agit de favoriser l'adhésion des citoyens au projet démocratique, avec toutes ses lacunes, mais en même temps de rendre possible sa critique et, par conséquent, un authentique apprentissage civique.

Avec la naissance de la République, on assista en Italie, au sortir de la Seconde Guerre mondiale, à l'élaboration d'une large conscience démocratique et à une identification des citoyens aux principes de la Constitution. Un processus d'éducation à la citoyenneté républicaine s'enclencha qui devint ensuite l'héritage commun de la majorité des Italiennes et des Italiens. Mais on se heurta d'emblée aux difficultés posées par une « pédagogie civique » républicaine inachevée, difficilement reconnaissable à travers l'action des institutions et tiraillée entre une identité nationale fragile et l'antagonisme conflictuel des grands partis populaires, au cours de la guerre froide. La démocratie des partis fut marquée par une circulation de modèles concurrentiels et de formes de pédagogie populaire, où la politique apparaissait comme un apprentissage civique, une introduction à la compréhension des faits et des choix possibles en vue du développement de la société. Depuis les années 1990, la crise de la « République des partis[1] » a rendu ce processus ambigu et nébu-

(1) P. Scoppola, *La repubblica dei partiti. Evoluzione e crisi di un sistema politico 1945-1996*, Il Mulino, 1997.

leux, au prix d'une érosion de l'identité même de la démocratie italienne.

Les années des apprentissages civiques représentent une histoire culturelle de la politique qui mérite d'être reconstituée à travers les vicissitudes et les leaders les plus significatifs de l'Italie républicaine ; et c'est ce qu'une réflexion conjointe sur l'héritage politique et intellectuel d'Aldo Moro et d'Enrico Berlinguer, dirigeants respectifs de la Démocratie chrétienne (DC) et du Parti communiste italien (PCI), qui moururent tous les deux prématurément à des dates relativement proches[2] (1978 et 1984), permet d'esquisser.

Dans l'histoire et dans l'imaginaire populaire, l'univers catholique des trente premières années de la République trouve une synthèse possible dans l'action pédagogique d'Aldo Moro (1916-1978). Sa biographie se rattache en effet à un contexte, non exclusivement italien, de crise de la société et de transformations de la politique[3]. En sa qualité d'intellectuel et de professeur, plus

(2) Aldo Moro fut assassiné par les Brigades rouges après cinquante-cinq jours d'un enlèvement qui reste dans la mémoire collective italienne comme l'événement le plus traumatisant, sans doute avec l'attentat de la gare de Bologne, le 2 août 1980, depuis la Seconde Guerre mondiale. Enrico Berlinguer, lui, fut la victime d'un ictus cérébral lors d'un meeting électoral à Padoue, trois jours avant les élections européennes..

(3) G. L. Mosse, *Intervista su Aldo Moro*, édition de A. Alfonsi, Rubbettino, 2015.

encore que comme leader politique, il analysa les mutations générationnelles et socio-culturelles survenues entre les années 1960 et 1970, et en vint à y reconnaître l'origine de la crise de légitimité des institutions représentatives. Conscient de la fragilité des systèmes démocratiques, appelés à apporter des réponses à des revendications réformatrices et à des désirs inquiets de changement, Moro favorisa l'intégration et la participation pour en faire des outils de défense et de légitimation renouvelée des institutions républicaines. Séquestré puis assassiné par les terroristes des Brigades rouges au printemps 1978, il avait été l'un des hommes politiques les plus attentifs à l'équilibre précaire dont souffrait l'Italie dès l'époque où, après 1945, il assuma des responsabilités de premier plan au sein de la Démocratie chrétienne et du gouvernement. Lorsqu'il fut ministre de l'Instruction publique, de mai 1957 à février 1959, il souhaita introduire l'éducation civique au collège sous la forme de deux heures par mois rattachées aux cours d'histoire, deux heures mensuelles censées remplir une fonction essentielle dans le parcours de formation du citoyen. Sa sensibilité envers une pratique de la pédagogie civique appliquée se mesure non seulement au rôle central attribué à l'école dans cette formation du citoyen, mais aussi et surtout à la promotion d'un progrès humain et d'une liberté accrue dans la vie démocratique. Au terme d'une alternance entre moments d'élans enthousiastes et phases d'immobilisme, la question de l'éducation civique des écoliers italiens n'a toujours pas été résolue. Ce qui voulait être un apprentissage civique et moral de la vie publique, un apprentissage destiné aux futurs citoyens de la République, n'est pas devenu une pratique pédagogique consolidée des établissements nationaux d'enseignement. Aujourd'hui encore, l'idée d'une éducation civique susceptible de favoriser l'assimilation des principes de liberté (des droits et devoirs du citoyen) n'est pas acquise tout comme la dimension éducative de la politique[4] ; or il s'agissait là d'un des legs les plus importants et les plus féconds d'Aldo Moro : une éducation civique conçue, entre autres, comme une forme de pédagogie politique, un procédé d'acquisition de la connaissance et de l'information accompagné du développement d'un esprit critique, en une participation consciente à la vie publique.

En avait découlé l'habitude prise par Moro d'étudier les nouveaux phénomènes socio-culturels, et en particulier les revendications de la jeunesse en 1968 : il adopta envers eux une attitude d'écoute et de dialogue, selon un « style » et une méthode d'action politique tout à fait particuliers. Dans la vision de Moro, la fonction pédagogique était inhérente à l'action des partis populaires de masse, où il voyait un véhicule nécessaire d'ac-

(4) *Aldo Moro, la storia e le memorie pubbliche*, sous la direction de M. Ridolfi, Viella, 2022.

culturation démocratique des citoyens, doté du privilège de se confronter aux arguments de ses adversaires et de les comprendre. Jusqu'aux derniers jours antérieurs à sa mort violente, Moro mit en avant son idée de la primauté de la personne humaine par rapport à toute idéologie et à toute « raison d'État ».

Situé dans la continuité d'une tradition marquée par Antonio Gramsci et de Palmiro Togliatti, le leadership d'Enrico Berlinguer (1922-1984) sur le destin du PCI et de la République doit être repensé à la lumière du lien entre histoire et mémoire[5]. Il s'affirma à travers le développement de la vocation pédagogique présente dans sa conception de la politique et de l'action des partis. Le rôle de dirigeant, la rhétorique et la pédagogie civique de Berlinguer se présentent ainsi sous l'aspect de parcours de recherche fertiles visant à mieux explorer les causes du déclin du communisme. À la faveur d'un élargissement de notre approche philologique, linguistique et éducationnelle, il convient donc de décoder le langage de Berlinguer — celui qui passait par les mots, mais aussi celui de son corps —, à savoir un style politique qui fit du PCI un « gymnase de pédagogie ».

Dès le début de sa carrière, le caractère et la formation de Berlinguer l'amenèrent à poursuivre

(5) *Enrico Berlinguer, la storia e le memorie pubbliche*, sous la direction de M. Ridolfi, Viella, 2022.

l'objectif d'une éducation à la politique, d'abord à la direction de la Fédération de la Jeunesse communiste italienne (FGCI), puis à l'école du parti de Frattocchie, en 1957. De même que celle du « parti nouveau » originaire voulu par Togliatti, cette école devint un moyen d'action politique et le laboratoire où l'on forgeait de « bons camarades » ; mais il fallait aussi investir des forces et des ressources dans un processus de démocratisation capable de conjuguer la doctrine idéologique avec l'apprentissage de la politique dans la vie de la société civile et des institutions. Devenu secrétaire général du PCI en 1972, Berlinguer confia à l'éducation un rôle porteur, dans le cadre du développement de sa conception de la politique comme d'une passion et du parti comme d'une « communauté d'émotions ».

L'étude des écoles de ce même parti et du réseau des Fêtes de *l'Unità* met en évidence l'articulation de la pédagogie civique entreprise par le PCI dans la promotion d'une sorte de double processus d'alphabétisation démocratique et d'apprentissage de la politique. De plus, Berlinguer insuffla un élan éducatif aux mots-clefs – « austérité » (1977) et « question morale » (1981) – qui connotèrent son projet éthico-politique ; et ce au point de réinterpréter la notion même de « mœurs communistes » et de la refondre dans sa revendication d'une transformation de l'Italie. Il fit valoir un modèle de société visant à combattre – à travers des analogies avec les exigences de sa tradition familiale d'esprit démocratique et républicain – en premier lieu le consumérisme individuel, et en second lieu la corruption du pouvoir politique. Sous la direction de Berlinguer, l'apprentissage républicain du PCI eut l'occasion de se renforcer par le biais de l'action administrative, là où les préceptes de la pédagogie contribuèrent à l'élaboration d'une véritable culture de gouvernement des communes qui conféra aux « conseils municipaux rouges » (à commencer par celui de Bologne) un écho européen et international : car cette culture fut non seulement une forme de préparation au gouvernement du pays et d'alphabétisation institutionnelle, mais aussi la promotrice d'un processus d'apprentissage démocratique pour plusieurs générations de dirigeants et de cadres sélectionnés à travers ce type de cursus.

Si l'on entreprenait maintenant de mener une réflexion synchronique et analogique sur les deux principaux protagonistes de la vie politique italienne des années 1960 et 1970 que furent Aldo Moro et Enrico Berlinguer, on constaterait autant de consonances entre leurs manières de relever les défis du changement que de différences dans les solutions qu'ils proposèrent pour sortir de la crise. Forcé de se confronter à la violence terroriste, Berlinguer insista sur le rôle de rempart de la démocratie républicaine attribué au PCI. Avec l'enlèvement et l'assassinat d'Aldo Moro, la protection des institutions et de l'ordre démocratique devint en effet prioritaire. Dès lors, l'éducation à la politique se transforma en une mobilisation active du PCI ayant pour objectif la légitimation de sa participation démocratique indéfectible au soutien de l'État républicain.

Avec le retour aux logiques plus traditionnelles du bipolarisme américano-soviétique, l'essoufflement de la « solidarité nationale » et la crise de l'eurocommunisme méditerranéen marquèrent, entre 1978 et 1979, un changement d'époque dans l'histoire de l'Italie et l'apparition d'un double processus : d'un côté, la crise du système des partis ; de l'autre, le renforcement institutionnel issu du nouveau rôle joué par la présidence de la République et imposé par Sandro Pertini à travers la réaffirmation de l'attribution au chef de l'État de la fonction d'interprète de la pédagogie civique nationale.

On assista alors à la désagrégation du modèle de pédagogies politiques rivales promues par les cultures populaires de masse. Il avait fonctionné pendant presque trente ans, en conjuguant une dimension politique et idéologique à une dimension pédagogique et éducative ; mais le développement du système moderne de communication centré sur la télévision désintégra ensuite les formes traditionnelles de partis et, avec elles, la conception même du militantisme. De ce point de vue, les funérailles grandioses de Berlinguer, en juin 1984, furent tout à fait emblématiques. Cette cérémonie chorale – dont l'ampleur nationale dépassait de loin la pure et simple tradition communiste – véhicula certes l'image du « grand Italien » ; ce rituel de masse n'en correspondit pas moins au chant du cygne d'un PCI désormais sur le déclin et, peu d'années après la tragédie de l'affaire Moro, de la République des partis.

Les commémorations des disparitions rapprochées des deux leaders ont d'ailleurs apporté une confirmation supplémentaire de l'absence de mise à jour des pédagogies politiques populaires, de moins en moins capables d'interpréter les sentiments de générations désormais en proie au désenchantement et séduites par des revendications individualistes. Avec la dissolution des formes traditionnelles de solidarité politique, on a vu apparaître des penchants pour des formes différentes de citoyenneté républicaine, trahissant aujourd'hui encore l'inachèvement et l'évanescence de la relation que les Italiens entretiennent avec leurs institutions. Dans la « crise de transition » infinie que la Péninsule traverse encore, l'héritage politico-culturel de Moro et de Berlinguer pourrait donc se révéler fécond. Mais ici, un avertissement décisif s'impose. Sous la « République des partis », ces derniers constituèrent des écoles de démocratie et d'alphabétisation politique dont l'action s'étendit à tel point qu'elles finirent par promouvoir la légitimation populaire non pas tant des institutions que des partis eux-mêmes. Or, à partir du moment où ils ne jouent plus un rôle propulsif, où la société italienne s'est articulée selon de nouvelles modalités d'expression et de revendication de ses intérêts, il faudra trouver l'épine dorsale de la République dans une pratique répandue de « citoyenneté républicaine » appuyée sur les fondations posées en leur temps par les bâtisseurs de la démocratie.

Traduit de l'italien par Renaud Temperini.

TERESA **CREMISI**

Entre deux patries

Il y a quatre ans, les Rendez-vous de Blois (le festival et le salon du livre consacrés chaque année à l'Histoire) m'ont proposé de présider l'édition qui, cette année-là, avait pour thème l'Italie. J'ai accepté avec joie. J'avais, quand même, ressenti une vague inquiétude en apprenant que la tradition imposait une conférence de clôture, mais l'assurance que je pouvais écrire et lire un texte personnel m'avait redonné courage. Quand je suis arrivée à Blois, la ville était pavoisée par les affiches du programme, un ensemble très riche de rencontres d'historiens, d'intellectuels français et italiens. Sur toutes, l'image joyeuse qui résumait le thème de l'année : la Fontana di Trevi à Rome avec deux bonnes sœurs au premier plan. Soleil, voiles blancs, la joue fraîche et rose d'une jeune religieuse et, en fond d'image, les traces de la glorieuse Histoire culturelle de l'Italie. C'était gai et coloré. Même moi je n'ai absolument pas tiqué, j'ai trouvé cette photo normale...

Le sursaut vint le lendemain, par un universitaire italien. Prostré dans un fauteuil du hall de notre hôtel commun, recroquevillé dans sa résignation. «J'en ai marre des clichés! Personne ne regarde, personne n'écoute!» Il parlait bas, comme si les évidences étaient désormais hors sujet : « Il n'y a presque plus de bonnes sœurs dans les rues de Rome, la religion n'est plus au centre de la vie culturelle et politique du pays, il est impossible de photographier la Fontana di Trevi sans touristes et sans *transenne* (les barrières anti-foules placées dans tous les sens). » Il avait insisté : « L'Italie n'est pas représentée par La dolce vita, chef-d'œuvre du cinéma des années 1960 ; Rome a pu l'être un fugace instant mais pas le pays dans sa diversité. Ni à l'époque ni maintenant ».

Il avait mille fois raison.

Grâce à lui, ma conférence de clôture a pris un autre ton. Et le texte qui suit s'en est inspiré.

Diversité

Diversité ! C'est une notion que les Français qui aiment l'Italie ne prennent pas suffisamment en compte. Ils croient que tout pays a sa diversité, que c'est comme cela partout, qu'au Nord on n'est pas tout à fait comme au Sud, que vivre à Lille ou à Marseille marque un tempérament, que naître à Bordeaux ou à Strasbourg signifie quelque chose et que donc en Italie c'est pareil. Naples n'est pas Venise et ainsi de suite : tout le monde sait que les différences géographiques influent sur la population de chaque nation.
Sauf qu'en Italie c'est différent, c'est beaucoup plus marqué – et dans beaucoup plus de domaines –, c'est infiniment plus profond. Un sou-

venir personnel à ce propos : quand, à la fin des années 1950, nous débarquions à Naples en provenance d'un port d'Orient, on ne remarquait pas de grands changements – et, même, le port de départ apparaissait plus ordonné et fonctionnel, mieux adapté aux nouveaux trafics de l'après-guerre. Les cris des marins, des porteurs, des marchands de toute sorte qui vous accueillaient à Naples ne ressemblaient à rien de connu même pour les passagers qui comprenaient la langue italienne.

Deux cents kilomètres plus loin, en remontant la Péninsule par des routes nationales encombrées (*l'Autostrada del Sole* qui a eu tant d'importance pour l'unité du pays n'était pas encore construite), on se retrouvait à Rome et les mots, l'accent, les gestes… tout était différent. C'est encore aujourd'hui une expérience merveilleuse propre à l'Italie : le voyage en voiture. Tous les trente kilomètres, une ville ou un bourg fascinant de beauté ou d'intérêt historique, des signes tout à fait visibles du passage du temps, une langue qui s'adapte, se diversifie.

Mais dans l'après-guerre (l'époque Fellini, à laquelle faisait référence l'affiche des « Rendez-vous de l'Histoire »), le morcellement apparaissait inouï : le pays était constitué de petits bouts de terre qui n'avaient que peu en commun avec les petits bouts d'à-côté. On racontait que pendant la Première Guerre mondiale, dans les tranchées où tant de jeunes soldats vécurent des mois affreux, les officiers eurent un problème supplémentaire : ces jeunes hommes ne parlaient pas la même langue, ne comprenaient pas toujours les ordres qui leur étaient donnés. Des films ont raconté ce terrible dépaysement de l'intérieur. Une nation trop jeune n'était pas en mesure d'assumer le rôle de figure maternelle et protectrice pour sa population qui avait vécu pendant des siècles dans un puzzle. Un puzzle façonné par des logiques historiques contradictoires et presque inexplicables.

Des films comiques racontaient le désarroi, le sentiment d'*estraneità*, d'exil. *Totò e Peppino a Milano*, par exemple. Une scène tordante vaut symbole : les deux grands acteurs populaires débarquent du train à la Stazione Centrale (à l'époque le voyage durait presque une journée), c'est leur premier voyage à Milan et ils en attendent beaucoup, ils se sont préparés psychologiquement pour ce grand voyage, ils se sont habillés pour la ville du Nord : en plein été, ils descendent sur le quai, enveloppés dans des manteaux et des écharpes. Sans compter leurs gracieuses toques en fourrure. Comme s'ils devaient affronter un hiver moscovite.

Bref, je résume : on était en exil si, né Sicilien on devait travailler à Florence, si, parlant le vénitien on émigrait à Rome, si Milanais ou Turinois on descendait en dessous d'une ligne imaginaire qui se situait entre la Toscane et le Latium.

On disait aussi dans les douces années de l'après-guerre que la télévision naissante avait joué un rôle très important pour construire l'unité linguistique de l'Italie. C'étaient des programmes populaires, un peu naïfs et bon enfant, extrêmement aimés dans toutes les classes sociales. Peu de familles avaient leur propre appareil. Dans les petites villes, les cafés s'étaient équipés, on sortait le jeudi soir pour voir Lascia o Raddoppia ?, on traînait au bar jusqu'à l'heure du journal télévisé. Une langue claire et simplifiée devint fédératrice, ceux qui gardaient leurs inflexions et leurs dialectes apprenaient sans douleur à parler aussi la langue du pays qui était en plein boom économique. Ils arrivaient – finalement et surtout – à la comprendre.

Ces anecdotes, ces références au cinéma aussi bien grand public que d'auteur, je ne les évoque que pour faire sentir à quel point l'Italie est marquée par son histoire morcelée. À quel point le citoyen d'une nation centralisée comme la France doit se dépouiller d'idées toutes faites pour comprendre un pays qui s'est fait à partir d'éléments assemblés il n'y a pas si longtemps.
Deux terribles guerres mondiales ont ébranlé le plancher de la maison Italie alors que la construction de la nation n'était pas encore consolidée.

« Un pays sans »
Ma vie d'éditeur est divisée en deux : première moitié en Italie, deuxième moitié en France.

En 1986, je travaillais chez Garzanti et j'ai eu la chance de m'occuper des livres d'Alberto Arbasino. Un jour il m'apporta un livre très personnel et inspiré, dont le sujet était l'Italie et dont le titre était frappant : *Un paese senza*.
Il n'y avait pas de complément. Il n'y avait pas de points de suspension. C'était trois mots abrupts à la sonorité tranchante. Comme une falaise qui tombe dans la mer. Après les pages de garde et de titre, à l'intérieur, en ouverture du texte, s'inscrivait une longue comptine, plutôt une litanie, une mélopée désespérée et peut-être ironique. Je vous la transcris en italien, vous comprendrez sans difficulté. Et l'italien adoucira un peu le propos :

Un paese senza memoria
Un paese senza storia
Un paese senza passato
Un paese senza esperienza
Un paese senza grandezza
Un paese senza dignità
Un paese senza realtà
Un paese senza motivazioni
Un paese senza programmi
Un paese senza progetti
Un paese senza testa
Un paese senza gambe
Un paese senza conoscenze
Un paese senza senso
Un paese senza sapere
Un paese senza sapersi vedere
Un paese senza guardarsi

Un paese senza capirsi
Un paese senza avvenire?

Et la litanie finissait avec un point d'interrogation.
Un paese senza avvenire?
L'espoir, le petit espoir, le seul espoir reposait dans ce point d'interrogation.
J'avais demandé à Alberto Arbasino s'il ne trouvait pas ce long cri exagéré, il m'avait répondu que c'était un cri de patriote, qu'il fallait regarder les choses comme elles étaient pour tenter d'y remédier. Plus tard il s'engagea en politique dans un parti centriste qui n'existe plus depuis belle lurette, le Partito Repubblicano. Claudio Magris fit la même chose avec conviction et énergie. Le désir de ces deux grands intellectuels de servir leur pays ne fut ni remarqué ni applaudi. Et leur expérience n'eut qu'un temps très bref.
Ils avaient eu un prédécesseur en la personne de Pier Paolo Pasolini. Pasolini a écrit avec assiduité un éditorial qui trouvait sa place en première page du *Corriere della Sera* ; ces textes ont ensuite formé un livre acerbe et combatif sous le titre si beau de *Scritti corsari – Écrits corsaires*. Et dans ces textes, avec cette fureur et cette indignation qui caractérisaient son ton, il fustigeait la vie sociale et politique italienne. Il se moquait de sa bourgeoisie qui, tout juste sortie des brumes de l'histoire, donnait des leçons de maintien au peuple. À ce petit peuple qui, d'après lui, était le cœur vaillant du pays.

Il y a une dépression italienne qui étreint le cœur des élites, une dépression si particulière à laquelle je trouve des racines anciennes.

Le génie italien, tant célébré dans toutes ses facettes, ne produit pas l'effet d'une consolation éternelle. La littérature et l'histoire ont consigné les tourments des fils les plus talentueux de ce pays. Ceux qui l'aimaient et l'aiment profondément, mais lui en veulent d'être comme il est. Ceux qui parfois, en lisant les actualités, en ont honte. Mais qui savent qu'éprouver de la gêne, de l'énervement ou – même – de la honte pour un être aimé, c'est tout simplement l'aimer. Malgré tout et malgré certaines réalités.

Le vers le plus terrible de la comptine d'Arbasino est à mon avis le premier :

Un paese senza memoria
Un pays sans mémoire

J'y vois et j'y lis l'inévitable épilogue d'une longue, interminable série de siècles de divisions, de drames historiques, de précarité. Cette Italie parcourue par des armées étrangères, dévastée par les maladies, mise à genoux par la famine et la pauvreté dans les campagnes. « Même les chiens aboyaient à la lune en pensant que c'était un plat de polenta », dit Cesare Pavese dans *La luna e i falò*.

Et on comprend certains traits du caractère national, affligé mais joyeux, mélancolique mais volontiers hilare. Le caractère de ceux qui doivent se débrouiller comme ils peuvent, accepter les misères de la vie de tous les jours. Sans projets à long terme. Et donc sans regarder au-delà de la journée et de ses plaisirs. C'est là, je pense, qu'est la source de l'absence revendiquée de principes affirmés. À chaque jour sa peine. Ne venez pas me dire comment il faut vivre. On profite du moment, on embrasse son prochain, on rit tant que cela est possible, on ruse avec la vérité, on pratique une politique personnelle de l'autruche. Les problèmes, eh bien, on les renvoie au lendemain. Si problème il y a d'ailleurs, c'est probablement la faute de ceux qui ne nous aiment pas.

Cette mélancolie est chassée tous les jours par un goût du comique appuyé et souvent vulgaire qui fait les belles soirées de la télévision aussi bien publique que privée. La dépression est cachée au fond de l'âme italienne. Elle s'exprime parfois avec une certaine dureté, mais elle se dissimule, anesthésiée et niée dans la vie de tous les jours.

Il le faut bien.

D'après Philippe Ridet, qui a écrit un livre tendre et profond sur son expérience de correspondant à Rome pour *Le Monde,* « elle est composée d'un fond de mélancolie et de fatalisme, peut-être propre aux vieux pays déclassés». Je le cite encore : «Rien ne peut se passer à Rome qui ne soit déjà advenu. La fin du monde a déjà eu lieu, et plusieurs fois. On s'en remet.»

Résistance et adaptabilité

Mais on vit bien en Italie. Il y a un goût tout particulier pour les belles choses et une gentillesse inventive, une créativité linguistique populaire charmante et une population d'artistes et d'érudits — un peu isolés dans leur propre pays, mais si originaux. Cette qualité humaine survit et surnage. Dans des mares de vulgarité sans complexe, fleurissent souvent des plantes uniques et précieuses.

Elles ont bien du mérite.

Les tremblements de terre se succèdent, suivis de glissements de terrain, les ponts routiers s'écroulent sur les quartiers urbains, les bateaux de croisière se défoncent sur les récifs, les récits de scandales et de corruption prennent à la gorge, la mafia conquiert de nouveaux territoires et son chiffre d'affaires augmente d'année en année, les jeunes diplômés s'en vont à l'étranger et ne reviennent plus, la population vieillit, sur les trottoirs les poussettes sont remplacées par des déambulateurs… On pourrait continuer longtemps comme cela et pas un seul citoyen italien ne pourrait nous contredire.

Mais – et c'est étrange, tout à fait miraculeux : la vitalité de ce pays saute aux yeux. Ses îlots de solidarité, sa force de résistance sont ahurissants. Une capacité d'adaptation très remarquable permet des rétablissements spectaculaires. Et cela dans la plupart des domaines. Un domaine que je connais de près est celui de l'édition. Dans un pays qui lit peu (l'Italie a à peu près la même population que la France, 65 millions d'habitants, mais le chiffre d'affaires global de son édition représente la moitié du chiffre d'affaires global de l'édition française : 3,5/4 milliards d'un côté des Alpes contre 2 de l'autre), dans un pays donc où les librairies au sud de Rome sont très peu nombreuses, où le travail de l'écrivain n'est pas du tout valorisé comme en France, subsistent et prospèrent des maisons d'édition au catalogue très exigeant. Graphiquement les livres italiens sont parmi les plus beaux au monde et la littérature mondiale y est accueillie avec des traductions d'une qualité toujours excellente.

C'est vrai que c'est un secteur culturel où l'investissement est relativement « pauvre », il n'est pas nécessaire de mobiliser d'énormes capitaux pour faire de bons livres. Ce n'est pas le cas pour les secteurs où il faut vraiment investir comme le cinéma. Adieu donc Cinecittà, adieu les trois mille films tournés dans la banlieue de Rome qui ont donné au pays un rayonnement mondial et ont été pendant des années de tous les palmarès. Les jupettes et les casques des soldats romains, les gladiateurs en chaînes qui prenaient leur espresso costumés et maquillés au bar du coin, Audrey Hepburn en *motorino* dans les rues de Rome... tout cela ne se retrouve plus qu'en carte postale.

Ces dons d'adaptabilité ont été pendant des siècles un capital précieux pour ceux qui étaient contraints d'émigrer, ils le sont pour les jeunes gens qui partent aujourd'hui faire leur vie ailleurs.

Il y a comme une aptitude italienne à partir. Et à s'installer sans trop de casse humaine dans d'autres pays. Marco Polo serait fier de ces jeunes gens qui partent un ordi dans le sac à dos et beaucoup de détermination dans leur cœur. Partout, dans les multinationales, la restauration, la mode, les universités, les cabinets d'avocats ou de médecins, vous rencontrerez des Italiens qui vivent ailleurs mais se sentent comme chez eux. Et qui la plupart du temps ne rentrent en Italie que pour les vacances.

Cet esprit Marco Polo a donné des résultats uniques dans les petites et moyennes entreprises. Des petits patrons ont occupé pendant des décennies des niches de produits très spécialisés et les ont exportés dans le monde entier. Ils partaient, leurs valises chargées de dessins et de documents, de l'autre côté de la planète — souvent sans aide aucune de leur environnement local et toujours sans encouragement de la part des autorités nationales. Ils inventaient des marchés, créaient des produits uniques et bien conçus, les adaptaient au pays acheteur. Il leur fallait de l'esprit d'initiative et du courage. Ce sont deux qualités qui ne manquent pas aux entrepreneurs italiens. Braudel a fait un portrait admiratif de ce « marchand italien » dans *Le Modèle italien* : « On ne cesse, au hasard de n'importe quelle lecture ou recherche d'archives, de découvrir cet étrange, ce tenace, cet intelligent personnage, détesté souvent, suspect toujours et indispensable. »

Mais ce modèle qui a traversé les siècles, si loué à l'étranger, qui faisait la fierté en particulier des régions du Nord, vacille aujourd'hui.

Sans soutien dans les périodes de crise (et l'arrivée de l'euro avait provoqué la première d'une série), les unités de production deviennent trop petites devant la concurrence en particulier asiatique. Ces PME souffrent, attaquées de toute part et non protégées par leur propre pays, presque 30 % d'entre elles ont disparu en vingt ans.

Quel miroir?

Être italien n'est pas facile. Vous l'avez compris. Tout Italien qui aime et observe la vie politique de son pays, passe à travers plusieurs phases contradictoires dans la même journée. Il se réveille parfois guilleret, content et fier ; il sombre dans la mélancolie à la mi-journée ; pour finir en colère dans la soirée. Difficile de se définir collectivement, difficile d'adhérer aux définitions des autres.

Si les autres sont des Français, cela prend des allures de tragi-comédie. Les journaux italiens sont plus que friands des opinions françaises sur leur société et sur leur vie politique. Pour ensuite trouver qu'elles sont vraiment à côté de la plaque, que ce qui se passe n'est pas du tout ce qu'analysent *Le Monde* ou *Le Figaro*. Il faut dire que peu de pays sur cette planète sont aussi difficiles à cerner. Il suffit parfois de s'absenter un mois, un mois sans journaux en faisant autre chose au loin, pour ne plus vraiment comprendre ce qui s'y passe. Tel qui avait 42 % des suffrages a disparu du panorama, les même 42 % se sont reportés ailleurs, mais dans douze mois les 42 % se diviseront en deux : 21 %. d'un côté et 21 % d'un autre. Et la ronde va continuer.

Même les mots ne seront plus les mêmes, entretemps des néologismes auront envahi les journaux télévisés dont après une brève absence, on ne comprendra plus les motifs d'excitation.

Pour ne pas y perdre son latin, il faut raisonner à partir de données solides, se fier à la géographie et aux statistiques. Si vous voulez vous détacher des clichés mandoline et pizza, renoncer finalement aux stéréotypes, il y a des instruments pour cela : donnez un coup d'œil de temps en temps aux unes des grands journaux italiens. Ou procurez-vous un livre comme l'*Atlas de l'Italie contemporaine* (éditions Autrement). Page après page, vous verrez se révéler une photographie de ce puzzle si complexe. Il n'y a ni sentiment ni parti pris dans ce livre : cela repose et instruit. C'est un instantané à facettes : se dessinera sous vos yeux un pays berceau de l'héritage occidental piétiné par des siècles d'histoire tumultueuse, des occupations espagnoles, françaises, autrichiennes et autres. Un pays dont les institutions subissent une défiance généralisée et qui de temps en temps – dans un grand soupir – paraît renoncer à exister dans le paysage géopolitique mondial. Nous n'avons pas d'ENA, vous diront les Italiens, pour bien faire remarquer à quel point l'Administration est absente ou écrasée par une bureaucratie tatillonne et paralysante.

Les Italiens se sentent incompris. Ils constatent qu'ils sont aimés (et en particulier des Français qui, à plus de 60 % selon des sondages récents, les trouvent sympathiques). Mais ils savent qu'ils sont moins aimés pour ce qu'ils sont que pour ce que l'on imagine qu'ils sont – à partir de stéréotypes qu'ils trouvent lassants et humiliants.

Cela provoque une colère ironique et réveille un syndrome à la Calimero, dont je parlais plus haut. Des historiens italiens et français (et Braudel, encore lui) tentent de refuser l'équation automatique : déclin politique et économique = décadence culturelle et repli du rayonnement artistique et culturel. Je ne vais pas essayer de les contredire sur ce terrain. Il est vrai qu'il n'y a probablement pas de corrélation immédiate entre le pouvoir politique et l'éclat des artistes et hommes de culture d'un pays. Mais aujourd'hui, le handicap d'une économie en équilibre précaire, la place réduite offerte aux chercheurs, la faiblesse des universités scientifiques, l'abandon de talents naturels qui s'expatrient, le retrait d'une langue qui devient tout à fait mineure, les investissements culturels (pour l'archéologie, le cinéma, etc.) qui se réduisent… tout cela justifie l'angoisse.

Quant aux rapports et aux échanges avec la France et les autres pays européens, comment ne pas adhérer à une réaction d'agacement quand on voit célébrer des qualités ou des défauts qui ne correspondent pas à la réalité ?

Je termine sur une supplique : regardez l'Italie avec des yeux neufs. Et je termine aussi avec un espoir : essayez d'écouter les Italiens, c'est souvent déstabilisant mais vous les comprendrez mieux.

Il n'est pas bon d'être aimé pour ce que l'on n'est pas.

PAOLO **GIORDANO**

À jamais touriste

En avril, je me suis rendu à Londres à l'occasion d'un festival littéraire. J'ai prié les organisateurs de prévoir une navette privée à l'aéroport de Gatwick. Ils m'ont paru réticents, mais ont fini par accepter. Le motif officiel de ma demande résidait dans le fait que le laps de temps entre l'atterrissage et l'événement public me semblait un peu court. Même s'il n'était pas si court que cela. Il est possible, en effet, que j'aie demandé un transport en voiture pour la seule raison que j'en avais la possibilité et parce que j'aime énormément franchir les portes coulissantes des arrivées et trouver un homme en veste qui m'attend, suivre une pancarte portant mon nom en m'écartant de la foule qui se dirige vers la gare. Le chauffeur, Baran, avait une Mercedes noire haut de gamme et, d'après Google Maps, nous avons mis, pour atteindre l'hôtel, tout juste quinze minutes de plus que par le train et le métro.

Le réceptionniste, Christian, a jeté un coup d'œil à la valise cabine que ma femme et moi partagions. Puis il a dit avec un petit sourire : « Avec tous vos bagages, vous aviez besoin d'un coffre adapté, je comprends. »

J'ai dû lui paraître troublé, parce qu'il m'a indiqué l'endroit, de l'autre côté de la baie vitrée, où la Mercedes kilométrique de Baran était garée un instant plus tôt.

Pendant que Christian enregistrait nos papiers, je me suis familiarisé avec certains détails du hall qui m'avaient échappé : les affichettes qui invitaient à produire « *zero waste* », les codes QR à lire pour approfondir « la politique de développement durable de l'hôtel » et, près d'un mur, une petite vitrine hébergeant une sélection de livres en vente : plusieurs textes de Naomi Klein, ainsi qu'un essai à la couverture vert d'eau, *How Bad Are Bananas?* Sous-titre : « L'empreinte carbone de tout » (ce livre, comme je le découvrirais par la suite, évalue les émissions de gaz à effet de serre d'une variété d'objets physiques et d'actions impalpables de notre quotidien, depuis les boîtes de six œufs jusqu'à l'expédition d'un email de l'autre côté de l'Océan, encourage le lecteur à mener un « style de vie à cinq tonnes d'émission par an » et contient une multitude d'informations bizarres et accusatoires, par exemple le fait que l'achat d'un SUV anéantisse, à lui seul, dix années de ce style de vie vertueux à cinq tonnes, « avant même que nous nous asseyions au volant »).

Bref, je venais de pénétrer dans l'hôtel le plus écologiste d'Angleterre, un hôtel bien relié à Gatwick par le réseau de transports en commun, en débarquant triomphalement d'un gros engin de cinq mètres de long aux vitres teintées, dont j'avais tiré une valise cabine.

Dans ma jeunesse, je me croyais différent. Un bon touriste qui n'avait rien à voir avec la masse. J'étais persuadé que j'éviterais toute ma vie les itinéraires conventionnels, que j'utiliserais les transports en commun et parlerais les langues locales, que jamais au grand jamais, pas même dans les pires des cas, je ne mangerais dans un restaurant italien à l'étranger, pis, dans un fast-food. Je me déplacerais agilement dans le monde, sans m'unir au moindre groupe ni salir. Il existait une autre voie que la stupidité touristique, et je la choisirais. À bien y réfléchir, à l'époque je ne me serais même pas défini comme un « touriste » : j'étais un « voyageur », moi. J'avais 20 ou 25 ans, c'était donc il y a très longtemps.

À Londres, le matin qui a suivi le festival, ma promenade m'a mené à Piccadilly Circus. C'était juste là, sous les écrans incurvés, au milieu de la foule, lors d'un de mes premiers voyages d'études, que j'avais formulé ma très nette intention de ne pas devenir un voyageur conformiste. Par rapport à mes nouvelles normes, Piccadilly me semblait à présent particulièrement convenable, peut-être pas chic, mais presque. Et pourtant, je me suis soudain senti déprimé. J'ai proposé à ma femme de rentrer à la maison le soir même, sans attendre le vol du lendemain. J'ai acheté par téléphone deux billets, sans toucher aux autres, non remboursables, me contentant de me demander vaguement si réserver des places d'avion pour rien constituait une économie de carburants fossiles ou, au contraire, un gaspillage, penchant d'instinct pour la seconde hypothèse (le livre sur les bananes me le confirmerait). Nous avons récupéré nos bagages à l'hôtel écologique et pris la fuite.

En tant que voyageur responsable, j'ai échoué. À ma partielle décharge, je peux juste ajouter que c'est peut-être une certaine idée de voyage qui a échoué, alors que le tourisme a triomphé. Il est possible que je me rappelle même le moment exact où cela s'est produit : je suis devant mon ordinateur, encore chez mes parents, et je consulte le site flambant neuf de Ryanair. Ryanair, compagnie aérienne qui desservait autrefois des vols intérieurs, au Royaume-Uni, a inauguré des liaisons dans l'Europe unie, Italie comprise. On se fout que le trajet de Turin jusqu'à l'aéroport de Bergame Orio al Serio constitue un voyage en soi : le vol aller pour Londres Stansted coûte 99 centimes – 99 centimes ! – et je suis galvanisé. Je réserve. (Je me présenterais à l'aéroport sans avoir imprimé ma carte d'embarquement et j'expérimenterais une rage nouvelle, une rage *low cost*, qui serait la passion dominante de la nouvelle époque ; je paierais à contrecœur l'amende qui démultiplie le coût du billet – cela vous est arrivé à vous aussi, je le sais, oublier d'imprimer la carte d'embarquement Ryanair a été le rituel de passage d'une civilisation entière –, mais je ne changerais pas d'avis pour autant : parce que je veux voler, voler de plus en plus et toujours moins cher, voler partout et être laissé en paix. Et je le fais. Et nous l'avons fait. Londres Stansted à moins d'un euro.)

Il y a eu par la suite quelques tentatives isolées d'opposition. En 2014, j'ai participé, comme envoyé d'une revue de voyages, à une excursion en groupe sur les îles Svalbard. Un tour opérateur avait décidé de les inclure parmi les étapes de sa croisière en mer du Nord. Je n'avais rencontré personne ayant été aux Svalbard, c'était donc, là oui, une destination de vrai voyageur. Mais, à mon arrivée à Longyearbyen, j'en ai également compris la raison. La capitale se résumait à une rue de préfabriqués entourés de boue, les températures en novembre étaient déjà rédhibitoires, la nourriture était infecte et il n'y avait à visiter que des mines de charbon abandonnées et des étendues désolantes de permafrost, sur lesquelles il était obligatoire de marcher, un fusil en bandoulière, à cause des ours blancs. J'ai failli mourir sur un traîneau tiré par des huskies, le summum de cette expérience arctique.

La vérité, c'est que les plus beaux endroits du monde étaient déjà tous pris depuis longtemps.

Seuls les gens qui les visitaient continuaient de grandir, et cela paraissait normal. Comme si la masse d'individus présents à l'intérieur des mêmes lieux, sur les mêmes routes, était compressible à l'infini, comme si notre « moi touristique » était un destin inéluctable. Dans un livre au titre emblématique, *The Naked Tourist*, « Le touriste nu », Lawrence Osborne écrivait : « Le problème du voyageur moderne, c'est qu'il ne sait plus où aller. Désormais la planète entière est devenue un équipement touristique. [...] Le tourisme a transformé la planète en un spectacle uniforme. » Cet ouvrage date de 2006 et, depuis, le nombre de voyageurs internationaux a pratiquement doublé, passant de 850 millions par an à près d'un milliard et demi en 2019. Aujourd'hui, le tourisme est la cause d'environ 8 % des émissions globales de gaz à effet de serre, dus pour près de la moitié au trafic aérien.

Et pourtant, de telles données sont pratiquement absentes des sites qui rassemblent des statistiques à propos du tourisme. Omises ou jugées négligeables. On s'y occupe surtout des retombées positives que l'augmentation du tourisme entraîne sur le produit intérieur brut et sur les taux d'emploi. Les analyses soutiennent unanimement le principe selon lequel le tourisme est un secteur à encourager sans réserve, un indicateur de bien-être au même titre que l'espérance de vie ou le revenu moyen par habitant. Par conséquent, il importe de retrouver au plus vite le niveau de circulation prépandémique. Et la bonne nouvelle, c'est que nous y parvenons plus rapidement que prévu ! À long terme, la pandémie constituera une malheureuse oscillation dans une tendance de croissance implacable. Quant à l'invasion de l'Ukraine, elle ne sera même pas perceptible dans les histogrammes qui décrivent l'éblouissante évolution du tourisme global. Après quelques semaines d'un effroi essentiellement lié au prix du carburant, les départs de Russie se sont à leur tour stabilisés, avec une préférence macabre pour des destinations telles que les Maldives, les Seychelles, la Serbie et Cuba.

J'ai recommencé moi aussi à voyager. Au début avec réticence, puis en m'abandonnant à la frénésie. Au cours des derniers mois, j'ai emprunté les vols de Ryanair, EasyJet, Wizz, AirEuropa, ITA, Emirates et Vueling. Mon compte Genius sur Booking.com est en pleine forme. Pourtant, je connais des gens qui ont vraiment arrêté depuis la pandémie : ils ne prennent plus l'avion, ne scrollent plus sur Airbnb, ne franchissent plus les frontières, n'émettent et ne polluent plus. Que ce soit pour des raisons de conscience climatique ou pour sauver leur esprit, ils ont décidé de s'opposer au cauchemar de la modernité qui porte le nom de tourisme. Terminés, pour eux, le souci de s'accaparer les places « extra legroom », les luttes de survie pour l'espace dans les compartiments à bagages, les

« cinq expériences à ne pas rater », les Tropiques, l'impératif moral du relax. Ces gens-là ne vivent pas en Italie, mais en Allemagne et en Hollande, et ils m'intimident un peu. Leur intégrité me chagrine aussi, parce que je sais que je suis différent. Je ne cesserai jamais de voyager. Je serai toujours un touriste.

Comme si cela ne suffisait pas, j'ai aménagé il y a cinq ans dans une ville très touristique : Rome. Depuis que j'y habite, mes réflexions sur le tourisme se sont faites plus assidues, mais également plus paradoxales et plus rageuses. Là où j'ai passé mes trente premières années, il n'y a qu'un seul hôtel, l'Hôtel Pace, et je n'ai jamais compris qui y allait coucher ni pourquoi. Vu de là, le tourisme constituait une tentation passionnée pour l'ailleurs, et il s'agit peut-être d'une définition plutôt convaincante de la « province » : un lieu d'où l'on ne peut que s'éloigner, dans une pleine liberté de choix. Ici, les choses sont différentes. Cette ville abrite la beauté et la mémoire. La pensée que la via dei Fori Imperiali représente mon trajet habituel pour atteindre le parc où je fais du sport me stupéfie encore et, je crois, ne cessera jamais de me stupéfier. Mais il y a des périodes de l'année, les plus tempérées, avril-mai et septembre-octobre, où le flot des touristes le long des forums se change en tout autre chose : en un raz-de-marée. Un essaim. Durant ces périodes, les guides non autorisés sont tellement fatigués,

tellement engourdis, qu'ils ne regardent même plus qui se trouve devant eux, et malgré ma tenue de joggeur trempée de sueur, ils m'arrêtent pour me demander *Do you have your ticket?*
Non, leur dis-je. *I don't have my ticket.*

Le soir, quand l'essaim est passé, quand l'homme-sphinx et le musicien andin qui interprète l'Hallelujah de Leonard Cohen sur sa flûte de pan ont à leur tour quitté leur lieu de travail, le paysage qui s'étend autour du Colisée évoque la fin d'une razzia. Coupes à glace en carton par milliers et tout autant de cuillers en plastique, mouettes prudentes, ordures. On pourrait croire que, privé de la foule, le Colisée recouvre soudain son charme solennel, on le dit également, je l'ai dit moi aussi, mais il n'en est rien. Il paraît juste épuisé. Son âme, ou ce qui y ressemble et que le tourisme de masse agresse volontiers, lui a été volée. Des années peut-être ne suffiraient pas pour la reconstituer.

La même scène se produit au même moment à Piccadilly Circus, dans le quartier rouge d'Amsterdam, sur les Champs-Élysées et sur le Kurfürstendamm, elle se répète quelques heures plus tard dans la Ville interdite et à Times Square.

Il y a quelques mois, ici aux Forums, un touriste a introduit sa jambe entre les barreaux d'une grille. On ignore pourquoi, mais il est peut-être pédant de se le demander. Quoi qu'il en soit, la police est arrivée, et un monsieur à l'accent napolitain a prononcé une phrase pleine de bons sens pour rassurer le garçon en question : « Allons, allons, votre jambe est entrée, elle ressortira forcément ! » En effet, elle est ressortie après quelques contorsions. Une petite parabole touristique, dotée d'un *happy end*, qui me semble toutefois suggérer une vérité plus vaste et plus dérangeante sur notre compte : nous avons introduit notre jambe dans une grille, ça avait l'air amusant, mais nous ne savons plus comment l'en tirer. Et sommes-nous vraiment certains qu'elle en ressortira pour la seule raison qu'elle y est entrée ?

Il faudrait renoncer. Ou du moins renoncer beaucoup plus avec la sérénité mêlée de tristesse qui nous habite quand nous renonçons à ce que nous reconnaissons comme superflu. Mais en est-il vraiment ainsi ? Le tourisme est-il superflu ? Sans notre identité touristique, que resterait-il de nous à la mi-août, lors des ponts ensoleillés du printemps et durant tout le temps que nous passons à les attendre ?

En parcourant le dernier tronçon de la via Cavour, je jette un coup d'œil aux pizzas dans les assiettes des touristes, exsangues, maculées de tranches de saucisson oxydé. Je jette un coup d'œil aux autres plats indescriptibles, des plats contenant des moules, et je songe avec irritation à la façon dont ces touristes se font embobiner, à la gêne qu'ils me créent, aux cars qui les déversent par centaines et à l'état auquel ils réduisent ce coin du monde. Mais je sens aussi leur vexation et je sens leur puissant bonheur. Je les regarde, engourdis, et je me vois. Dans tous les ailleurs où je suis allé et où je retournerai. Après tout, à qui appartient la beauté ? Qui peut revendiquer la propriété de ces vestiges ?

Alors je me dis dans un élan libératoire : Mais oui, venez ! Venez et c'est tout ! Espagnols, Indiens, Saoudiens, Turcs et Mexicains, Américains et Français : venez ! Venez en masse, toujours plus nombreux, venez tous ! Déversez-vous ici avec vos trottinettes, vos side-cars, vos hoverboards et vos rickshaws, saccagez les immeubles et mangez des milliards de glaces simultanément, pour ne pas savoir ensuite que faire des coupes. Arrachez un fragment de cette merveilleuse ville délabrée : vous y avez droit. Il n'appartient pas plus à moi qu'à vous. Nous pouvons accueillir au Colisée huit mille visiteurs supplémentaires par jour sans même que vous vous en aperceviez. Par conséquent, venez, ici nous sommes Open to Meraviglia[1]. Tout ceci est irrépressible, nous le savons, n'essayons donc pas de le réprimer.

Il y a au moins une bonne nouvelle dans le livre de Mike Berners-Lee, l'ouvrage sur l'empreinte

---

(1) Allusion à la campagne très critiquée que le ministère du Tourisme italien a lancée en avril 2023, pour promouvoir l'image de l'Italie dans le monde, dont le slogan, « Italia. Open to Meraviglia », pourrait se traduire par « Italie. Ouverte à l'Émerveillement ».

carbone des bananes : les bananes ne sont pas nocives comme le titre le laissait entendre. Chacune n'émet que 110 grammes de CO^2 : ce n'est pas beaucoup, surtout lorsqu'on tient compte des bénéfices du potassium et des vitamines. Les deux sièges sur les vols au départ de Londres que j'ai réservés, mais pas occupés, ont émis à eux seuls plus de cinquante kilos d'anhydride carbonique. Cinquante kilos d'absence transformés en gaz à effet de serre, davantage que toutes les bananes que j'arriverai à manger au cours de cette existence, de la prochaine et de la suivante.

Traduit de l'italien par Nathalie Bauer.

LUCIA ANNUNZIATA Essayiste, journaliste et présentatrice de télévision. Dernier ouvrage paru : *L'inquilino*, éditions Feltrinelli, 2022.

MANUELA CAIANI Professeure associée en sciences politiques à la Scuola Normale Superiore de Pise et à l'Institute for Advanced Studies de Vienne. Dernier ouvrage paru : *Populism and (Pop) Music* (avec Enrico Padoan), éditions Palgrave Macmillan, 2023.

GIOSUÈ CALACIURA Écrivain.
Dernier ouvrage paru : *Je suis Jésus*, Les Éditions Noir sur Blanc, 2021.

TERESA CREMISI Éditrice, chroniqueuse et présidente de la maison d'édition italienne Adelphi.
Dernier ouvrage paru : *Chroniques du désordre*, éditions Folio Gallimard, 2021.

GIULIANO DA EMPOLI Écrivain, journaliste, président du think-tank Volta et professeur à Sciences-Po Paris.
Dernier ouvrage paru : *Le Mage du Kremlin*, 2022, éditions Gallimard, 2022.

MASSIMO GIANNINI Journaliste et essayiste, directeur du quotidien italien *La Stampa*.
Dernier ouvrage paru : *L'anno zero del capitalismo italiano*, éditions Laterza, 2014.

PAOLO GIORDANO Écrivain.
Dernier ouvrage paru : *Tasmania*, éditions Le Bruit du monde, 2023.

LEO GORETTI Historien, responsable du programme de recherche « Politique étrangère de l'Italie ».
Dernier ouvrage paru : *Corone d'Europa. Il futuro delle monarchie democratiche*, (avec Francesco De Leo), goWare e Edizioni Angelo Guerini e Associati, 2020.

NICOLA LAGIOIA Écrivain.
Dernier ouvrage paru : *La Ville des vivants*, éditions Flammarion, 2022.

CHRISTIAN LONGCHAMP Dramaturge, fondateur du think-tank et plateforme numérique Labyrinthe Europe.
Derniers spectacles : *Macbeth* de Verdi, opéra mis en scène par Krzysztof Warlikowski au Festival de Salzburg, et *L'Or du Rhin* de Wagner, opéra mis en scène par Romeo Castellucci à La Monnaie de Bruxelles.

DACIA MARAINI Écrivaine, dramaturge et scénariste.
Dernier ouvrage paru : *Sguardo a Oriente ; reportage, ricordi, racconti di un continente affascinante*, Marlin editore, 2022.

EZIO MAURO Essayiste et éditorialiste, ancien directeur de *La Repubblica*.
Dernier ouvrage paru : *La dannazione. 1921. La sinistra divisa all'alba del fascismo*, éditions Feltrinelli, 2020.

MAURIZIO MOLINARI Journaliste et essayiste, rédacteur en chef du quotidien *La Repubblica*.
Dernier ouvrage paru : *Il ritorno degli Imperi. Come la guerra in Ucraina ha stravolto l'ordine globale*, éditions Rizzoli, 2022.

TOMASO MONTANARI Historien de l'art, essayiste italien.
Dernier ouvrage paru : *Se amore guarda. Un'educazione sentimentale al patrimonio culturale*, éditions Einaudi, 2023.

STEFANO MONTEFIORI Journaliste, correspondant du *Corriere della Sera*.
Dernier ouvrage paru : *Rendez-nous la Joconde !*, éditions Stock, 2023.

GIANLUCA PASSARELLI Professeur de Sciences Politiques à l'université La Sapienza de Rome.
Dernier ouvrage paru : *Il Presidente della Repubblica in Italia*, éditions Giappichelli, 2022.

STEFANO PIEDIMONTE Écrivain et journaliste.
Dernier ouvrage paru : *L'uomo senza profilo*, éditions Solferino, 2018.

ROMANO PRODI Économiste et homme politique, ancien président du Conseil italien et ancien président de la Commission européenne.
Dernier ouvrage paru : *Strana vita, la mia*, éditions Solferino, 2021.

MAURIZIO RIDOLFI Historien, professeur à l'Universtà della Tuscia-Viterbo.
Dernier ouvrage paru : *Le feste nazionali*, éditions Il Mulino, 2021.

ROBERTO SAVIANO Écrivain et journaliste.
Dernier ouvrage paru : *Solo è il coraggio. Giovane Falcone, il romanzo*, éditions Bompiani, 2022.

ELLY SCHLEIN Femme politique, secrétaire du Parti démocrate italien.
Dernier ouvrage paru : *La nostra parte. Per la giustizia sociale e ambientale, insieme*, éditions Mondadori, 2022.

ANTONIO SCURATI Écrivain.
Dernier ouvrage paru : *M. Gli ultimi giorni dell'Europa (Il romanzo di Mussolini vol. 3)*, éditions Bompiani, 2022.

LILIANA SEGRE Femme politique, nommée sénatrice à vie au Parlement italien.
Dernier ouvrage paru : *Uno strano destino*, éditions Solferino, 2023.

NATHALIE TOCCI Politologue et experte en relations internationales, directrice de l'Istituto Affari Internazionali.
Dernier ouvrage paru : *A Green and Global Europe*, Polity Press, 2022.

N°1

- Pour Roland Barthes
- Autour d'un inédit de Kojève
- Avec Tadeusz Kantor

N°2

- Penser Le Pen
- La question islamique
- Lire Werfel

N°3

- Avec Danilo Kiš
- Sur le nationalisme

N°4

- Ultimes précisions sur le cas Heidegger
- Chroniques de l'après-Golfe

N°5

- Avec Berl
- L'écriture de l'art

N°6

- L'affaire Barthes
- Actualité du XVIIIe siècle

N°7

- Cuba à Paris

N°8

- 1492 : un autre regard !!

N°9

- Hommage à Sarajevo

N°10

- Pour Rushdie

N°11

- La critique dans tous ses états
- Avec Derek Walcott

N°12

- Algérie : la tragédie
- Les pièges de « l'exception culturelle »

N°13

- Sarajevo, Sarajevo
- Découvrir Kenzaburo Oé

N°14

- Tapie le symptôme
- Bosnie : la honte continue
- Avec Juan Goytisolo

N°15

- Autour de Taslima Nasreen
- Que reste-t-il des années Mitterrand ?
- Gombrowicz en scène !

NUMÉROS PRÉCÉDENTS

N°16

- Notre cinéma
- Gombrowicz en scène II

N°17

- Réflexions sur la question tsigane
- Banlieues : la haine et après ?

N°18

- Autour de La Cérémonie

N°19

- Pour Guillermo Cabrera Infante
- De la musique contemporaine
- Un monde sans élites

N°20

- Clara Halter

N°21

- Que peuvent les intellectuels ?
36 écrivains répondent

N°23

- Lumières de l'islam
- Zone des tempêtes (Bagdad, Tel-Aviv, Karachi, Islamabad, Kaboul...)

N°24

- La question des Lumières
- L'autre Amérique

N°25

- L'affaire Le Monde
- Rwanda, dix ans après le génocide
- Hommage à Benny Lévy

N°26

- La question iranienne
- Portraits iraniens

N°27

- Sartre et son siècle
- Littérature, carte blanche

N°28

- György Konrád

N°29

- Lettres de Tchetchénie

N°30

- Psychanalyse : contre-attaque

N°31

- Amérique : après le vertige

N°32

- BHL dit à New York : Sartre et les Juifs, Le cas Gary, Introduction à l'œuvre d'Emmanuel Levinas

N°33

- Pour Anna Politkovskaïa
- De La République de Platon au Talmud

N°34

- 40 ans après la guerre des Six-Jours
- En soutien à Robert Redeker

N°35

- Trois poètes : Joseph Durand, Isabelle Baïot, Richard Rossin
- Immigration et identité nationale

N°36

- Pour célébrer Moravia
- Gauche : avez-vous déjà ressuscité un mort?

N°37

- Pour Ayaan Hirsi Ali

N°38

- Salut à Alain Robbe-Grillet

N°39

- Aujourd'hui, le Mal

N°40

- Textes de Yann Moix, Laurent Dispot,Shimon Pérès et Bernard-Henri Lévy

N°41

- Salman Rushdie, 20 ans après la fatwa

N°42

- Les écrivains et le cinéma

N°43

- Littérature et art contemporain

N°44

- La Règle du jeu a 20 ans. Double numéro anniversaire.

N°45

- Godard est-il antisémite ?

N°46

- Comment la gauche peut-elle gagner en 2012 ?

NUMÉROS PRÉCÉDENTS

N°47

- James Joyce

N°48

- Les écrivains et la politique

N°49

- Peter Lindbergh :
Le Bolchoï

N°50

- Comment écrivez-vous ?

N°51

- Une nuit de massacre,
nouvelle inédite de Marguerite Duras

N°52

- Le parti pris de Ponge

N°53

- Arthur Cravan est vivant !

N°54

- Les écrivains s'engagent
pour Christiane Taubira

N°55

- La pierre de la folie

N°56

- Génocide des Tutsis du Rwanda :
mémoire, justice et reconstruction

N°57

- Ukraine, cette terre incognita

N°58/59

- Heidegger et Les «Juifs»
(Numéro double)

N°60

- Burundi, juger les crimes

N°61

- Pour saluer Elie Wiesel

N°62

- Terreur pour tous

NUMÉROS PRÉCÉDENTS

N°63

- Qu'est-ce que le populisme ?

N°64

- Avec les Kurdes plus que jamais

N°65

- La nuit des intellectuels

N°66

- Littératures de Venise
Venises de littérature

N°67

- Requiem pour la cigarette

N°68

- Penser Israël

N°69/70

- Looking for Europe

N°71

- La dépression : Mal du siècle?

N°72

- Michel Foucault :
Penseur d'aujourd'hui

N°73

- Complots et complotistes

N°74

- Splendeurs et misères
du monde contemporain

N°75

- La Règle du jeu a 30 ans.
Comment lisez-vous?

N°76

- Ukraine Le tribunal de l'histoire

N°77

- Lumière sur l'Ukraine

N°78

- Entretien inédit avec
Jorge Luis Borges

N°79

- Proust et l'extrême droite

ABONNEMENT - BON DE COMMANDE
33e ANNÉE . SEPTEMBRE . 2023 . **N°80**

Abonnement annuel (3 numéros)
France et DOM-TOM : 50 euros
Étranger : 50 euros
Étudiant : 40 euros (joindre une photocopie de la carte d'étudiant)
Frais de port inclus

Nom : ______________________

Prénom : ______________________

Adresse : ______________________

____

Courriel : ______________________

Bulletin à retourner accompagné d'un chèque
à l'ordre de «La Règle du jeu» à :
La Règle du jeu - 61, rue des Saints-Pères - 75006 Paris - France

---

Pour commander un numéro déjà paru, cocher la case
correspondante et adresser un chèque de 20 euros
par numéro commandé à :
La Règle du jeu - 61, rue des Saints-Pères - 75006 Paris - France

☐ 1	☐ 14	☐ 28	☐ 41	☐ 54	☐ 68
☐ 2	☐ 15	☐ 29	☐ 42	☐ 55	☐ 69/70
☐ 3	☐ 16	☐ 30	☐ 43	☐ 56	☐ 71
☐ 4	☐ 17	☐ 31	☐ 44	☐ 57	☐ 72
☐ 5	☐ 18	☐ 32	☐ 45	☐ 58/59	☐ 73
☐ 6	☐ 19	☐ 33	☐ 46	☐ 60	☐ 74
☐ 7	☐ 20	☐ 34	☐ 47	☐ 61	☐ 75
☐ 8	☐ 21	☐ 35	☐ 48	☐ 62	☐ 76
☐ 9	☐ 23	☐ 36	☐ 49	☐ 63	☐ 77
☐ 10	☐ 24	☐ 37	☐ 50	☐ 64	☐ 78
☐ 11	☐ 25	☐ 38	☐ 51	☐ 65	☐ 79
☐ 12	☐ 26	☐ 39	☐ 52	☐ 66	
☐ 13	☐ 27	☐ 40	☐ 53	☐ 67	

Vous pouvez également vous abonner ou commander
un numéro déjà paru par mail : abonnement@lareglejeu.org
ou sur notre site **WWW.LAREGLEDUJEU.ORG**

33e ANNÉE . SEPTEMBRE 2023 . **N°80**
DIRECTEUR **BERNARD-HENRI LÉVY**

Trois parutions par an
Prochaine parution
N°81, JANVIER 2024

LE SITE DE LA REVUE
WWW.LAREGLEDUJEU.ORG

Diffusion Prolivre et Hachette

Imprimé en France
Cet ouvrage a été imprimé
par CPI Bussière
pour le compte des éditions Grasset
à Saint-Amand-Montrond (Cher) en
août 2023
Dépôt légal : septembre 2023
N° d'édition : **22929**
N° d'impression : 2072863